DIDACTICA NOVA

Band 7

Dem Fremden auf der Spur

Interkulturelles Lernen im Pädagogikunterricht

Herausgegeben
von
Alfred Holzbrecher

Schneider Verlag Hohengehren GmbH

Didactica Nova
Arbeiten zur Didaktik und Methodik des Pädagogikunterrichts
herausgegeben im Auftrag
des Verbandes der Pädagogiklehrer und Pädagogiklehrerinnen (VdP) von
Eckehardt Knöpfel

Der Verband der Pädagogiklehrer und Pädagogiklehrerinnen (VdP) vertritt als Fachverband die Interessen der Lehrerinnen und Lehrer der Fächer *Erziehungswissenschaft, Erziehungskunde, Pädagogik, Sozialpädagogik* und *Sozialwesen* an allgemeinbildenden (Gymnasien, Realschulen, Gesamtschulen und Hauptschulen) und beruflichen Schulen (Berufsfachschulen, Fachoberschulen, Berufskolleg und Höheren Berufsfachschulen).
Interessenten wenden sich bitte an die **Geschäftsstelle des VdP, Hubertusstr. 32, 46485 Wesel**

Mail: geschaeftsstelle@vdp.org
Internet: www.vdp.org
FAX: VdP-Geschäftsstelle 0281 / 82452

Umschlaggestaltung: Wolfgang H. Ariwald, BDG, 59519 Möhnesee

Gedruckt auf umweltfreundlichem Papier (chlor- und säurefrei hergestellt).

Die Deutsche Bibliothek – CIP-Einheitsaufnahme

Dem Fremden auf der Spur : Interkulturelles Lernen im Pädagogikunterricht / hrsg. von Alfred Holzbrecher –
Baltmannsweiler : Schneider-Verl. Hohengehren, 1999
(Didactica nova ; Bd. 7)
ISBN 3-89676-207-9

Printed in Germany – Druck: Wilhelm Jungmann Göppingen

Inhaltsverzeichnis

Vorwort des Herausgebers der Reihe

Didactica Nova – Innovation für den Pädagogikunterricht!

Das Erscheinen des 7. Bandes von Didactica Nova macht deutlich, dass die Reihe von den Kolleginnen und Kollegen in Hochschule, Studienseminar und Schule kräftig angenommen worden ist. Ging es bei den ersten Bänden „um die Überwindung der didaktisch-methodischen Dürre“, so kann heute von einem regen bis lebhaften Gespräch der Fachdidaktiker gesprochen werden. Freilich sind die mit dem Erscheinen des ersten Bandes angedeuteten Probleme (Sekundarstufen-I-Lehrbefähigung, Berufsschuldidaktik, Verbindung zwischen Erziehungswissenschaft als Hochschuldisziplin (DGfE) und der pädagogischen Fächergruppe, Allgemeinbildungsfrage, etc. ...) keineswegs beseitigt oder gelöst, aber das Bewusstsein für deren Dringlichkeit ist gesteigert. Mehr und mehr finden sich innovative Ansätze. Dieser Band über „Interkulturelles Lernen im Pädagogikunterricht“ ist ein weiterer Schritt in diese Richtung.

„Was gehört heute in Europa zur kulturspezifischen und kulturtranszendierenden, in jedem Fall aber überlebenswichtigen Grundausrüstung, die wir der nächsten Generation mit auf den Weg geben müssen?.“ (Didactica Nova, Band 4, S. VIII). So wurde im Herausgebervorwort zum Band 4 gefragt. Der vorliegende Band ist e i n e Antwort auf diese Frage.

Phänomene der interkulturellen Pädagogik finden in der universitären Erziehungswissenschaft eine immer stärkere Beachtung. Das lässt sich nicht nur an der Zahl der Veröffentlichungen festmachen, sondern auch an der Zahl der Professuren, die diesem Teilgebiet gewidmet werden. Auch im schulischen Pädagogikunterricht lässt sich dieser Trend deutlich beobachten. Vier Belege sollen diese These Stützen:

1) Seit Beginn der 90er Jahren werden Themen interkultureller Pädagogik vermehrt als Abiturthemen bei der Behörde eingereicht.
2) Fast alle neueren Schulbücher beschäftigen sich mit diesem Thema. Der kleine Phoenix (Schöningh), tut dies ebenso wie „Menschenkinder“ (Pädagogikunterricht in der S-I, Schneider-Verlag) oder die Phoenixausgabe für die Gymnasiale Oberstufe.
3) Die Lehrpläne für das Fach geben dem interkulturellen Lernen einen hohen Stellenwert. Der Lehrplan Sozialwesen (1999) für Thüringen (JgSt 7-10) macht diese Thematik in der Klassenstufe 9 obligatorisch und der gerade erschienene Lehrplan für die Gymnasiale Oberstufe in Nordrhein-Westfalen legt einen starken Akzent auf diese Thematik. Der Plan geht soweit, dass sich die Autoren einen Bildungsgang im Pädagogikunterricht von 11.1 bis 13.2 unter diesem Generalthema vorstellen können.

4) Das vorfindliche Fortbildungsangebot und die rege Nachfrage bestätigen, dass es sich um ein zentrales Thema handelt.

Das war auch der Grund, warum der Vorstand des VdP im Herbst 1997 beschlossen hat, den Pädagogiklehrertag 1998 unter das Thema „Vielfalt als Herausforderung: Interkulturelles Lernen im Pädagogikunterricht" zu stellen. Das Vorbereitungsteam konnte mit Prof. Dr. A. Holzbrecher einen ausgewiesen Fachmann gewinnen, der nicht nur durch seinen Haupt-Vortrag, sondern auch durch die anregenden Hinweise für die Arbeitsgruppen am Nachmittag wesentliche Gestaltungsimpulse gab.

Abweichend von der Tradition, die Ergebnisse in der Zeitschrift PädagogikUNTERRICHT zu veröffentlichen, werden das Hauptreferat und die Erträge der Arbeitsgruppen durch dieses Buch einer breiten Öffentlichkeit zur Verfügung gestellt. Die Beiträge geben, wie es sich für einen Lehrerkongress gehört, nicht nur Theoretisches wieder, sondern behandeln in konkreter Weise Probleme der Alltagspraxis von Pädagogiklehrerinnen und Pädagogiklehrern. Der Band macht die große Verantwortung deutlich, die auf die Schule, und die einzelnen Fächer zukommt angesichts eines zusammenwachsenden Europa, der Globalisierung und den daraus erwachsenden ethnischen Konflikten innerhalb und außerhalb Deutschlands.

Der Band möchte Pädagogiklehrerinnen und Pädagogiklehrern und allen darüber hinaus, die am Unternehmen Schule beteiligt sind, Mut machen, sich diesem wichtigen Thema verantwortungsvoll, fachlich fundiert und vor allem schülerorientiert zuzuwenden.

Wesel, im August 1999 Eckehardt Knöpfel

Einleitung

„Einer ist dem andern immer nur *auf der Spur*“, schreibt der Philosoph Bernhard Waldenfels. Verstehen seiner Fremdheit kann also immer nur ein Bemühen sein, wohl wissend, dass man ihn nie „ganz“ in seiner Eigenlogik und Selbstdeutung einholen kann. Diese andauernde Bewegung zu ihm hin wirft die Frage nach dem Blick des Betrachters auf, – und damit zeigt sich ein interkulturelles Problem als ein spezifisch pädagogisches. Mit interkulturellem Lernen lassen sich die Dynamik des Fremdverstehens und die Tiefendimension interkultureller Vergleiche für pädagogische Situationen neu formulieren, weil der Andere für einen selbst zum Spiegel wird. Diese Metapher didaktisch und methodisch durchzuarbeiten, ist der Anspruch der Autorinnen und Autoren dieses Buches: In welcher Weise kann interkulturelles Lernen im Pädagogikunterricht mit der Subjektentwicklung der Lernenden verknüpft werden, wie mit ihrem Wunsch, ihre globalisierte Lebenswelt gestalten zu wollen, oder mit dem Bedürfnis, mit der eigenen „inneren Fremdheit“ zur Zeit der Adoleszenz umgehen zu lernen?

Der Wunsch des VdP, interkulturelles Lernen zum Thema des Pädagogiklehrertages 1998 in Essen zu machen, verband sich schnell mit der Idee, die Studierenden meines gleichnamigen Seminars an der Universität GH Essen sowohl in diese Veranstaltung als auch in die Buchproduktion einzubinden. Die Beiträge des vorliegenden Bandes sind also einerseits im Umfeld des Pädagogiklehrertages, besonders der Arbeitsgruppen, andererseits in diesem fachdidaktischen Seminar entstanden. Geplant war nicht einfach eine Tagungsdokumentation, aber auch kein durchstrukturiertes Unterrichtsmaterial. Beim Versuch, den von Christel Adick Anfang der 80er Jahre begonnenen, aber in der Fachdidaktik nicht weitergeführten Diskurs zum interkulturellen Lernen wieder aufzugreifen, sollte eine Mischung aus didaktischer Theorie und konkreten Umsetzungsmöglichkeiten hergestellt werden. Denn nur das „theoriein“ (gr. für den Blick aus der Distanz) ermöglicht Lehrerinnen und Lehrern eine Weiterentwicklung ihrer Professionalität, umgekehrt erkennen Studierende die Praxisrelevanz der Fachdidaktik.

Aus Mischungen entsteht Spannung. Wie im multikulturellen Alltag wünschen wir uns auch für dieses Buch, dass die Spannungsfelder als Herausforderung wahrgenommen werden.

ALFRED HOLZBRECHER

„Vielfalt als Herausforderung"

An einem Frühlingsmorgen des Jahres 1962 steht der Tourist Martin Heidegger an der Reling des Kreuzfahrtschiffes „Jugoslavija" und blickt auf die Küste der Insel Korfu. Nachdem er das Schiff zwei Tage zuvor in Venedig betreten hatte, bietet sich ihm zum ersten Mal die Gelegenheit an Land zu gehen. Der Philosoph ist jedoch vom Anblick der Insel enttäuscht: Was er sieht, stimmt so gar nicht mit dem überein, was er im 6. Buch der Odyssee bei Homer gelesen hatte. Die Landschaft mutet ihm eher italienisch an. Kurz zweifelt er daran, ob seine Eindrücke wirklich authentisch sind, denn „Goethe erfuhr doch in Sizilien zum ersten Mal die Nähe des Griechischen". Doch dann entschließt er sich, nicht an Land zu gehen und statt dessen mit einem Kollegen auf dem Schiff Erinnerungen auszutauschen (Terkessidis 1998: 65).

Heideggers Weigerung, sich auf das Fremde, auf das Risiko des Lernens einzulassen, lässt sich wohl mit seiner Angst erklären, sein von der klassischen Literatur geprägtes und „stimmiges" Bild in Frage stellen zu müssen. Es ist die Angst, sich eingestehen zu müssen, dass der Enttäuschung die Täuschung vorausging, – die Angst, dass sich unsere Bilder der Realität als Konstruktionen erweisen könnten, mit denen die Realität nicht mehr begreifbar erscheint.

Häufiger als uns lieb ist, taucht dieses Phänomen in unserem Alltag auf. Da gibt es Politiker, die seit Jahrzehnten mit Sätzen wie „Deutschland ist kein Einwanderungsland" oder „keine multikulturelle Gesellschaft" die Realität verleugnen. Und es gibt im Bereich der Schule die hartnäckige Vorstellung einer nationalstaatlich geprägten monokulturellen Institution, in der die Vielfalt der Lebenswelten und Lernformen einem universalistischen Anspruch geopfert werden müssen. Sich auf Differenz einzulassen hieße, Realität anzuerkennen und Neuland zu betreten. Sicher ist es bequemer, – wie Heidegger – diesen Schritt nicht zu tun.

Interkulturelles Lernen, so scheint es auf den ersten Blick, gab es schon immer im Pädagogikunterricht. Ein genauerer Blick in die Richtlinien zeigt jedoch, dass interkulturell relevante Themen eher ein Schattendasein führen.

Bei einer Betrachtung der 1981 veröffentlichten NRW-Richtlinien für die Sekundarstufe II vorgeschlagenen Themen und Unterrichtsgegenständen lassen sich als Konkretisierung der obligatorischen Halbjahresthemen folgende als im erweiterten Sinn interkulturell identifizieren:

- Im ersten Halbjahr (Jgst. 11,1) wird „Erziehung in verschiedenen historischen und gesellschaftlichen Kontexten" als einer von drei *„verbindlichen thematischen Schwerpunkten" (VTS)* genannt, in dem außer der historischen die kulturvergleichende Perspektive vorgeschlagen wird. Damit soll „der Zusammenhang pädagogischer Probleme mit politisch-gesellschaftlichen Gegebenheiten verdeutlicht werden", um die „Relativität von Normengefügen" erkennbar werden zu lassen (KM 1981: 39f.).

- In der Jahrgangsstufe 12,2 findet sich der *VTS* „Erscheinungsformen gestörter Entwicklung und Sozialisation"; ihm werden „Diskriminierungen" bzw. „Randgruppendasein (z.B. Gastarbeiter, Obdachlose, Behinderte)" als mögliche thematische Aspekte und Beispiele zugeordnet (ebd.: 49). Im didaktischen Kommentar zu diesem sozialpädagogischen Problemfeld wird vermerkt, dass bei einer Thematisierung des „'Gastarbeiterproblems' eine exemplarische Behandlung des Aspekts 'Gesellschaftlicher Wandel und seine Auswirkungen auf Entwicklung und Sozialisation' " naheliege, während etwa beim Thema „Obdachlose" eine Vertiefung über „Devianztheorien" denkbar sei (ebd.: 52).
- Zum *VTS* „Normen und Ziele in Erziehungssystemen verschiedener Gesellschaften" (13,1) wird als mögliche thematische Vertiefung „Erziehungsziele und ihre Begründung in geschlossenen und offenen Gesellschaftssystemen" vorgeschlagen, als Unterrichtsgegenstände werden „Erziehung im Kibbutz" und „Erziehung in 'primitiven' Gesellschaften" genannt (ebd.: 53). Damit soll ein in der Jahrgangsstufe 11,1 bereits angesprochener Bereich in vertiefter Weise bearbeitet werden.

In den 1997 herausgegebenen *Richtlinien für den Pädagogikunterricht im Wahlpflichtbereich der Sekundarstufe I* zeigt sich, dass in Bezug auf interkulturell relevante Themen eine Horizonterweiterung stattgefunden hat, bei der es sich nicht nur um eine quantitative Verbreiterung des Themenspektrums handelt. Vielmehr ist in Ansätzen eine qualitative Veränderung festzustellen, die sich als Akzentuierung des Subjektbezugs deuten lässt.

In diesen Richtlinien „Erziehungswissenschaften Sek. I" (Ministerium für Schule und Weiterbildung 1997) wird dem „Lebens- und Selbstentwurf" der Jugendlichen in der Übergangsphase zum Erwachsenen eine besondere Bedeutung zugeschrieben (ebd.: 28). Erziehung bzw. „Aufwachsen in Deutschland" werden „als Kulturereignis" gesehen (ebd.: 26). In den Themenhorizont rücken nicht nur „Erziehung in fremden Kulturen", sondern auch „in unterschiedlichen subkulturellen Milieus und in unterschiedlichen ethnischen Gruppierungen" (ebd.: 37). Verstanden werden soll, dass das Anderssein „in Abhängigkeit von gesellschaftlichen und individuellen Bedingungen entsteht und sich entwickelt. Je nach Auswahl der relevanten Bedingungen hat das Andere viele verschiedene Gesichter: das andere Geschlecht, die andere Hautfarbe, die jeweils anderen körperlichen und geistigen Voraussetzungen, das andere Milieu, die andere Religion, um nur ein paar Beispiele zu nennen" (ebd.: 37). Anderssein und Verschiedenartigkeit in ihrem gesellschaftlichen und individuellen Entstehungszusammenhang zu begreifen, wird als Voraussetzung dafür gesehen, mit der Ambivalenzerfahrung umgehen zu können und vorschnelle Verallgemeinerungen („*die* Gesellschaft") zugunsten einer differenzierteren Sichtweise zu vermeiden. So werden dem Lernbereich „Gesellschaftliche und individuelle Bedingtheit von Erziehung“ (Jgst. 9,2) folgende interkulturell relevante Gegenstände / Fragen zugeordnet:

- „Bedingungen des Aufwachsens in einer ganz anderen Welt“: Erziehung und Lernen in der Dritten Welt; Kinderbetreuung und Tagesablauf bei Naturvölkern.
- „Erziehung in der europäischen Gemeinschaft“: Kleinkinderbetreuung und Schulen in verschiedenen europäischen Ländern; Erziehung für Europa; Fremdsprachenunterricht als Einblick in andere Sprach- und Kulturkreise.

Unter der Überschrift „Erziehung und Erziehungsprobleme in unterschiedlichen subkulturellen Milieus und unterschiedlichen ethnischen Gruppierungen“ werden z. B. neben „Risiken und Belastungen für Familien“ genannt:

- Ausländische Familien in Deutschland (Alltag, Feste, Traditionen); Interkulturelle Erziehung im Alltag: Was Kinder und Jugendliche vom anderen lernen können (ebd.: 40f.).

Im selben Halbjahr sollen u. a. die Themen „Gewalt unter Kindern und Jugendlichen“ und „Rechtsextremismus“ bearbeitet werden (ebd.: 41). Erkennbar ist in diesem Entwurf das Bemühen, „Anderssein“ stärker als bisher in den Mittelpunkt didaktischer Überlegungen zu stellen. Die Ausweitung des Fachs auf die Jahrgangsstufen 9 und 10, d. h. auf Jugendliche, deren Lebensgefühl aus entwicklungspsychologischen Gründen von Fremdheitserfahrungen geprägt ist, legt eine stärkere Subjektorientierung nahe.

Schulbuchanalyse

Mit einer Analyse von Schulbüchern ist noch nichts über die Bedeutung gesagt, die einem Themenbereich in der Praxis des Unterrichts zukommt. In gewisser Weise können jedoch die Bücher und Unterrichtsmaterialien als Indikatoren für eine spezifische fachdidaktische Betrachtungsweise gewertet werden, zumal in einem vergleichsweise jungen Unterrichtsfach wie Pädagogik mit einem überschaubaren Schulbuchmarkt. Da eine fundierte empirische Untersuchung noch aussteht und auch an dieser Stelle nicht geleistet werden kann, soll mit Hilfe einer Seminararbeit von Karl-Kurt Heering (1995) eine eigene Einschätzung vorgenommen werden.

Die Veröffentlichung von Schulbüchern, die Lehrplanentwicklung und die Bildungsreformdiskussion stellen einen recht klar erkennbaren „Regelkreis“ dar (Adick 1992). Dies eröffnet zwar theoretisch die Möglichkeit, über neue Inhalte und Methoden in Schulbüchern zur Veränderung des Unterrichts beizutragen. Doch in der Praxis zeigte sich, dass eher die Lehrplanentwicklung normierend auf die Schulbuchproduktion wirkte, was eine Immunisierung gegen Veränderungen bzw. neue Unterrichtsinhalte und -perspektiven zur Folge hatte (ebd.: 717).

Zwei Jahre nach den nordrhein-westfälischen Richtlinien für die Sekundarstufe II erschien im Klett-Verlag das Heft *„Erziehung in verschiedenen Kulturen und Gesellschaften"*, herausgegeben von *Christel Adick* (1983), eine bis heute einzigartige Materialsammlung mit einer fundierten didaktischen Reflexion zum Thema. Bereits mit den Kapitelüberschriften wird programmatisch das für den Pädagogikunterricht relevante Themenspektrum aufgezeigt:

1. „Alltagsleben und Erziehungspraxis in verschiedenen Kulturen und gesellschaftlichen Situationen. Deskription, Analyse und Vergleich"
2. „Erziehung, Kultur und Gesellschaft – Analyse und Folgerungen für das pädagogische Handeln"
3. „Erziehung im Kulturkonflikt – Bestandsaufnahme und pädagogische Konsequenzen"

Mit dem ersten Teil wird ein ethnopädagogischer Zugang gewählt, um mittels des Blicks auf fremde Ethnien / Kulturen gesellschaftliche Funktionen von Erziehung begreifbar zu machen. Bemerkenswert erscheint der methodische Vorschlag, dafür eigenständig ein Analyseraster zu erstellen, d. h. dazu anzuregen, sich der eigenen Betrachtungsperspektive zu vergewissern. Der zweite Teil spiegelt eine Bewegung innerhalb der Erziehungswissenschaft Ende der 70er / Anfang der 80er Jahre wider, die den Anspruch einer Verknüpfung des „Lernbereichs Dritte Welt" mit der pädagogischen Alltagspraxis zum Programm machte: die Rezeption der Paulo Freire-Pädagogik. Dabei ging es v. a. um eine Verknüpfung von pädagogischer Theorie und Praxis, konkret um die Frage, inwiefern dieser Ansatz einer „befreienden Pädagogik" im Bereich der Sozialpädagogik – aber auch der Schule – übertragbar erscheint. Im dritten Teil des Hefts werden einerseits die Kulturkonflikte von „Gastarbeiterkindern" in deutschen pädagogischen Einrichtungen thematisiert. Andererseits wird unter Rückgriff auf den aus der Freire-Pädagogik begründeten „Situationsansatz" zur Beschäftigung mit der „neueren pädagogischen Diskussion" um eine „interkulturelle Pädagogik" aufgefordert (S. 92) – dies zu einer Zeit, als in der Erziehungswissenschaft das „ausländerpädagogische Paradigma" noch dominantes Deutungsmuster war. Bemerkenswert ist bei der Textauswahl, dass bei der Darstellung der Sozialisationsproblematik von Kindern ausländischer Herkunft wie bei der Problematik der Koranschulen auch türkische Autoren zu Wort kommen. Ein Text von Ünal Akpinar aus dem Jahr 1978 enthält bereits die Forderung, interkulturelles Lernen müsse sich auch an deutsche Kinder richten und „für ein Leben in multinationalen Gesellschaften (...) qualifizieren" (Adick 1983: 85).

Wenn auch – quantitativ betrachtet – als marginales Thema, taucht in den Schulbüchern bzw. Materialsammlungen unter den interkulturell relevanten Problembereichen das Thema *„Kindheit im Kulturvergleich"* am häufigsten auf. So sollen etwa – im Rahmen des Kurshalbjahresthemas „Sozialisation" (Jgst. 12,1) – kulturanthropologische Texte von Margaret Mead über Kindheit und Jugend in der Südsee (Fischer / Bubolz 1980: 25) dazu beitragen, die historisch-gesellschaftliche Bedingtheit von Sozialisationsprozessen zu erkennen. Im Arbeitsheft für die Jgst. 13 („Normen und Ziele in der Erziehung“) der gleichen Reihe (Bubolz 1982: 36–38) findet sich aus demselben Buch von Mead ein weiterer Text, anhand dessen die Schüler/innen u. a. erläutern sollen, „wieso man bei der Gesellschaft auf Samoa von einer ‘primitiven’ Gesellschaft sprechen kann“ (ebd.: 38). Nicht thematisiert bleibt etwa die *Perspektive* der amerikanischen Forscherin oder das *Alter des Textes* (1928), d. h. das Material wird nicht in historisch-hermeneutischer Weise interpretiert. Der in Textauswahl und Aufgabenstellung zum Ausdruck kommende Kulturbegriff suggeriert nicht nur die Vorstellung einer „Kultur“, die sich eindeutig von einer anderen abgrenzen lässt, sondern auch die einer universalistischen Entwicklungsskala, auf der die samoanische Kultur unten und unsere ganz oben anzusiedeln sind.

Zu den ältesten Schulbuch- und Unterrichtsthemen mit einer kulturvergleichenden Perspektive gehört zweifellos die *„Erziehung im Kibbutz“*, die in mehreren Schulbüchern und Materialsammlungen Eingang fand (z. B. Fischer u. a. 1976: 47–67; Bubolz 1982: 55f.; Adick 1983: 31f.): Nicht nur das vergleichsweise große Spektrum an deutschsprachigen Veröffentlichungen zu diesem Thema, sondern auch die Tatsache, dass Israel zu den „hochentwickelten“ Ländern gehört, dürfte eine Ursache für eine vergleichsweise „kulturfaire“ Behandlung in den Schulbüchern sein. Gemeint ist damit vor allem der Versuch eines Verzichts auf wertende Betonung von Differenzen. Indikator dafür ist u. a. die Verwendung von Texten, in denen die Betroffenen selbst zu Wort kommen.

Ende der 80er Jahre erschien der Materialienband „Erziehungswirklichkeiten“ (Klaeren u. a. 1989), der einen Wandel im *Verständnis von Kindheit und Jugend in armen Ländern* erkennen lässt. So heißt es etwa in der Hinführung zu einem Text über Kinderarbeit in Portugal: „Bevor Sie den Bericht (...) bearbeiten, bedenken Sie, dass die sozioökonomische Entwicklung in Portugal von anderen Voraussetzungen ausgeht als die anderer EG-Länder. Die Befreiung vom Faschismus ist erst 1974 erfolgt“. In den anschließenden Arbeitsvorschlägen werden die Schüler/innen zu weitergehenden fachübergreifenden Recherchen aufgefordert (Klaeren u. a. 1989: 25ff.). In einem weiteren Band der Reihe wird unter der Überschrift „Der Blick über den Gartenzaun“ (Zimmermann u. a. 1989: 50–52) ein – allerdings wenig adressatengerechter – Text von Alfred K. Treml („Erziehung in segmentären Gesellschaften“) abgedruckt, mit dem der „Defizitansatz“ überwunden werden soll: Fremdes soll nicht mehr an einer als unveränderbar gesehenen monokulturellen Norm gemessen werden, dergegenüber „Fremdes“ zwangsläufig als „defizitär“ erscheinen muss. Demgegenüber gelte es die „Differenz“ des Anderen anzuerkennen.

In einem weiteren Text im selben Band („Verloren in der Fremde“ (1989: 22–24)) stellt ein türkisches Mädchen dar, wie es sich selbst, die Familie und die deutsche Umwelt sieht. Die Überzeugungskraft dieses autobiografischen Berichts stützt das Bemühen der Autoren, sich den Differenzansatz selbst zu eigen zu machen. Damit spiegelt sich in dieser Buchreihe der Mitte der 80er Jahre forcierte Wechsel von der „Ausländerpädagogik“ zum „Interkulturellen Lernen“.

Die Analyse der Schulbücher und Unterrichtsmaterialien soll abgeschlossen werden mit dem Unterrichtswerk Phoenix. Dessen erster Band erschien 1996 für die Jahrgangsstufe 11,1 (Dörlöchter u.a. 1996), ein Jahr später folgte ein umfangreicher zweiter Band für die Jahrgangsstufen 11,2 bis 13,2 (Dörlöchter u.a. 1997). Während der erste Band ein Kapitel *„Kulturspezifische Aspekte von Erziehung“* enthält, tauchen im – 733 Seiten umfassenden – zweiten Band interkulturelle Stichworte nicht auf. Insgesamt positiv ist zu vermerken, dass das Kapitel „Kulturspezifische Aspekte von Erziehung“ (Dörlöchter u.a. 1996: 133–161) sehr viele Texte von türkischen Autoren enthält. Damit ist im Ansatz die Möglichkeit für eine kulturfaire Darstellung gegeben, zumal versucht wird, die subjektive Ebene (biografische Erzählungen) mit der wissenschaftlichen zu verknüpfen. Doch gehen die Autoren offenbar von einem monolithischen Kulturbegriff aus: „Die türkische Kultur“ soll vorgestellt werden (ebd.: 134), sie erscheint als statische und nach außen eindeutig abgrenzbare Entität. Es ist fraglich, ob mit einem solchen Konzept die vielgestaltige und dynamische Realität angemessen beschrieben werden kann. Mit der Rede von „der“ türkischen Kultur und „dem“ Islam wird einer Klischeebildung Vorschub geleistet, wie sie für den politischen Diskurs in der Öffentlichkeit kennzeichnend ist. „Türkische Kultur“ = „Koranschulen“: Diese Assoziation drängt sich dann geradezu auf, wenn man auf S. 137 zwei Fotos mit in Reih und Glied sitzenden Kindern, eines mit kopftuchtragenden Mädchen, sieht, – zumal die Wirkung dadurch verstärkt wird, dass insgesamt recht wenige Fotos verwendet werden. Suggestiv wirkt dann der Arbeitsauftrag, „Vermutungen darüber anzustellen, wie sich die islamische Religion konkret in der Erziehung türkischer Kinder und Jugendlicher auswirken könnte“ (ebd.). Mit der Textauswahl aus der landeskundlichen Studie des Zentrums für Türkeistudien im ersten Teil des Kapitels („Erziehung in anderen Kulturen am Beispiel Türkei“ S. 135–144) wird das Bild einer ländlichen, religiös-fundamentalistisch geprägten und autoritären Gesellschaft reproduziert. Es wird nicht erkennbar, dass es ein breites Spektrum von städtischen Lebensformen und laizistisch orientierten religiösen Gruppen gibt, das in seiner Vielfalt ein solches Bild von „den Türken“ Lügen straft.

Vor dem Hintergrund des Anwachsens rechtsradikaler Gewalt Anfang der 90er Jahre wurde 1994 ein Themenheft der Zeitschrift des Verbandes der Pädagogiklehrer/innen mit dem Titel *„Umgang mit dem Fremden“* publiziert. Das Heft enthält allerdings nicht, wie man aus dem Thema schließen könnte, die längst fällige fachdidaktische Auseinandersetzung mit der gesellschaftlichen und subjektbezogenen (z.B. entwicklungspsychologischen) Herausforderung. Schwerpunktthema des Heftes ist „Gewalt“, ein Problembereich, der aggressionstheoretischen Fragestellungen (Jgst. 12,2) zugeordnet wird (vgl. Knöpfel 1994: 56). Das Heft enthält neben unterrichtspraktischen Beiträgen und Materialien v.a. Ergebnisse einer vom

Institut für Familien- und Kindheitsforschung Potsdam durchgeführten empirischen Untersuchung unter Rechtsradikalen in Brandenburg; der gesellschaftliche Kontext und die Dynamik fremdenfeindlicher / rassistischer Einstellungen werden dabei angemessen berücksichtigt (Institut ... 1994: 15–19). Insgesamt ist dieses Heft als ein wichtiger Versuch zu werten, das Spektrum interkulturell relevanter – und fachdidaktisch reflektierter – Themen zu erweitern.

Bei der Suche nach möglichen Ursachen für die Randständigkeit interkultureller Fragestellungen erscheinen mir vor allem zwei Aspekte bedeutsam: Zum einen ließ das vorherrschende Erziehungsverständnis einer Orientierung am „pädagogischen Bezug“ die gesellschaftlichen und kulturellen Kontextbedingungen tendenziell in den Hintergrund treten (vgl. Wierichs 1992: 737). Zum anderen dürfte die Geschichte der Interkulturellen Pädagogik dabei eine Rolle spielen: In einem Unterrichtsfach der Sekundarstufe II gab es lange Zeit keine Schüler/innen ausländischer Herkunft. Vor dem Hintergrund des „ausländerpädagogischen“ Paradigmas stand man nicht unter dem Druck der Verhältnisse wie etwa im Fach Deutsch, in dem man sich schon früh gezwungen sah, „Defizite“ von Ausländerkindern zu kompensieren, um sie besser integrieren zu können.

Von der Ausländerpädagogik zum Interkulturellen Lernen

Die Änderung der Begriffe beinhaltet eine veränderte pädagogische Zielperspektive: Kritisiert wird zum einen die Denkfigur, Migrantenkinder hätten – gemessen an der (unhinterfragten) deutschen Norm – aufzuholende Defizite oder dass sie sich an die (als statische Größe betrachtete) Mehrheitsgesellschaft anzupassen hätten: Wenig anderes beinhaltet der gängige Begriff der „Integration“. Kritisiert wird auch die Zielgruppe pädagogischer Bemühungen. Richtete sich „Ausländerpädagogik“ an Migrantenkinder, so wird bei „interkulturellem Lernen“ von allen Seiten gefordert, aufeinander zuzugehen und voneinander zu lernen. Nicht ein vermeintliches Defizit des Anderen, sondern seine Differenz ist die Grundlage einer zu initiierenden Lernbewegung. Was bedeutet dieser Paradigmenwechsel von der Ausländerpädagogik zum Interkulturellen Lernen für den Pädagogikunterricht? Um angesichts der Stoffülle einer möglichen Befürchtung von vornherein zu begegnen: Es geht nicht in erster Linie um zusätzliche Unterrichtsinhalte, sondern eher darum, durchgängig interkulturelle Perspektiven im vorliegenden Curriculum zu entdecken und herauszuarbeiten. Dies könnte mit einem begrifflichen Instrumentarium gelingen, mit dem wir die Realität angemessener als zuvor begreifen können: Lassen Sie uns also „an Land gehen“, den Blick gerichtet auf die Vielfalt einer multikulturellen Gesellschaft und die unterschiedlichen Lebenswelten und Deutungsmuster unserer Schüler/innen. Als erste „Wegmarke“ möchte ich vorschlagen, von folgenden Grundlagen interkulturellen Lernens auszugehen:

1. Migration ist kein historisches Novum, es hat sie schon immer gegeben, und sie wird mehr denn je zu einem zentralen Charakteristikum der europäischen Gesellschaften.
2. Die multikulturelle Gesellschaft ist ein Faktum, und unsere Lebenswelt ist „globalisiert“, d.h. durchdrungen von weltweit wirksamen Produktions- und Konsumstrukturen.
3. „Kulturen“ sind keine Kugeln, die aufeinanderprallen oder zwischen denen sich Abgründe auftun, sondern eher Gewebe, die auf vielfältige Weise miteinander verknüpft sind (vgl. Meyer 1998: 115f.): Dynamische Übergänge und Vermischungen sind häufiger als homogene Strukturen.
4. Interkulturelles Lernen ist die pädagogische Antwort auf diese Situation. Als normative Vorstellung ist es wesentlicher Bestandteil des Allgemeinbildungsanspruchs der Schule (vgl. Adick 1991: 192).

Welchen Gewinn haben wir, wenn wir die Realität aus diesem Blickwinkel betrachten? Vor allem den, der Versuchung zum Identitätsdenken zu widerstehen. Diese Antwort mag zunächst überraschen. Doch vergegenwärtigen wir uns, wie wir andere oder „fremdartiges“ Verhalten wahrnehmen: Aus den Anfängen der Gestaltpsychologie wissen wir, dass wir dazu neigen, „Ganzheiten“ zu konstruieren, d.h. von wenigen Merkmalen – z.B. der Hautfarbe oder der äußeren Erscheinung – „hochzurechnen“ und das wahrgenommene Objekt einem vorhandenen kognitiven Schema zuzuordnen. Stellen wir uns folgende Situation vor: Auf dem Schulhof prügeln sich zwei Jungen, beide mit dunklerer Hautfarbe und schwarzen Haaren: Passiert es nicht allzu häufig, dass wir zwei „Türken“ sehen – statt etwa zwei pubertierende Jugendliche? Wir ordnen unsere Wahrnehmung fast mechanisch nach der Kategorie „Hautfarbe“ oder „ethnische Zugehörigkeit“, selbst wenn wir damit keine Abwertung – und damit keine rassistische Einstellung – verbinden. Wir reden von „Kulturkreisen“, – als ob sich Kulturen mit Hilfe durchgezogener Linien voneinander trennen ließen. Wir reden von „türkischen“ Schülern, – als ob die nicht längst eine Mischkultur entwickelt hätten. Auch die Rede vom „Leben zwischen zwei Kulturen“ suggeriert einen Zwischenraum zwischen zwei abgeschlossenen – und klar abzutrennenden – Identitäten. Unsere Wahrnehmung sucht Halt in solchen Eindeutigkeit und Sicherheit vermittelnden Vorstellungsbildern und Begriffen. Wieviel – und wieviel anderes – würden wir wahrnehmen, wenn es uns statt dessen gelänge, prozesshafter zu denken, Übergänge, Zwischen-Räume und Verwandlungen zu fokussieren?

Die Fähigkeit, Differenz zu denken und zuzulassen, hat – so meine Vermutung – viel mit dem zu tun, was wir mit Selbstwertgefühl oder Persönlichkeitsentwicklung verbinden. D.h. wenn wir von interkulturellem Lernen reden, heißt dies notwendigerweise, über Subjektentwicklung nachzudenken, – sowohl über die der Schüler/innen wie auch über unsere eigene. Kaum ein anderes Unterrichtsfach eignet sich dafür besser als Pädagogik, interkulturelles Lernen nicht nur aus gesellschaftlicher, sondern auch – dialektisch damit verbunden – aus der Perspektive der Subjektentwicklung zu konzipieren. Dies soll daher eine zentrale Fragestellung der folgenden Ausführungen werden.

Ich möchte mich dem zunächst annähern über eine Erörterung der Problematik des *Fremdverstehens.* Die Klärung des Begriffs soll dazu beitragen, neue Formen des Umgangs mit Identitätskonstruktionen und mit interkulturellen Vergleichen zu entwickeln.

Fremdverstehen

... gehört zu den Leitbegriffen des Pädagogikunterrichts, und wenn man Verstehen mit „geistig nachvollziehen" oder „Einsicht gewinnen" umschreibt, wird damit sogar eine wesentliche Dimension menschlichen Lernens ausgedrückt. Verwirrend ist jedoch, dass im Alltagssprachgebrauch noch eine weitere Bedeutung hinzukommt: Hier kann „verstehen" die Bedeutung haben: jemanden verteidigen, seine Haltung und Handlung billigen, akzeptieren oder gar entschuldigen.

Verstehensprozesse im Bereich des pädagogischen Handelns waren so lange unproblematisch, wie man von einem gesellschaftlich allgemein anerkannten Werte- und Normensystem ausgehen konnte. Verstehen glich dann einem Akt des Entdeckens eines verborgenen Sinns, der sich dem Verstehenden umso mehr erschließt, je näher er an das Objekt herangeht und je länger er sich mit ihm beschäftigt. Was aber, wenn mir das Objekt des Verstehens so fremd erscheint, dass mir sein Sinn nicht nur verschlossen bleibt, sondern dass mein Kontakt mit ihm heftige Abwehrreaktionen hervorruft? Der Ethnologe und Psychoanalytiker Georges Devereux stellt fest: „Der Wissenschaftler, der sich mit dieser Art von Material beschäftigt, sucht sich im allgemeinen gegen die Angst zu schützen, indem er bestimmte Teile seines Materials unterdrückt, entschärft, nicht auswertet, falsch versteht, zweideutig beschreibt, übermäßig auswertet oder neu arrangiert" (Devereux 1992: 67). Das beste Mittel, um die Angst zu reduzieren, so Devereux, ist eine gute Methodologie. „Sie entleert die Realität nicht ihres Angst erregenden Inhalts, sondern ‘zähmt’ ihn, indem sie beweist, dass er auch vom bewussten Ich verstanden und bearbeitet werden kann. Zudem reduziert sie über die Einsicht die Angst selbst auf ein wissenschaftliches Datum" (ebd: 124).

Mit dem Fremdverstehen bewegen wir uns auf einem schmalen Weg zwischen einerseits der Versuchung zur Bemächtigung – im Sinne von „Ich verstehe dich / ich bin mit dir fertig" (vgl. Gronemeyer 1993: 153) – und andererseits der Illusion, einen anderen wirklich in seiner Eigen-Logik verstehen zu können (vgl. Holzbrecher 1997: 156ff.). Eine gewisse Sicherheit auf diesem schmalen Pfad gäbe uns – nach Devereux – eine Methode der Wahrnehmung des Anderen, in der die Selbstwahrnehmung konstitutiver Bestandteil wäre, d. h. wenn Fremdverstehen und Selbsterkenntnis als zwei Seiten derselben Medaille gesehen werden könnten. Von Erich

Fromm stammt der Satz „Nie spiegeln wir uns so wie im Urteil über den anderen“. Damit wird erkennbar, dass wir Teil des Bildes sind, das wir wahrnehmen. Diese Erkenntnis wird greifbar, wenn wir – mit Ortfried Schäffter (1991) – folgende Formen der Fremdwahrnehmung unterscheiden:

1. Fremdheit als tragender Grund und Resonanzboden für Eigenheit
2. Fremdes als Gegenbild des Eigenen
3. Fremdes als Ergänzung und als Chance
4. Fremdes als Komplementarität.

Fremdheit als Voraussetzung für Eigenheit

Im ersten dieser Ordnungskonzepte erscheint Fremdheitserfahrung als Kontakt mit dem „tragenden Grund“ der eigenen Existenz, einer „ursprünglichen, undifferenzierten Ganzheit“ bzw. „Ursprünglichkeit“, deren (Wieder-) Entdeckung als „Rekurs auf die ‘Condition Humana’“ zu begreifen ist (Schäffter 1991: 16ff.) Fremdes fasziniert, weil es in tiefsten seelischen Schichten die Erfahrung menschlicher Gemeinsamkeit vermittelt. Diese wird als „Prämisse einer grundsätzlichen Verstehbarkeit aller menschlichen Ausdrucksformen“ (ebd.: S. 18) gesehen. Das Fremdheitserlebnis wird im existentiellen Sinn als „Schwellenerfahrung“ erlebt, da es eine Dimension eröffnet, die im Verlauf der abendländischen Zivilisationsgeschichte verloren gegangen ist bzw. abgespalten werden musste: Fremdheit wird gedeutet als Entdeckung und Wiedergewinnung des eigenen Ursprungs und des mit dem Fremden Gemeinsamen. So wurden etwa im 19. Jahrhundert fernöstliche Kulturen als „Kindheit Europas“ gedeutet: Herder z. B. war fasziniert vom „Gedanken der Einheit hinter allem Seienden im asiatischen Denken und (der) daraus resultierenden Friedfertigkeit allem Lebenden gegenüber“ (Schäffter 1991: 18).

Der Übergang ist fließend zum nächsten Modus des Fremderlebens:

dem Fremden als Gegenbild des Eigenen

Psychologisch ist dieses Deutungsmuster als Projektion einzuordnen, und wie der Projektor ein eigenes Bild nach außen wirft, funktioniert auch der psychische Vorgang bei der Wahrnehmung des Fremden: Der *Andere erscheint in dem Licht, das auf ihn projiziert wird.* Mit diesem Licht kann ein positives oder auch ein negatives Bild gemalt werden: Das Eigene erscheint jeweils als Gegenbild: D. h. werden etwa Erziehungspraktiken oder Normen unserer eigenen Gesellschaft als negativ wahrgenommen, erscheint das Fremde als positives Gegenbild – und umgekehrt. In den 70-er Jahren hatte die Kibbutzerziehung in der Pädagogik Konjunktur: Sicherlich spiegeln sich darin auch unsere Wunschvorstellungen eines gemeinschaftlichen und solidarischen Zusammenlebens, – dies vor dem Hintergrund der Erfahrung von Vereinzelung in unserer Gesellschaft. So sind auch nicht nur Margaret Meads kulturanthropologische Studien zu Kindheit und Jungend in der Südsee, sondern auch deren Rezeption in der Pädagogik auf der Folie einer Zivilisationskritik zu bewerten: In Bildern vom Edlen Wilden kamen kulturgeschichtlich schon immer unsere Sehnsüchte nach einem einfacheren und „natürlicheren" Leben zum Ausdruck. Im Fremden wird (wieder-)entdeckt, was einem selbst oder der eigenen Kultur verlorengegangen ist. Die in der Geschichte wie in der Gegenwart häufig auftretenden Exotik- und Paradiesfantasien haben hier ihren Platz, und häufig wird bei einem genaueren Blick in die Geschichte deutlich, wie schnell solche Schwarz-Weiß-Zeichnungen ins Negative umschlagen können: Eine veränderte ökonomische Situation tauscht die Vorzeichen aus: Das Fremde, das schon zuvor durch eine klare Grenze vom Eigenen getrennt war, wird nun zum Ausgegrenzten erklärt, das „wesensmäßig anders ist"; seine Abwertung bewirkt die Selbstaufwertung. Das Fremde erscheint nun als ständige Bedrohung der eigenen Integrität, was angestrengte Grenz- und Verteidigungslinien notwendig erscheinen läßt (Schäffter 1991: S. 19ff.). So gab es etwa in Zentraleuropa am Anfang des 19. Jahrhunderts positive, exotisierende Bilder von Türken, die wegen ihrer hohen Kultur geschätzt werden. Der sich verstärkende Imperialismus in Zentraleuropa im Verlauf des Jahrhunderts hatte allerdings zur Folge, dass in den Fremdbildern „der Orientale" zunehmend als faul, unzivilisiert, diebisch, – und daher als zivilisierungsbedürftig erscheint. Ein negatives Gegenbild hilft v. a. in Krisenzeiten, eigene Schwächen zu kompensieren und mittels Abwertung des Anderen sein Selbstbild zu stärken. Auch aus unserem Alltag wissen wir, dass es zwischen einer Verengelung und einer Verteufelung des Anderen fließende Übergänge gibt. Eine kleine Veränderung schon läßt das exotisierte Bild ins Negative kippen, – so, wie wir eine stark geliebte Person, wenn sie uns enttäuscht, abgrundtief hassen können.

Dagegen wird im **3.** von Ortfried Schäffter identifizierten Modus

„Fremdheit als Ergänzung"

das Andersartige zu einer dynamisierenden Kraft für die eigene Entwicklung. Die in der Interkulturellen Pädagogik verbreitete Rede von der „Bereicherung durch fremde Kulturen" hat hier ihren Ort. Damit wird jedoch gleichzeitig die Ambivalenz dieses Wahrnehmungsmusters deutlich: Es verführt zum einen dazu, Fremdes für die eigene Entwicklung zu instrumentalisieren, zum anderen, es „verstehend" zu vereinnahmen und seiner beunruhigenden Fremdheit zu berauben. Internationale Stadt- und Straßenfeste stellen sicherlich eine Bereicherung des kommunalen Kulturlebens dar. Doch als folkloristische Darbietung gezähmt, dient das Fremde nicht mehr einer produktiven In-Frage-Stellung des Eigenen, sondern der Bestätigung eines harmonisierenden Bildes einer „Multikulti-Gesellschaft", in der Konflikte nur störend wirken.

In Schäffters viertem und letztem Modus des Fremderlebens –

„Fremdheit als Komplementarität"

scheint diese Gefahr weniger zu bestehen: Eigenes und Fremdes werden wechselweise als Figur und Hintergrund gesehen, eines bestimmt und relativiert das andere. Im Gegensatz zu den drei anderen Modi wird hier anerkannt, daß es nicht-aneignungsfähige Bereiche des Fremden gibt, die in ihrem autonomen Eigenwert respektiert werden. Daraus ergibt sich der „Zwang zur radikalen Anerkennung der *gegenseitigen Differenz*". Hier ist es möglich, das Andere anders sein zu lassen – und es nicht dem Eigenen anzupassen und zu vereinnahmen. Die beunruhigende Kraft des Fremden bleibt erhalten, weil „Verstehen" nicht als Bemächtigung verstanden wird, sondern als Bemühen, ihm „auf der Spur" (Waldenfels 1991: 53) zu bleiben, – im Bewusstsein, dass Verstehen immer nur ein Annäherungsprozess sein kann.

Folgen wir diesem vierten Modell, gleicht Verstehen zunächst einem „Davor-Stehen". Es wird – wie Erich Hoffmann schreibt – zu einem „Erkenntnismittel, das mich davor bewahrt, dem Fremden zu nahe zu kommen (...). Die sinnliche Kraft des Verstehens liegt dabei [zunächst] in den assoziierten Bildern vom Anderen. Es geht also zunächst gerade nicht um die taktile Nähe wie beim Begreifen, sondern eher um ein distanziertes Erfassen der Außenwelt (...). Erst in dieser Haltung innerer Bewegung und raumzeitlicher Ruhe (Ich bin irritiert, gehe aber nicht weg, sondern bleibe stehen) gewinnen Symbole vom Anderen konkrete Gestalt. Jetzt ist die Bedingung für das bildhafte Durchdenken des Gegenüberstehenden gegeben" (Hoffmann 1991: 175).

Fremdheit, so kann zusammenfassend gesagt werden, ist keine Eigenschaft von Menschen oder Dingen, sondern ein „Beziehungsmodus, in dem wir externen Phänomenen begegnen" (Schäffter 1991: 12). Im Begriff der Fremdheit verdichten sich Beziehungsverhältnisse. Im Bild dessen, was als *zugehörig / drinnen* bzw. was als *fremd / draußen* konstruiert wird, reproduziert sich das Selbstbild einer Person oder Gesellschaft.

Was in der klassischen Hermeneutik für das Verstehen von Texten entworfen wurde, lässt sich auch auf das Verstehen einer fremden Realität oder eines personalen Fremden anwenden: „Realität" erscheint in diesem Modell nicht unmittelbar „verstehbar", sondern muss wie ein fremder Text entschlüsselt werden, indem versucht wird, die wahrgenommenen „Zeichen" auf die ihnen zugrundeliegende Struktur hin zu deuten.

Angesichts der Komplexität des Verstehensprozesses erscheint die Annahme naiv, Schüler/innen lernten etwas über Erziehungspraktiken früherer Zeiten oder anderer Gesellschaften in fernen Kontinenten, indem sie Wissen speichern; oder sie bauten ihre Vorurteile ab, wenn sie nur lange und intensiv genug dem Fremden begegneten. Dagegen müssen wir davon ausgehen, dass die Auseinandersetzung mit dem Fremden eine Aktivität ist, die von der Subjektentwicklung nicht zu trennen ist. Bei der geläufigen Zielsetzung „Abbau von Vorurteilen" wird davon ausgegangen, dass es einer äußeren Einwirkung bedarf, um „falsche Bilder" vom Anderen „abzubauen", vergleichbar etwa einer abzutragenden Mauer. Dabei wird vergessen, dass das Bild vom Fremden und vom Eigenen zwei Seiten derselben Medaille sind, d. h. das eine kann nicht ohne das andere verändert werden.

Lernen ist eine konstruktive Tätigkeit des Subjekts. Wenn es sich im Verstehensprozess auf den Anderen einlässt und die *für ihn* bedeutsame „Wahrheit“ anerkennt, dann bedeutet dies zunächst einen Verzicht auf absolute Gewissheiten. Gewonnen wird aber die Chance persönlicher Entwicklung, wie Werner Simpfendörfer schreibt:

> „Wer die eigene Biographie interkulturell durchschaut, kann auf die Andersartigkeit anderer besser eingehen, weil er sie mit seinen eigenen Erfahrungen nicht mehr erdrücken muss. Die Angst vor dem Fremden weicht in dem Maße, in dem ich die Angst vor mir selber verliere – und eben diese nimmt mir der Fremde, weil er dazu beiträgt, dass ich über mich selbst aufgeklärt werde. Nicht dass der Fremde die Erkenntnis der Wahrheit über mich besäße, aber in der Konfrontation mit ihm kommt sie zwischen uns heraus.“ (Simpfendörfer 1981: 92)

Die bewusste Gestaltung des Kontakts zum Fremden, die Auseinandersetzung mit seiner Widerständigkeit, mit seiner faszinierenden und beunruhigenden Differenz, – dieser Kontakt ermöglicht die Erfahrung eigener Grenzen und Entwicklungsmöglichkeiten. Die Arbeit mit äußeren Widerständen wird zu einer an inneren Grenzen: Wer sich mit Ängsten und Wünschen auseinandersetzt, entwickelt dabei die Kompetenz, souveräner mit ihnen umzugehen – und sich nicht als ohnmächtiges Opfer zu fühlen (vgl. Holzbrecher 1997: 167 ff.).

Gerade in der Lebensaltersphase der Adoleszenz ist die Fremdheitserfahrung nahezu total: Körperliche und psychische Veränderungen werden als ambivalent und krisenhaft wahrgenommen. Es findet nicht nur eine Verflüssigung vertrauter Körper- und Selbstbilder statt, sondern auch eine Auflösung des Weltbilds, dessen Sicherheits- und Orientierungsfunktion verloren gegangen ist. Die *Selbst- und Weltwahrnehmung* oszilliert in einem Spannungsfeld gegensätzlicher, manchmal auch komplementär sich ergänzender Bedürfnisse:

- Mit dem Wunsch nach *Verschmelzung, Ich-Entgrenzung* in der Gruppe, als *Gleicher* anerkannt zu werden bzw. sein zu wollen wie alle entwickelt sich das Gegenstück, der Wunsch nach Abgrenzung, Ich-Behauptung und Konstruktion eines unverwechselbar Eigenen.
- Auf der sozialen Ebene korrespondiert das Prinzip der *Einschließung*, der Konstruktion von *Gemeinschaft* (Gruppen, Cliquen) mit dem Prinzip der *Ausschließung*, der *Errichtung von Grenzen*, die eine Konstruktion des „sozialen Eigenkörpers“ erst möglich machen.
- Das Bedürfnis nach Konsistenz zeigt sich in der Suche nach *allgemeingültigen („universalen“) Deutungsmustern*, nach einem stimmigen Selbst- und Weltbild. Ihm entgegengesetzt ist das der Dekonstruktion, der Relativierung von „Wahrheit“ und der Anerkennung der Differenz des Anderen.

Im Wechselspiel zwischen diesen unterschiedlichen Bedürfnissen entwickelt sich das, was Piaget mit „Dezentrierung" bezeichnet: Das Subjekt erkennt zunehmend, dass es nicht selbst im Mittelpunkt steht, sondern dass die Realität polyzentrisch ist. „Wahrheit" existiert nicht absolut, sondern es gibt nun eine Vielfalt von Betrachtungsperspektiven.

Wie lässt sich angesichts der verwirrenden Vielfalt und Fremdheit etwas unverwechselbar Eigenes finden? Von zentraler Bedeutung bei dieser Suche nach persönlicher und sozialer Identität ist der Vergleich mit dem Anderen – und die Überlegung, wie man in seiner Situation handeln würde.

Interkulturelle Vergleiche

... gehören zu den zentralen didaktischen Grundfiguren des Pädagogikunterrichts. Die didaktische Bedeutung von Vergleichen liegt vor allem darin, dass der Konstruktcharakter des Eigenen durch die Konfrontation mit dem Fremden deutlich werden kann. So sollen etwa Margaret Meads kulturanthropologische Studien zeigen, dass das, was wir als „Normalität" wahrnehmen, kein absoluter, sondern ein relativer, d. h. gesellschaftlich und kulturgeschichtlich vermittelter Wert ist. Durch Vergleiche mit weniger komplexen Gesellschaften sollen etwa Erziehungsziele im Kontext historisch-gesellschaftlicher Erfahrungen und kultureller Wertorientierungen deutlich werden. Die entscheidende Frage ist jedoch, in welcher Weise die Erfahrung des Andersseins des Anderen verarbeitet wird.

Nur allzu schnell tappen wir in die Falle unreflektierter Ethnozentrik oder gar rassistischer Deutungsmuster. So lösen etwa Unterrichtsmaterialien zu „primitiven" Ethnien einen Effekt aus, mit dem eigene Überheblichkeitsgefühle verstärkt werden. Suggeriert wird damit die Vorstellung einer universalistischen Entwicklungslinie, auf der man sich selbst „oben" und die anderen „unten" verortet und mit entsprechenden Wertungen verbindet. Mit einer Analyse von Schulbuchbeispielen aus Samoa, der Türkei sowie aus Israel könnte gezeigt werden, dass bei den Ländern / Regionen, die aus zentraleuropäischer Sicht für „hochentwickelt" gehalten werden – etwa Israel –, eher eine kulturfaire Betrachtung gelingt (vgl. Holzbrecher 1999). Bei „weniger entwickelten" Ländern und Regionen dagegen tauchen häufiger (ab-)wertende Klassifizierungen auf. Bewusst oder unbewusst stehen solche Deutungen in einer funktionalen Beziehung zur Aufwertung der eigenen Gesellschaft oder Kultur.

Wie kann die Gefahr verringert werden, mit Hilfe interkultureller Vergleiche ethnozentrische Einstellungsmuster zu verfestigen? Meine Antwort darauf lautet – im Anschluss an Georges Devereux: durch eine transparente Methodologie, d. h. eine klar erkennbare Unterscheidung zwischen unterschiedlichen Phasen des Fremdverstehens und Vergleichens.

In Anlehnung an den hermeneutischen Zirkel geht es in einer

1. Phase einerseits um eine Aktualisierung des Vorwissens, ein Zum-Ausdruck-Bringen von auch unbewussten Vorstellungsbildern zum Objekt des Vergleichs; andererseits sollte geklärt werden, welche Erkenntnisse und Erfahrungen man sich von diesem Vergleich verspricht. – In der
2. Phase wird versucht, den Anderen / das Fremde in seinen Selbstdeutungen zu untersuchen – und dabei nach Möglichkeit eine bewertende Sprache / Haltung zu vermeiden: Was sagt der Andere, indem er sich in dieser Weise ausdrückt, über sich selbst und seine Lebenswelt aus? Welche Bedeutung haben seine Wahrnehmungs-, Deutungs- und Handlungsmuster für ihn, für sein Selbstbild und für sein Bild der Welt? – In einer
3. Phase wird dieses Bild in Beziehung gesetzt zum Vorverständnis und Vorwissen – im Sinne eines „Davor-Stehens": In welcher Weise berührt es mich? Was macht das Fremde mit mir? Welche biografischen, lebensweltlichen und gesellschaftlichen Erfahrungen, welche Ängste und Wünsche provoziert es? In welchem der vier Modi des Fremderlebens wird es wahrgenommen? Was sagt dies über mich/uns selbst aus? etc. – Erst in einem weiteren Schritt, der
4. Phase, geht es um eine begründete Be-/Wertung, bei der „das Eigene" und „das Fremde" in ihrer Gleichheit und in ihrer Differenz gewürdigt werden. „Interkulturelles Lernen" heißt nicht Preisgabe des eigenen Standpunkts zugunsten eines ethisch nicht durchhaltbaren Kulturrelativismus. Aber es beinhaltet notwendigerweise die Relativierung von Einstellungen, die im Gewande eines unhistorischen Universalismus daherkommen. Der Ethnopsychoanalytiker Mario Erdheim hat m. E. am besten die Aktivität dieser 4.Phase mit dem Begriff der „Pendelbewegung zwischen den Kulturen" (1990: XIII) gefasst.

Gerade im Unterrichtsfach Pädagogik besteht die Chance, **Fremdverstehen** nicht nur theoretisch, sondern auch praktisch (und methodisch angeleitet) **als Suchbewegung und als Annäherungsprozess zu gestalten**. Gemeint ist damit ein didaktisch-methodisches Konzept, das es den Lernenden ermöglicht, interkulturelles Lernen und die Arbeit an der eigenen Subjektentwicklung miteinander zu verknüpfen und als kreative Aufgabe der Konstruktion von Selbst- und Weltbildern zu begreifen. Dabei können auf folgenden drei Ebenen Erkenntnisse und Kompetenzen entwickelt werden:

1. auf der makrostrukturellen Ebene, d. h. der Gesellschaft in globalisierten ökonomischen und politischen Strukturen
2. der Ebene der Lebenswelt bzw. der kultur-, geschlechts- und milieuspezifischen Deutungsmuster und
3. der Ebene der psychosozialen Entwicklung des lernenden Subjekts.

Es dürfte immer weniger gelingen, **Fremdes in globalisierten gesellschaftlichen Verhältnissen** aus dem Wahrnehmungshorizont auszublenden. Immer offensichtlicher dringen weltweite ökonomische, politische und soziale Veränderungsprozesse in die eigene Lebenswelt.

Mit Armutsflüchtlingen aus aller Welt, Arbeitsmigranten aus Süd- und Osteuropa sowie politisch und religiös Verfolgten steht die „Dritte Welt" vor der eigenen Haustüre. Die Marginalisierung der Modernisierungsverlierer bzw. derer, die sich nicht anpassen wollen oder können, scheint im Kleinen wie im Großen zu einem Grundmuster weltweiter Politik zu werden: Im Bild der „Festung Europa" spiegeln sich soziale und politische Ausgrenzungsstrategien, ebenso im verzweifelten Bemühen, mittels ethnischer oder kulturalistischer Kriterien verlorene Sicherheit wiederzugewinnen. Diese gesellschaftliche Dynamik im Pädagogikunterricht ideologiekritisch zu analysieren, ist eine notwendige Arbeit. Erkannt wird, dass die Kriterien, entlang derer soziale Identitäten wie auch „Fremdheit" konstruiert werden, relativ beliebig und damit austauschbar sind.

Vermutlich sind es weniger kognitive Einsichten als vielmehr soziale (Gegen-) Erfahrungen, die interkulturell wünschenswerte Dispositionen entstehen lassen. „Erziehung zur Verantwortung" wird nicht durch Appelle realisiert, sondern entwickelt sich aus der Praxis der Solidarität. Die Unterstützung von Kinderhilfsprojekten in Lateinamerika, die Betreuung politischer Gefangener in einer Amnesty-International-Gruppe, der Kontakt zu Flüchtlingsfamilien vor Ort, Hausaufgabenhilfe oder die Mitarbeit bei Freizeitaktivitäten für Migrantenkinder im benachbarten Stadtteilzentrum, Schulpartnerschaften ... Alle derartigen Aktivitäten einer „geöffneten Schule" stellen zentrale Lerngelegenheiten dar. Im handelnden Umgang mit dem Fremden entwickelt psychische Stärke. Es ist v. a. diese Erfahrung von Kompetenz und Selbstwirksamkeit, die das handelnde Subjekt befähigt, die Ambivalenz riskanter gewordener Verhältnisse weniger als Bedrohung und eher als Herausforderung wahrzunehmen (vgl. Holzbrecher 1997a).

Verstehen wir mit Erhard Meueler (1993: 151f.) „Bildung als Subjektentwicklung", wird deutlich, dass die schöpferische Auseinandersetzung mit gesellschaftlichen Problemen zum Medium der eigenen Subjektentwicklung wird. Denn Subjekthaftigkeit setzt Beziehungsfähigkeit voraus: „Sie bedarf, um zustande zu kommen, der solidarischen Wertschätzung durch andere ebenso wie der eigenen Offenheit für fremdes Leid" (Meueler 1993: 8). *Indem* sie für eine Verbesserung der Lebensbedingungen benachteiligter Gruppen hier und anderswo arbeiten und *indem* sie sich mit ihrem Anderssein auseinandersetzen, entdecken die Lernenden ihre Kompetenzen und entwickeln persönliche Stärken und Fähigkeiten.

Interkulturelle Kompetenz ist auf die **überschaubare Lebenswelt**, den konkreten Handlungsraum im Alltag der Lernenden, zu beziehen. Handlungspropädeutisch ist damit v. a. die Befähigung gemeint, im eigenen überschaubaren, multikulturellen Lebensraum kompetent pädagogisch und politisch handeln zu lernen. Jürgen Langefelds Vorschlag, „Region" als didaktische Kategorie einzuführen (1997; 6ff.), erscheint hier produktiv. Denn im überschaubaren und gestaltbaren

Lebensraum kann die Fähigkeit entwickelt werden, mit den vielfältigen Spannungen, Brüchen und Veränderungen des sozialen Systems selbstreflexiv umzugehen. Gleichzeitig bieten Sicherheit und Vertrautheit vermittelnde Wir-Identitäten – auch über Grenzen hinweg – das notwendige stabilisierende Moment. Nur in überschaubaren Räumen (und dazu ist auch die Schule zu zählen) kann die Erfahrung von Kompetenz entwickelt werden, die es ermöglicht, sich weniger als ohnmächtige Opfer und eher als selbstbewußte Gestalter wahrzunehmen – und dabei die eigene Rolle (Beobachter *und* Handelnder) kritisch zu betrachten. Es muss allerdings vor den Verlockungen eines auf Harmonie und „Gemeinschaft" ausgerichteten Konzepts gewarnt werden. Dafür genügt ein genaueres Hinsehen, um zu erkennen, dass eine homogene Lebenswelt eine Illusion ist, die über die Spannungen und Widersprüchlichkeiten der Realität hinwegtröstet: Liest man die Spuren der Lebenswelt mit der „interkulturellen Brille", werden etwa die historische Dynamik von Migrationen und die damit verbundenen sozialen und gesellschaftlichen Ungleichzeitigkeiten sichtbar. Ein solcher Blick macht deutlich, dass die Sphäre des Eigenen und Vertrauten nichts Homogenes, sondern ein historisch-gesellschaftlich bedingtes buntes Patchwork oder Gewebe ist, dessen „Fremdheiten" Kennzeichen der Vielfalt und Lebendigkeit der Region sind. Die Produktivkraft des Konzepts Region liegt also gerade darin, dass *in einem überschaubaren Raum* an Grenzziehungen gearbeitet, d. h. die Politik der Ein- und Ausschließung beeinflusst werden kann. Übergänge, Vermischungen und Verwandlungen werden ebenso erkennbar wie die Erfahrung, dass das Andere und Fremde ein dynamisierendes Element und Bedingung für Entwicklung ist.

Die *Erfahrung* selbstbestimmten Handelns in der eigenen Lebenswelt scheint Voraussetzung dafür zu sein, anderes anders sein lassen zu können, mehr noch: andere in ihrem Bemühen zu unterstützen ihre Interessen selbst zu organisieren.

Wissenschafts- und Handlungspropädeutik

... gehören laut Richtlinien Erziehungswissenschaft für die Gymnasiale Oberstufe seit der Einführung des Fachs in NRW zu den unverzichtbaren didaktischen Prinzipien (KM 1981: 27). Wenn im Folgenden versucht wird, diesen Prinzipien interkulturell relevante Zielbereiche zuzuordnen, so in der Absicht, neue fachdidaktische Perspektiven erkennbar werden zu lassen.

Zur *Wissenschaftspropädeutik* heißt es in den Richtlinien: „Es geht im Unterricht (...) sowohl um die Untersuchung und Aufdeckung des Zusammenhangs zwischen Wissenschaft und Erziehungspraxis als auch um die Frage, inwieweit Wissenschaft diese Praxis legitimieren kann. Dem Schüler soll deutlich gemacht werden, dass man in der gegenwärtigen Gesellschaft hinter die Wissenschaft und ihre Ergebnisse nicht mehr zurückgehen kann. Dies bedeutet auch, dass der Schüler lernen muss, sein eigenes pädagogisches Handeln an den Ergebnissen der Wissenschaft zu orientieren, ohne die Grenzen der Leistungsfähigkeit von Wissenschaft zu verkennen“ (ebd.).

Gerade im Pädagogikunterricht kann deutlich gemacht werden, dass die Theorieansätze keine für alle Zeiten gültigen Wahrheiten darstellen, sondern historisch-gesellschaftlich und kulturell bedingte Deutungsmuster sind, mit deren Hilfe uns die Welt erklärbar erscheint. Ob es um „Aggression“, „Jugendkriminalität“ oder „Menschenbilder der Wissenschaften“ geht, bei jedem Thema ist es naheliegend, die den Ansätzen zugrundeliegenden Menschen- und Weltbilder herauszuarbeiten. Damit wird erkennbar, dass Theorien keine Abbilder der Realität sind, sondern eher „Landkarten“ bieten, die Orientierung ermöglichen und auch auf den zurückweisen, der sie im Kontext seiner Realitätswahrnehmung entworfen hat. Ausgehend von dieser Erkenntnis könnten wesentliche Unterschiede zwischen Alltags-Deutungsmustern und wissenschaftlich begründeten Konzepten erarbeitet werden.

Bei der Vorbereitung auf das Verfassen einer Facharbeit könnte deutlich gemacht werden, dass eine intersubjektiv überprüfbare und das methodische Vorgehen offenlegende Darstellung für die wissenschaftliche Perspektive unabdingbar sind. Gerade interkulturell relevante Themen böten die Möglichkeit, sich selbst als Beobachter mitzureflektieren, d. h. sich der kulturellen Voraussetzungen des eigenen Blickwinkels zu vergewissern. Der aus den Richtlinien zitierte Passus mit seinem relativierenden Nebensatz bezüglich der „Grenzen der Leistungsfähigkeit“ wissenschaftlicher Ansätze könnte in diesem Sinne produktiv gemacht werden: An wissenschaftliche Praxis werden Schüler/innen herangeführt, indem sie sich darüber Klarheit verschaffen, inwiefern die Konstruktionen von Wissen und Erfahrung auf die Lebenswelten der Autoren zurückverweisen, und indem sie sich bemühen, eine begründete eigene Beobachterposition zu erarbeiten.

Das Prinzip der *Handlungspropädeutik* beinhaltet laut Richtlinien die Forderungen, pädagogische Handlungsfelder aufzuzeigen, Kenntnisse zu vermitteln, die pädagogisches Handeln ermöglichen, um „Disposition und Bereitschaft zu verantwortlichem pädagogischen Handeln vorzubereiten und den Schüler zur Entscheidungsfähigkeit hinzuführen“ (ebd.). Im Anschluss an die bisherigen Überlegungen zum interkulturellen Lernen sollen das *Subjekt*, die *Lebenswelt* und das *internationale System* als aufeinander verweisende „Bezugsgrößen“ unterschieden werden. Handlungsorientierung im interkulturellen Pädagogikunterricht zielt

- *subjektbezogen* zum einen auf die Entwicklung *eigener* Handlungskompetenz aus der Auseinandersetzung mit dem „Fremden“ der eigenen psychosozialen Entwicklung (Gefühle, Ängste ...) wie auch mit der befremdlichen und faszinierenden Differenz des Anderen; zum anderen geht es um die Förderung eines Verhaltens, das dem Anderen Handlungsspielräume und damit eine eigenständige Entwicklung ermöglicht;

- *lebensweltbezogen* auf die Befähigung, im eigenen überschaubaren, multikulturellen Lebensraum kompetent pädagogisch und politisch handeln zu lernen. Dabei kann auch der „Doppelcharakter" der Entwicklung von Handlungskompetenz im Blickfeld bleiben: Wie bei einem Theaterstück geht es nicht nur darum, als Akteur / Subjekt (weiter-)spielen zu können. Die gemeinsame Verantwortung für das ganze Stück verlangt, dass jeder dem Anderen Handlungsspielräume eröffnet.

- Bezogen auf das *internationale System* zielt das Prinzip der Handlungspropädeutik im Pädagogikunterricht auf die Fähigkeit, angesichts der strukturellen Koppelung von globalisierten Marktstrukturen und denen der eigenen Lebenswelt handlungsfähig zu bleiben: Ohnmachts- und Desintegrationserfahrungen dürften aufgrund gesellschaftlicher Differenzierungsprozesse in Zukunft eher zu- als abnehmen. Die Auflösung Sicherheit vermittelnder sozialer und politischer Strukturen wird die sozialpsychologische *Dynamik der Ein- und Ausschließung des Anderen* verstärken und damit dem Einzelnen Entscheidungen abfordern, deren Legitimation immer weniger unter Verweis auf Traditionen oder „höhere Werte" gelingen mag, sondern diskursiv hergestellt werden muss.

Lernen im Allgemeinen und interkulturelles Lernen im Besonderen ist immer auch eine subjektbezogene Arbeit an Selbstbildern und Weltbildkonstruktionen. „Erfahrung" ist das Ergebnis einer selbstorganisierten Tätigkeit des lernenden Subjekts. Mit dem folgenden Modell (vgl. Holzbrecher 1997: 222ff.) werden drei Dimensionen der Erfahrungsbildung unterschieden, die sich wechselseitig beeinflussen und jeweils neue Syntheseformen hervorbringen:

Subjektaktivitäten: An Eignung als Kompetenzentwicklung

Subjektaktivitäten: AnEignung als Kompetenzentwicklung

AUSDRUCK

Einwirkung auf die Realität / Hervorbringen von Wirklichkeit durch *soziales/ kommunikatives Handeln , politische Aktion bzw. ästhetische Ausdrucksmedien*:

reden, schreiben, gestalten...
Personale Medien (Körper),
Handlungsmedien, z.B. Theater, Tanz, Spiel...
Sachmedien z.B. Foto, Film, Papier, Objekte...)

körpersprachlicher
bzw. gestischer Ausdruck

⇗ ⇖

WAHRNEHMUNG

Sinneswahrnehmungen
intuitives/„ganzheitliches“
Erfassen/Verarbeiten von Informationen
analoges, bildhaftes / symbolisierendes
Verarbeiten von inneren Bildern
(„Vorstellungsbildern“)
Erzeugen innerer Anschauung / Phantasie /
Tagträume, Umgang mit der Ambivalenz der
Gefühlswelt/Leidenschaften/Ängste...
„awareness“/ Sensibilität in Bezug auf
eigene Gefühlsqualitäten den Begriff“ bringen;
Empathie / Einfühlungsvermögen in Bezug auf
andere Menschen und Situationen

REFLEXION

logisch-analytisches,
zergliederndes, analysierendes
Denken, logische Verknüpfungen
herstellen entsprechend
Regelsystemen / Sprache
reflexive Deutung und
Verarbeitung; verstehende
Auseinandersetzung mit
innerer und äußerer Realität;
etwas „zur Sprache“ bzw. „auf
Abstraktionsfähigkeit, Flexibilität
des Denkens; Einsicht in
strukturelle Zusammenhänge der
Realität; Entwicklung realitäts-
und subjektangemessener
Formen der
Erkenntnisgewinnung

- Die Erlebens- und Wahrnehmungsfähigkeiten sind zunächst einmal gesellschaftlich bzw. kulturgeschichtlich „gerahmt“: So ist davon auszugehen, dass in unseren Körperbildern (vgl. Rosenfield 1992) einerseits die Zwänge des „zivilisatorischen Prozesses“ (Elias) codiert sind, andererseits die lebensweltlich-biografischen Erfahrungen. Subjektiv wahrgenommen werden können diese in Gestalt emotional hochbesetzter „innerer Bilder“, die das Selbst- und das Welterleben bestimmen. Mit zunehmendem Alter, und dies besonders intensiv in der Pubertät, entwickelt das Subjekt die Fähigkeit, sich seiner Gefühlsqualitäten bewusster zu werden und mit der Ambivalenz dieser Bilder umzugehen, z. B. kontrastierend zur äußeren Welt innere Anschauung und Fantasien zu entwickeln. Der Erhalt der Lebendigkeit dieser Bilder scheint wesentliche Voraussetzung für die Fähigkeit zu sein, ambivalente Situationen „offen zu halten“ – und Fantasie als Produktivkraft des Denkens zu nutzen.
- Ausdruck / Handeln: „Was nicht klar gesagt werden kann, davon muss man schreiben“. Mit diesem Titel eines Aufsatzes der Kunstpädagogin Maria Peters (1997: 449) wird deutlich, dass es oft erst über die ästhetische Praxis möglich erscheint, die ambivalenten Vorstellungsbilder subjektiv be-greifbar zu machen: Kreatives Schreiben, bildnerisches Gestalten oder etwa der körpersprachliche Ausdruck, – in diesen ästhetischen Ausdrucksmedien kommen nicht nur reflexiv verarbeitete Inhalte zutage, sondern *auch* die mit ihnen verknüpften emotionalen Aspekte. In ihrer symbolisierten Gestalt sind etwa die „Bilder des Fremden“, Bilder vom Schwarzen Mann, Wunsch- und Angstvorstellungen, Erfahrungen von Ohnmacht und verletztem Selbstwertgefühl enthalten, deren Ausdruck allein oft schon als befreiend erlebt wird. Ästhetische, soziale und politische Praxis ermöglicht also – im Wortsinn – ein Hervorbringen persönlich bedeutsamer Wirklichkeit. Sie stellt damit als solche einen produktiven Suchprozess dar, in dessen Verlauf es möglich wird, zum einen die schwer fassbare Ambivalenz des Vorstellungsbildes, zum anderen die äußere Realität mit ihren Herausforderungen zu bearbeiten.
- Reflexion: „Auch Abstraktion ist lustvoll“, schreibt Luc Ciompi (1997: 115), denn sie ermöglicht eine höhere Ebene des Verstehens: Die zunehmend aktivere Auseinandersetzung mit sich selbst und der Außenwelt verstärkt den Wunsch, die Realität mit geschärften Sinnen wahrzunehmen und sich in Beziehung zu ihr zu setzen. Reflexive Aneignung bedeutet, dass mit Hilfe von Sprache die Empfindung ins Bewusstsein gehoben bzw. eine Brücke zwischen einer vorrationalen Wahrnehmung und dem logischen Denkvermögen geschlagen wird. Jetzt kann davon gesprochen werden, dass eine verstehende Auseinandersetzung mit der inneren und äußeren Wirklichkeit stattfindet. Dabei eignet sich das Subjekt die Fähigkeit an, sich selbst als Beobachter und Interpreten zu reflektieren.

Abschließend soll ein didaktisches Konzept vorgestellt werden, mit dem die bisherigen Überlegungen zusammengefasst werden und mit dem es möglich erscheint,

Fremdverstehen als ergebnisoffenen Such- und Kontaktprozess zu konzipieren: Dieses Modell soll es ermöglichen, von *hier & jetzt* in symbolisierender Weise zum Ausdruck gebrachten Bildern, Einstellungen und Vorwissen auszugehen (I). Diese Inhalte werden im weiteren auf ihre biografischen bzw. lebensweltlich erlernten Bedeutungsgehalte (II) hin untersucht; schließlich wird gefragt, inwiefern diese ihrerseits vor dem Hintergrund historisch-gesellschaftlicher Strukturen und Entwicklungen (III) zu deuten sind. In einem weiteren Schritt, und dies ist die Zielperspektive des Modells (IV), werden die lebensweltlich-biografische und die historisch-gesellschaftliche Ebene so miteinander verknüpft, dass *hier & jetzt* im Binnenraum der Lerngruppe Möglichkeiten einer konstruktiven und kreativen Veränderung von Deutungs- und Handlungsmustern erarbeitet und erprobt werden können. Dies beinhaltet die gemeinsame Suche nach ästhetischen Handlungs- bzw. politischen Aktionsfeldern.

Didaktisches Konzept

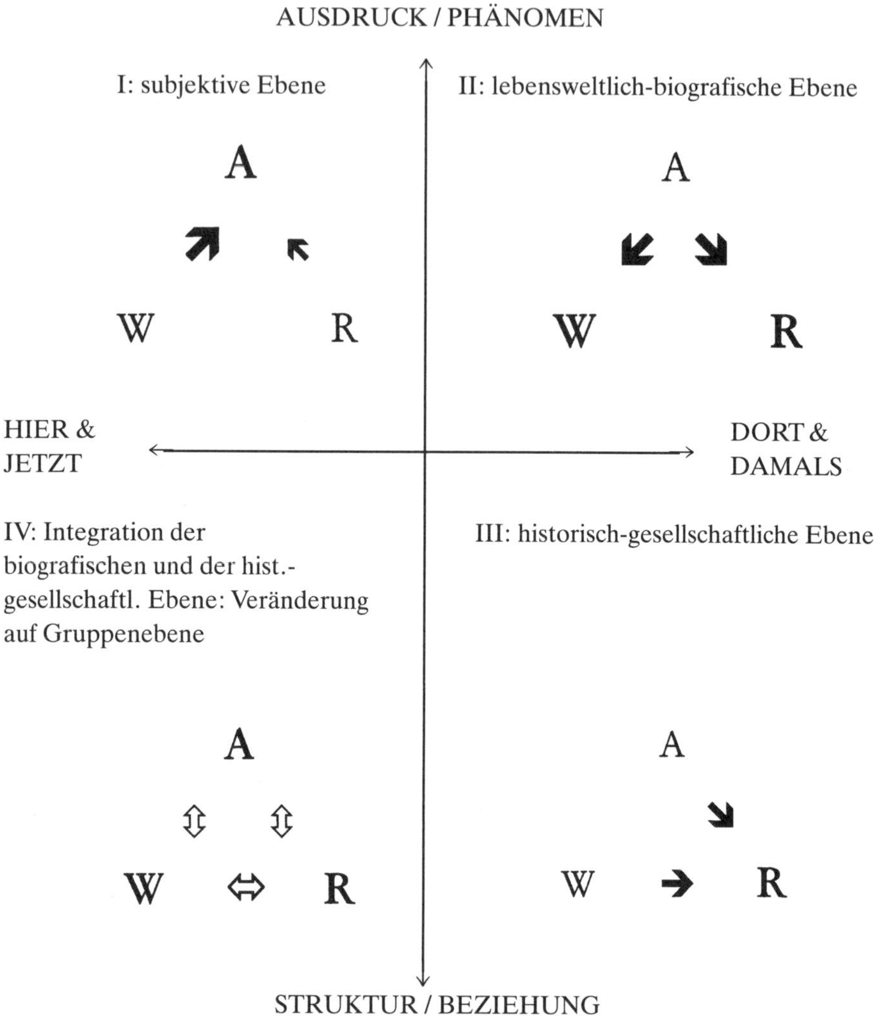

Die in den einzelnen Phasen unterschiedliche Akzentuierung der drei Dimensionen der Erfahrungsbildung regt nicht nur zur Entwicklung einer methodischen Vielfalt an, sondern kommt auch der Aneignungsaktivität der Lernenden, d. h. den unterschiedlichen Lerntypen, entgegen. Dieses eher allgemeindidaktisch oder erkenntnistheoretisch orientierte Modell kann nun wie eine Folie auf den didaktischen Prozess des Fremdverstehens gelegt werden:

I SUBJEKT ⇨

- Klärung des Vorverständnisses
- Vergewisserung der Erwartungshaltung bzw. des Erkenntnisinteresses in Bezug auf den/das Andere/n
- Ausdruck der mit den Bildern vom Anderen verbundenen Gefühlsqualitäten (Ängste, Wünsche ...)

wahrnehmen, Irritationen festhalten

II LEBENSWELT / BIOGRAFIE

- Wie sieht der Andere sich selbst? Welche lebensweltlich und biografisch bedingten Deutungsmuster sind erschließbar?
- Wie sieht der Andere mich? Was sagt dies über ihn aus?

⇧⇩

- Wie nehme ich ihn wahr? Was fasziniert, was befremdet mich? Was sagt mir dies über mich selbst: Auf welche Ängste / Bedrohungsgefühle bzw. welche noch zu entdeckenden Entwicklungsmöglichkeiten lässt diese Wahrnehmung schließen? Inwiefern ist diese Wahrnehmung biografisch / lebensweltlich bedingt?

entziffern, Spuren lesen

HIER & JETZT

DORT & DAMALS

⇩

IV LERNGRUPPE ⇧

neue Beziehungs-, Deutungs- und Handlungsmuster erarbeiten

- Welche Konsequenzen hat meine/unsere Bewertung (für das Selbstbild / das Fremdbild)?
- Wie kann ich /können wir eine begründete eigene Position erarbeiten, ohne uns selbst aufzugeben?
- Welche Themen und welche Lernwege sind geeignet, um Selbst- und Fremdwahrnehmung – ästhetisch, sozial, politisch – als offenen Suchprozess zu gestalten und damit Selbstwirksamkeit / Kompetenz zu erfahren?
- Welche Handlungsmöglichkeiten gilt es (subjekt-, lebenswelt- bzw. gesellschaftsbezogen) zu entdecken und gemeinsam zu erarbeiten? Wie können wir uns gegenseitig *Raum geben?*

III GESELLSCHAFT ⇦

Bezüge herstellen, Kontexte erschließen, vergleichend deuten

- Welcher – historisch bedingte – gesellschaftliche / kulturelle Kontext lässt sich hinter A's Selbstwahrnehmung erkennen?
- Welche weiteren Zusammenhänge muss ich mir erschließen, um ihn und seine Kultur / sein Wertesystem / sein Verhalten ... als historisch und gesellschaftlich bedingte Konstruktion besser verstehen zu können?

⇧⇩

- Inwiefern wird damit mein / unser Verstehenshorizont als historisch und gesellschaftlich bedingt erkennbar?
- Welche weiteren Zusammenhänge muss ich mir erschließen, um die eigene Kultur ... besser verstehen zu können?
- Welche Zusammenhänge werden beim Vergleich erkennbar?

„Unsere Identität ist nicht ein Museumsstück, das in eine Vitrine gesperrt wird, sondern die Synthese unserer alltäglichen Widersprüche, die stets aufs neue überrascht“. So der Schriftsteller Eduardo Galeano in seinem Buch „Umarmungen, eine Liebeserklärung an die lebendige Vielfalt der lateinamerikanischen Kulturen (1998: 117). In diesem Sinne eröffnet die interkulturelle Perspektive (gerade) im Pädagogikunterricht eine Fülle von Möglichkeiten der Selbst- und Fremdwahrnehmung. Folgende – sicher unvollständige – Ideensammlung mag als Anregung dafür dienen:

Unterrichtsthemen

interkulturelle Vergleiche

- Körperbilder
- Menschenbilder
- geschlechtsspezif. Normen / Konstruktionen von Weiblichkeit / Männlichkeit
- Kommunikationsmuster (Begrüßungs-, Bewegungs-, Körper – Kontakt – Muster) Spiel-, Tanz-, Festkultur)
- Konzepte von Gesundheit / Krankheit
- Familienformen / Sozialisationsmuster
- Jungsein / Altern
- Konstruktionen von Selbst-Bildern (Mode, Habitus ...)
- Masken und Identität
- soziale Konstruktionen des Eigenen / Fremden
- Grenz-Überschreitungen (z.B. Drogen, Träume ...)
- Umgang mit abweichendem Verhalten
- Schulsysteme / Umgang mit Minderheiten

Projekte

Erkundung: Ausländerprojekte in der Kommune / Region
Erziehung in Kindergärten
(Gründung von / Mitarbeit in) Initiativgruppen:
Hausaufgabenhilfe für Kinder von Migranten, Asylbewerbern, Aussiedlern
Kinderrechtsbewegung (terre des hommes, Kinderhilfe, UNICEF ...)

Anti-Rassismus-Gruppen
„Schule gegen Rassismus“
Menschenrechtsarbeit / amnesty international

Schule als multikulturellen Lebensraum gestalten / „Öffnung von Schule“ nach außen und innen

- Kindheit / Erziehung / Bildung in der 3. Welt
- Ausländische Familien in Deutschland /
- Erziehung im Kulturkonflikt
- interkulturelles Lernen im Kindergarten
- fremdenfeindliche Gewalt / Aggression gegen Minderheiten Ursachen, Möglichkeiten und Grenzen akzeptierender Jugendarbeit
- Schulsozialarbeit und interkulturelles Lernen / „Community Education“ / „Öffnung von Schule“
- Kommunikationsmuster im Kontakt mit dem Fremden / Nonverbale Aspekte interkultureller Kommunikation
- Medienanalyse: Bilder des Fremden / geschlechtsspezifische und rassistische Klischees (Film, Comics ...)
- multikulturelle Region: Entdeckung multikultureller Vielfalt in Geschichte und Gegenwart

Literatur

Adick, Christel: Erziehung in verschiedenen Kulturen und Gesellschaften. Ziele, Institutionen und pädagogische Theorien, Reihe „Projekte für Erziehungswissenschaft in der Studienstufe“. Stuttgart 1983

Adick, Christel: Die Ausländerproblematik und der Bildungsauftrag unserer heutigen Schule. In: K. Ghawami / World University Service (Hrsg.), Der Nord-Süd-Konflikt. Bildungsauftrag für die Zukunft (Kongressdokumentation). Wiesbaden 1991, S. 184–193

Adick, Christel: Schulbuchentwicklung, Lehrplan und Bildungsreform. Das Beispiel des Pädagogikunterrichts. In: Zeitschrift für Pädagogik 38 (1992) Nr. 5: 703–724

Bubolz, Georg: Normen und Ziele in der Erziehung. Arbeitshefte für Erziehungswissenschaft. Frankfurt: Hirschgraben 1982

Ciompi, Luc: Die emotionalen Grundlagen des Denkens. Entwurf einer fraktalen Affektlogik. Göttingen 1997

Devereux, Georges: Angst und Methode in den Verhaltenswissenschaften. Frankfurt (Suhrkamp) [3]1992

Dörlöchter, Heinz; Maciejewski, Gudrun; Stiller, Edwin: Phoenix. Der etwas andere Weg zur Pädagogik. Ein Arbeitsbuch (Bd. 1). Paderborn: Schöningh 1996

Dörlöchter, Heinz; Maciejewski, Gudrun; Stiller, Edwin: Phoenix. Der etwas andere Weg zur Pädagogik. Ein Arbeitsbuch (Bd. 2), Paderborn: Schöningh 1997

Erdheim, Mario: Zur Ethnopsychoanalyse von Exotismus und Xenophobie, in: ders.: Psychoanalyse und Unbewusstheit in der Kultur. Aufsätze 1980–1987), Frankfurt (Suhrkamp) [4]1990, S. 258–265

Fischer, Heribert; Bubolz, Georg: Entwicklung und Sozialisation. Arbeitshefte für Erziehungswissenschaft. Frankfurt: Hirschgraben 1980

Galeano, Eduardo: Das Buch der Umarmungen. Zürich (Unionsverlag) 1998

Gronemeyer, Marianne: Das Leben als letzte Gelegenheit. Darmstadt 1993

Heering, Karl-Kurt: Die Stellung internationaler und interkultureller Pädagogik in Lehrplan und Schulbüchern im Pädagogikunterricht, unveröff. Seminararbeit (Institut für Pädagogik der Ruhr-Universität Bochum, 1995)

Hoffmann, Erich: Verstehen heißt in Kontakt bleiben. In: O.-A. Burow / Heinz Kaufmann (Hrsg.), Gestaltpädagogik in Praxis und Theorie. Berlin 1991, S. 171–187

Holzbrecher, Alfred: Wahrnehmung des Anderen. Zur Didaktik interkulturellen Lernens. Opladen (Leske + Budrich) 1997

Holzbrecher, Alfred: Lernen für eine Zivilgesellschaft. Umrisse eines Handlungsmodells. In: K.F. Schade (Hrsg.), Wie global sollte entwicklungspolitische Bildung sein? epd Entwicklungspolitik Materialien IV/1997. 1997a, S. 33–44

Holzbrecher, Alfred: Pädagogikunterricht. In: Holzbrecher / Reich (Hrsg.), Fachdidaktik interkulturell. Ein Handbuch. Opladen 1999

Joas, Hans: Die Kreativität des Handelns. Frankfurt 1992

Klaeren, Horst; Zimmermann, Wolf-Dieter; Hempelmann, Rolf: Erziehungswirklichkeiten: Entwicklung – Sozialisation – Erziehung, Materialien für den Sekundarbereich II Erziehungswissenschaft Bd. 3. (Jgst. 12,1), Hannover: Schroedel 1989

Knöpfel, Eckehardt u. a.: Rechtsradikale Verhaltensweisen als Sozialisationsdefizit? Eine Unterrichtsreihe im Pädagogikunterricht der Jgst. 12/II. In: PädagogikUnterricht 14 (1994), H. 1: 55–60

Kultusminister des Landes Nordrhein-Westfalen (Hrsg.), Richtlinien Erziehungswissenschaft Gymnasiale Oberstufe. Köln 1981

Langefeld, Jürgen: Warum in die Ferne schweifen ...? Zur Ethik „von unten“ In: Verband der Pädagogiklehrer und Pädagogiklehrerinnen (Hrsg.), „Das Richtige tun – auch ungewissen Ausgangs“. Festschrift zum 65. Geburtstag von Prof. Böhm. Wesel 1997, S. 3–10

Meueler, Erharsd: Die Türen des Käfigs. Wege zum Subjekt in der Erwachsenenbildung. Stuttgart 1993

Meyer, Thomas: Identitäts-Wahn. Die Politisierung des kultzurellen Unterschieds. Berlin 1997

Ministerium für Schule und Weiterbildung (Hrsg.): Richtlinien und Lehrpläne für die Sekundarstufe I – Gymnasium in Nordrhein-Westfalen: Erziehungswissenschaft. Düsseldorf 1997

Rosenfield, Israel: Das Fremde, das Vertraute und das Vergessene. Anatomie des Bewusstseins. Frankfurt 1992

Schäffter, Ortfried: Modi des Fremderlebens. Deutungsmuster im Umgang mit Fremdheit. In: ders. (Hrsg.), Das Fremde. Erfahrungsmöglichkeiten zwischen Faszination und Bedrohung. Opladen 1991

Simpfendörfer, Werner: Sich einleben in den größeren Haushalt der bewohnten Erde – ökumenisches und ökologisches Lernen. In: Heinrich Dauber / Werner Simpfendörfer (Hrsg.), Eigener Haushalt und bewohnter Erdkreis. Wuppertal 1981, S. 64–93

Stark, Walter: Empowerment. Neue Handlungskompetenzen in der psychosozialen Praxis. Freiburg 1996

Terkessidis, Mark: Das Land der Griechen mit dem Körper besuchen. Über deutschen Alternativtourismus in Griechenland. In: Ruth Mayer / Mark Terkessidis (Hrsg), Globalkolorit. Multikulturalismus und Populärkultur. St. Andrä / Wördern (Hannibal Verlag) 1998, S. 65–84

Waldenfels, Bernhard: Der Stachel des Fremden. Frankfurt (Suhrkamp) ^{2}1991

Wierichs, Georg: 30 Jahre Fachdidaktik Pädagogikunterricht. In: Zeitschrift für Pädagogik 38 (1992) Nr. 5, S. 725–744

Zimmermann, Wolf-Dieter; Hempelmann, Rolf; Klaeren, Horst: Erziehungsbedingungen: Theorien – Systeme – Institutionen, Materialien für den Sekundarbereich II Erziehungswissenschaft Bd. 5 (Jgst.13,1), Hannover: Schroedel 1989

SERPIL AYDIN

Kulturelle Identität

Annäherung an einen schwierigen Begriff

Sind individuelle Verhaltensunterschiede unter den Menschen auf die Vielfalt der Kulturen bzw. auf die kulturelle Identität der Menschen zurückzuführen?

Was ist unter „kultureller Identität" zu verstehen? Gibt es möglicherweise so viele „kulturelle Identitäten" wie es Menschen auf der Welt gibt?

Es ist unbestreitbar, dass es Unterschiede zwischen einzelnen Kulturen gibt, doch sind die unterschiedlichen Verhaltensweisen der Menschen nicht nur durch ihre Zugehörigkeit zu einer bestimmten Kultur zu erklären.

Als erste Annäherung an den Begriff der „kulturellen Identität" mag eine Definition von „Kultur" hilfreich sein:

> Kultur: „Begriff. Der sprachliche Ausdruck Kultur (von lateinisch «cultura» = Pflege, Bearbeitung, Bebauung) ist uneindeutig. Das macht ihn in vielerlei Sprachspielen verwendbar, bereitet der wissenschaftlichen Rede aber Schwierigkeiten. (...) Hilfreich ist die Erinnerung an den vermutlichen semantischen Ursprungsort der modernen Wortbedeutung bei Cicero (Tusculanae disputationes II. 5): In einem Gleichnis wird dort die Einwirkung der Philosophie auf die menschliche Seele (das Gemüt, den Geist) analog zur Bebauung und Pflege des Ackers, damit er Frucht trage beschrieben (»cultura autem animi philosophia est«). Fortan wurde die Bedeutung des zunächst nur auf den Ackerbau bezogenen Ausdrucks «cultura» zur Metapher für einen Grundsachverhalt menschlichen Zusammenlebens. (...)"
> (Lenzen 1989, S. 900)
>
> Kultur, die: Kulturen ‹lateinisch› Summe der künstlerischen, geistigen und moralischen Werte einer Gesellschaft (Bünting 1997, S. 171)

Wer von „Kulturen" spricht, geht meistens unreflektiert von der Homogenität einer Gesellschaft bzw. ihren künstlerischen, geistigen und moralischen Werte aus. Doch gibt es eine solche homogene Gesellschaft noch, „wenn weltweite Migration zu alltäglichen Begegnungen mit Menschen 'aus aller Herren Länder' führen? Gibt es noch in sich abgeschlossene Einzelkulturen, die als Grundlage einer homogenen Enkulturation genommen werden könnten oder ist ein Enkulturationsbegriff, der sich noch auf eine homogene Einzelkultur bezieht, ein Anachronismus, vielleicht sogar ein gefährlicher Scheinbegriff, mit dem Gewalt gegen Fremde und Fremdes legitimiert werden kann?" (Bühler 1994, S. 7)

Allein in der Türkei existiert ein breites Spektrum von z. B. städtischen oder ländlichen „Kulturen". Dies hat v. a. geschichtliche Hintergründe, so war etwa das heutige Anatolien schon vor 2000 Jahren ein Schmelztiegel verschiedener Kulturen (Griechen, Römer, Osmanen). Das Kulturverständnis eines Großstädters ist ein anderes als das eines Dorfbewohners in der Türkei. Doch beide glauben „die türkische Kultur" zu leben. Diese Andersartigkeiten, die Unterschiedlichkeiten gilt es zu sehen, und vielleicht gibt es sogar innerhalb „einer Kultur" mehr Verschiedenheit als im Kulturvergleich, ebenso wie es unter den Menschen kulturübergreifend genauso viele Gemeinsamkeiten gibt wie in der jeweiligen Kultur selbst.

Die türkische Bevölkerung in Deutschland ist nicht zu vergleichen mit der türkischen Bevölkerung in der Türkei. Man darf nicht glauben, dass die türkischen Migranten in Deutschland mit ihrer Lebensweise und mit ihren Werten, an denen sie sich orientieren, „die türkische Kultur" verkörpern. Im Gegenteil, eine Minderheit unter ihnen versucht dem drohenden Verlust der „kulturellen, religiösen und nationalen Identität" durch ein rigides Festhalten an traditionellen Normen zu begegnen. Teilweise leben sie noch mit den Normen und Werten, die aufgrund von Modernisierungsprozessen in der Türkei der dortigen Realität nicht mehr gerecht würden. Doch die Vertreter dieser Richtung halten in der „Ferne" weiterhin an diesen Werten fest, die zu dem Zeitpunkt, als sie ihr Heimatland verlassen hatten, gültig waren. Die Traditionen, auf die sehr viel Wert bei den in Deutschland lebenden Türken gelegt wird, existieren in den Großstädten der Türkei nur in sehr abgeschwächter Form oder sie sind ganz abgelegt worden, wohingegen die Migranten versuchen „türkischer" zu leben als die in der Türkei lebenden Türken.

Die Situation der „jugendlichen inländischen 'Ausländer' "(Heitmeyer 1997, S. 17) – auch als „Ausländer" der zweiten oder dritten Generation bezeichnet – ist durch die Tatsache gekennzeichnet, dass sie zum größten Teil in Deutschland geboren oder aber aufgewachsen sind. Somit sind sie in einer ganz anderen Situation als ihre Eltern, deren Erziehung und Sozialisation überwiegend in der Türkei stattgefunden hat. Sie übernehmen Teile aus beiden Kulturen. Sie leben eine Synthese der „Heimatkultur" und der „deutschen Kultur". Allzu oft ist die Rede davon, dass die Migrantenkinder „zwischen den Stühlen sitzen", doch dieses Bild trifft nicht die Realität: Auf die Frage, ob er zwischen zwei Stühlen sitze, gab Cem Özdemir, der türkischstämmige Abgeordnete der Grünen, die Antwort:

> „Nein, ich sitze nicht zwischen den Stühlen, ich sitze *auf* beiden Stühlen. Ich habe eine Patchwork-Identität, wo ich mir aus beiden Kulturen das raussuche, was mir gefällt. Wobei es ja viel mehr als nur zwei Kulturen sind: Mein Vater ist Tscherkesse, kommt aus einem tscherkessischen Dorf in Anatolien. Meine Mutter aus einer Großstadt, aus Istanbul, hat eine griechische Urgroßmutter. Und ich bin hier geboren und habe die schwäbische Kultur aufgenommen."
> (Kirbach 1999, S. 27)

Der Glaube einer homogenen Kultur „der Deutschen" oder „der Türken" ist eine Fiktion. Die Lebensweisen der Türkinnen in Deutschland ist so unterschiedlich, dass die deutsche Bevölkerung teilweise irritiert ist und nach Gründen sucht, warum sie so sind, wie sie sind. Sie suchen die Gründe in der Kultur, in der Religion oder in der Tradition, und es ist für sie schwer „die türkische Frau" zu begreifen und zu beschreiben. Unter der Überschrift „Einfach anders“ schreibt Vera Gaserov das vielfältige und widersprüchliche Leben der türkischen Frauen in Deutschland und stellt fest, dass es sich dabei um keine Stereotypen handelt:

> „Eigentlich weiß man doch schon alles über sie: Sie tragen Kopftücher, und manchmal sieht man darunter nur noch Augen und Nase. Sie laufen in knappsten Tops herum und auf den höchsten Plateausohlen dieser Welt. Sie schleppen mit der Linken fünf Einkaufstüten und zerren mit der Rechten ein ‘Aaaane!!’ plärrendes Kind hinter sich her. Sie haben ständig ihr Handy am Ohr, und man trifft sie in Scharen bei H & M in der Dessousabteilung. Sie sitzen mit keuschem Kopftuch an der Supermarktkasse, und sie flirten wie verrückt. Sie sind ‘bis über die Toppen geschminkt’, – aber wehe ein Mann schaut sie zu lange an: Dann kommt der große Bruder.“ (Gaserov 1999, S. 40)

Wie sind die türkischen Frauen also?

> „Anders. Sie sind anders: anders als die Klischees, die über sie existieren. Anders als die jeweils andere. (...) Kaum eine andere Bevölkerungsgruppe ist so heterogen, so mit Stereotypen beladen und so in Veränderung begriffen wie sie.“ (a. a. O.)

So wenig wie man von „den“ türkischen Frauen oder Männern reden kann, ist die Annahme einer Homogenität von Nationalitäten eine Fiktion bzw. soziale Konstruktion. Menschen sind unterschiedlich, auch wenn sie denselben Pass besitzen. Ihre kulturellen Identitäten sind vielfältig und sperren sich eindeutigen Zuordnungen.

Entgegen anderslautenden offiziellen Erklärungen gehe ich von der Tatsache aus, dass die Bundesrepublik de facto zu einem Einwanderungsland bzw. zu einer multikulturellen Gesellschaft geworden ist. Mit diesem Zustand müssen sich sowohl die Einheimischen als auch die Migranten arrangieren und die Konflikte, die bei einer solchen Vielfalt von Kulturen auftreten können, gemeinsam zu lösen versuchen.

> „Unter einer multikulturellen Gesellschaft versteht man das Konzept eines gleichberechtigten Zusammenlebens von Menschen verschiedener Abstammung, Sprache, Herkunft und Religion, bei dem jeder der Kulturkreise die eigen Identität beibehalten kann. Die Idee dieser Gesellschaftsform, die von so unterschiedlichen Politikern wie Heiner Geißler und Daniel Cohn-Bendit befürwortet wird, versteht man als Gegenkonzept zu Assimilations- und Integrationsbestrebungen, denen zufolge Zugereiste sich den Gegebenheiten des Landes anzupassen haben. Ein Einwanderungsgesetz soll die Zuwanderung kontrollieren. Kritiker argumentieren, die multikulturelle Gesellschaft überfordere die Toleranzfähigkeit weiter Bevölkerungskreise und führe so zu Überfremdungsängsten bei den Einheimischen und zu Ghettobildung bei den Zuwanderern.“ (Köpf 1996, S. 83)

Wie ist vor diesem Hintergrund „Identität“ bzw. „kulturelle Identität“ zu verstehen? Der Politologe Thomas Meyer macht deutlich, dass unser herkömmliches Vorstellungsbild von „Kultur“ nicht mehr zeitgemäß ist:

> „Wolfgang Welsch hat mit überzeugenden Gründen dafür plädiert, das Kugelaxiom gegeneinander verschlossener Kulturen, das die Debatten der Gegenwart fortwirkend narrt durch etwas ganz Neues zu ersetzen: ein Verständnis von 'Transkulturalität'. Ein solches Konzept stellt von vornherein in Rechnung, dass sich in der Gegenwart die überlieferten Kulturen als Ergebnis ihrer vielfältigen Interaktionen immer schon intern in bestimmendem Maße durchdringen. Was wir wirklich beobachten können, ist eben nicht der Zusammenstoß von Kugeln, sondern das 'Weben transkultureller Netze', die an unterschiedlichen Orten auf je eigene Weise dann zu Verdichtungen und Strukturbildungen führen, die nirgends mehr den ehrwürdigen Homogenitätsfiktionen der Überlieferung entsprechen, es sei denn als Ergebnis einer bloß inszenierten kulturellen Eigentlichkeit." (Meyer 1997, S. 115)

Deswegen erscheint es nicht angemessen, Kulturen statisch voneinander abzugrenzen, da Übergänge und Vermischungen häufiger auftreten als homogene Strukturen.

In der multikulturellen Gesellschaft ist eine von heterogenen kulturellen Einflüssen geprägte Identität keine Seltenheit mehr.

> „Alltagsbeispiele kreolisierter Identitäten zeigen, wie verwoben die Bezugspunkte vieler Menschen heute schon sind und dass Herkunft nicht mehr zwingend Ausgangspunkt jeder Selbstdefinition sein muss. Die einzelnen Einflüsse stammen oft aus unterschiedlichen Kulturen und sind selbst keine Ur- sondern Mischformen." (Breidenstein / Zukrigl 1998, S. 86)
>
> Sowohl im System der Nationalstaaten als auch in dem der Kulturen gehen Homogenisierung und Differenzierung miteinander einher und bedingen sich gegenseitig. Die Welt wird sich zum einen immer ähnlicher, zum anderen immer unterschiedlicher. (...) Das Lokale ist nicht nur konstitutiver Teil des Globalen, sondern entsteht oft erst in ihm. Zunehmend entstehen globale Strukturen, die Unterschiedlichkeit fördern. Aber einzelne Gruppen werden in sehr ähnlicher Weise unterschiedlich, da die Dimensionen, entlang derer sie variieren, begrenzter und dadurch gegenseitig verständlicher sind ... Sie sind quasi miteinander kompatibel geworden. Mit den Worten Wilks: 'Wir werden nicht alle gleich, aber wir präsentieren und kommunizieren unsere Unterschiede zunehmend auf eine Art und Weise, die einander ähnelt und daher allgemein verständlich ist'" (ebd., S. 93f.).

Die in Deutschland lebende türkischstämmige Bevölkerung ist nicht mehr auf der Suche nach ihrer Identität, denn die hat sie für sich definiert. Meist wird dieser Bevölkerung unterstellt, dass sie die größte Bevölkerungsgruppe in Deutschland ist, die unter schweren Identitätskonflikten leide, weil sie „*zwischen* den Stühlen sitze". Doch die Türken, die sich seit knapp vierzig Jahren in Deutschland aufhalten, haben ihren Platz „*auf* beiden Stühlen" eingenommen, denn ihre kulturelle Identität ist eine Synthese aus der deutschen und der türkischen Kultur. Bei dieser Mischkultur handelt es sich keineswegs um eine „Kopie" der Ursprungskulturen, sondern um eine abgewandelte, dem Umfeld angepasste Lebensweise, die ihre Wurzeln zwar in den Ursprungskulturen hat, sich aber nicht (mehr) über die Ursprungskulturen definiert. Dass diese Synthese der beiden Kulturen entstehen würde, war sicherlich schon ab dem Zeitpunkt klar, an dem die Migranten sich aus verschiedenen Gründen für Deutschland als dauerhaften Aufenthaltsort entschieden hatten. Es ist nur allzu verständlich, dass Leute mit Migrationshintergrund, die mehr als die Hälfte ihres Lebens nicht in ihrer Ursprungsheimat verbracht haben oder die in Deutschland geboren sind und ihre Ursprungsheimat nur aus Urlaubsaufenthalten kennen, sich mit der Zeit eine Lebensweise aneignen, die weder identisch mit der des Heimatlandes noch mit der von Deutschland ist, d. h. sie leben eine Mixtur der Kulturen. Aber nicht nur die Türken werden von diesem langjährigen Zusammenleben beeinflusst, auch die deutsche Bevölkerung unterliegt vielen Einflüssen seitens der Türken, denn sie haben sich auch Lebensweisen angeeignet, z. B. ihr Konsumverhalten, das ohne die Türken gar nicht denkbar wäre. So werden von beiden Seiten neue „Knotenpunkte“ im Netz oder „Verdichtungen“ im Gewebe der Kultur(en) geschaffen.

Ein isoliertes Nebeneinander der Kulturen gab und gibt es nicht. Sie haben sich immer – mal mehr, mal weniger – gegenseitig beeinflusst, selbst wenn sie sich zeitweise voneinander abgegrenzt haben. Mittlerweile leben die Türken in der vierten Generation in Deutschland und sie sind in der Lage zu sagen, dass sie sowohl türkisch als auch deutsch leben, dass sie „mit zwei Herzen und mehreren Kulturen und Seelen leben“ (Otto 1999, S. 66). In Anbetracht dieses neuen Lebensgefühls ist die Forderung nach der doppelten Staatsbürgerschaft einsichtig und begründet. Diese Menschen möchten nicht vor die Wahl gestellt werden sich für die eine oder andere Nationalität zu entscheiden. Sie möchten auf keine der Identitäten verzichten.

> „Rund 250 000 haben nun den deutschen Pass (vier Fünftel von ihnen gleichzeitig den türkischen). Schätzungsweise die Hälfte der 2,1 Millionen würde gern die deutsche Staatsangehörigkeit erwerben. Die meisten freilich möchten daneben – aus praktischen, rechtlichen oder sentimentalen Gründen – ihre türkische Staatsbürgerschaft behalten. (...) Alle Deutschen kennen das Wort Friedrich des Großen, es solle ein jeder nach seiner Façon selig werden. Der tolerante Preußenkönig sagte aber auch: ‘Wenn Türken und Heiden kämen, um das Land zu peuplieren, so wollen wir ihnen Moscheen und Kultstätten bauen.’ Es ist an der Zeit, dass die deutsche Demokratie vergleichbare Duldsamkeit gegenüber jenen walten lässt, die sie vor fast vierzig Jahren ins Land geholt hat.“ (Sommer 1999, S. 6)

Die deutsche Staatsangehörigkeit ist unbedingt erforderlich, damit die Türken in Deutschland zu gleichwertigen, gleichberechtigten Bürgern werden können, mit allen Rechten und nicht nur Pflichten. Dies hätte zur Folge, dass sich die Deutschtürken noch mehr mit dem Land und den Leuten identifizieren können, in dem sie leben, denn durch die Wahlbeteiligung haben sie ja ein nicht unerhebliches Mitspracherecht. Andernfalls sieht man ja, wie die dritte Generation der Türken sich den Deutschen, die ihnen die kalte Schulter zeigen, mehr und mehr entfremden und sich durch Ghettoisierung demonstrativ der Integration entziehen. Die Forderung nach politischer Gleichberechtigung ist angemessen und es wäre nicht legitim die türkische Identität aufgeben zu müssen, um sein natürliches Recht einfordern zu dürfen. In Zukunft wird es viele Bindestrich-Deutsche geben: Italo-Deutsche, Turko-Deutsche, Graeco-Deutsche usw. Diese „kreolisierten Identitäten" (Breidenbach / Zukrigl) dürften zunehmend zum Normalfall werden, und sie sind lebendiger Beleg gegen die Fiktion kultureller oder ethnischer Homogenität.

Literaturverzeichnis

Breidenbach, Joana; Zukrigl, Ina: Tanz der Kulturen. Kulturelle Identität in einer globalisierten Welt. München 1998

Bühler, Hans: Einheit und Vielfalt. Ein kulturtheoretischer Versuch, In: Zeitschrift für Entwicklungspädagogik (ZEP) 17 (1994), H. 2, S. 7–16

Bünting, Karl-Dieter: Fremdwörterlexikon. Bergisch Gladbach 1997

Gaserov, Vera: Einfach anders. In: ZeitPunkte, Heft. 2 (1999), S. 40–41

Heitmeyer, Wilhelm: Desintegration und islamischer Fundamentalismus. In: Aus Politik und Zeitgeschichte. (Beilage zur Wochenzeitung das Parlament) H. 7-8 (1997), S. 17–31

Kirbach, Roland: Einfach anders. In: ZeitPunkte, Heft 2 (1999)

Köpf, Peter: Stichwort. Ausländerfeindlichkeit. München 1996

Lenzen, Dieter u. a. (Hrsg.): Pädagogische Grundbegriffe. Reinbek 1989

Meyer, Thomas: Identitätswahn. Die Politisierung des kulturellen Unterschieds. Berlin 1997

Otto, Jeanette: Lernziel Integration. In: ZeitPunkte, Heft 2 (1999), S. 64–66

Schneider, Johannes u. a. (Hrsg.): Kulturelle Vielfalt als Problem für Gesellschaft und Schule. Münstersche Gespräche zu Themen der wissenschaftlichen Pädagogik. Münster 1996

Sommer, Theo: Ein langer Weg. In: ZeitPunkte, Heft 2 (1999), S. 3–6

RENATE NESTVOGEL

Aufwachsen in verschiedenen Kulturen
– am Beispiel der Sozialisation unter Gleichaltrigen

Zu dem Thema möchte ich ein Forschungsvorhaben[1] vorstellen, von dem ich meine, dass es auch für den Pädagogikunterricht von Interesse sein könnte. In diesem Beitrag diskutiere ich zunächst den Begriff Sozialisation, danach skizziere ich das Gesamtvorhaben und schließe ab mit einer Einleitung sowie Textauszügen zum Thema „Sozialisation unter Gleichaltrigen".

1. Sozialisationskonzepte

In neueren Konzepten wird Sozialisation verstanden als „Prozess der Entstehung und Entwicklung der menschlichen Persönlichkeit in Abhängigkeit von und in der Auseinandersetzung mit den sozialen und den dinglich-materiellen Lebensbedingungen (...), die zu einem bestimmten Zeitpunkt der historischen Entwicklung einer Gesellschaft existieren. Sozialisation bezeichnet den Prozess, in dessen Verlauf sich der mit einer biologischen Ausstattung versehene menschliche Organismus zu einer sozial handlungsfähigen Persönlichkeit bildet, die sich über den Lebenslauf hinweg in Auseinandersetzung mit den Lebensbedingungen weiterentwickelt." (Hurrelmann 1986/93, 14)

Kritisiert wird an diesem verbreiteten Sozialisationsbegriff die Trennung Subjekt – Objekt / Umwelt sowie die Vorstellung, Umwelt sei etwas Eindeutiges, Festumrissenes, das ein Individuum sich ‘zu eigen’ mache (Bilden 1991, 279, 280). Statt dessen werden die Wechselwirkungen gegenseitiger Einflussnahme von Individuum-Umwelt stärker betont. D. h. das Individuum setzt sich nicht nur mit der Umwelt auseinander und formt in dieser Auseinandersetzung seine Persönlichkeit, sondern es beeinflusst und formt auch seinerseits seine Umwelt, die dadurch ihm wieder in einer modifizierten Form zur Auseinandersetzung gegenübertritt. In dieses Konzept fließen systemische, interaktive, reflektive (vgl. Trommsdorff 1989, 9), handlungstheoretische und sozialkonstruktivistische Grundannahmen ein, die auf der These beruhen, „dass wir unsere Wirklichkeit andauernd in sozialen Praktiken produzieren." (Bilden 1991, 280)

Geulen (1981, 553) unterscheidet zwischen drei Arten der Subjekt-Umwelt-Interaktion: „Das Subjekt verhält sich gegenüber der Realität teils aktiv gestaltend, teils ausweichend bzw. selektiv suchend, teils auch nur passiv hinnehmend" (zitiert nach

[1] Ich danke dem Ministerium für Wissenschaft und Forschung in Nordrhein-Westfalen, das dieses Projekt ein Jahr lang mit Mitteln für eine wissenschaftliche Hilfskraft unterstützt hat, und Frau Dipl.Päd. Andrea Nicke für ihre sehr engagierte und kompetente Mitarbeit.

Kohli 1991, 308). Aber selbst das passive Hinnehmen äußerer Einflüsse geschieht nicht einfach „im Sinne einer nicht weiter differenzierten 'Verinnerlichung'“ (ebd.), sondern enthält eine interpretierende und verarbeitende Tätigkeit: „Der Modus der 'tätigen Veränderung der Realität' entspricht am ehesten einem konstruktivistischen Theorieansatz, aber auch die Interpretation und Verarbeitung äußerer Gegebenheiten und die Selektion von Umwelten können konstruktivistisch gedeutet werden.“ (Ebd.) Kohli ergänzt, dass Selektivität nicht immer vom Individuum ausgeht, indem dieses sich für etwas oder gegen etwas anderes entscheidet (z. B. Beruf, Arbeitsplatz, Lebenspartner), sondern von anderen Instanzen („es kann aber auch gekündigt werden oder von seinem Partner verlassen werden“, ebd.) und damit auch strukturtheoretisch gefasst werden muss: „Es gibt nicht nur Handlungsspielräume, sondern auch Handlungszwänge und Kosten der Freiheit.“ (Ebd.) Letztere können die Bandbreite der Produktion sozialer Praktiken, in manchen Gesellschaften insbesondere für Mädchen und Frauen, drastisch beschränken.

M. E. ist dieses differenzierte Sozialisationsverständnis auch geeignet, Sozialisationsprozesse von Mädchen und Frauen – auch in anderen Gesellschaften – zu erfassen. Wichtig ist in diesem Zusammenhang eine Abgrenzung zu anderen Sozialisationskonzepten, die häufig als – im Laufe der Zeit korrigierte – Vorläufer betrachtet werden. Ein ihnen gemeinsames Merkmal ist, dass sie zu einseitig entweder die gesellschaftlichen Bedingungen oder die biologisch-organismischen Aspekte für die Persönlichkeitsentwicklung betonen und damit dem Doppelcharakter der Persönlichkeitsentwicklung, als Vergesellschaftung und als Individuation, nicht gerecht werden (Hurrelmann 1993, 16). Für eine ausführlichere Darstellung dieser Konzepte sei auf die einschlägigen Veröffentlichungen von Hurrelmann, Ulich (Hrsg. 1980, 1991), Tillmann (1989/1994) sowie Hurrelmann (1986/1993) verwiesen.

Mir geht es im folgenden v. a. darum, an einigen Beispielen aufzuzeigen, dass als überholt eingeschätzte Vorstellungen des Verhältnisses von Anlage und Umwelt bis heute in Alltagsdiskursen, in Schulen, in manchen wissenschaftlichen und politischen Diskursen – auch in anderen Kulturen – mehr oder minder stark und offen weiter wirken, so anfechtbar sie aus einer kritischen sozialisationstheoretischen Perspektive auch sein mögen. Sie prägen Bilder von Menschen und von deren Entfaltungs- und Entwicklungsmöglichkeiten und sind damit handlungsleitend und sozialisationswirksam. Vor allem arbeiten die o. g. Sozialisationsforscher m. E. nicht genügend die gesellschaftlichen Herrschaftsverhältnisse und -interessen heraus, die in manchen einseitigen Sozialisationskonzepten zum Ausdruck kommen. Sobald es nicht mehr um Männer der Dominanzkulturen (im weltweiten Maßstab), sondern um Frauen und um MigrantInnen hier oder um Menschen fremder Völker (v. a. der ehemals von Europa kolonisierten Welt) geht, treten Überzeugungen von menschlicher (ethnischer, geschlechtlicher und kultureller) Ungleichwertigkeit hervor, deren kulturelle Traditionen in Europa nicht nur der Vergangenheit angehören.

1.1 Sozial-deterministische Grundannahmen

Die hierunter zusammengefassten Sozialisationskonzepte sehen das Verhältnis Mensch-Umwelt als einen stark von der Gesellschaft aus gesteuerten Prozess. Der Mensch wird von der Umwelt 'geprägt', er enthält Entwicklungsimpulse von außerhalb seines Organismus. Die Entwicklung der Persönlichkeit, Reaktionen sowie Veränderungen menschlichen Verhaltens werden als Resultate der Einwirkung der Umwelt auf das Individuum verstanden.

Solche „prägungstheoretischen" (Hurrelmann) Prämissen liegen z. B. herkömmlichen Erziehungskonzepten zugrunde. Erziehung, verstanden als bewusste und geplante Einflußnahme auf die Entwicklung der Persönlichkeit, wird hierbei eine wichtige Rolle als Sozialisationsinstrument beigemessen, um bestimmte gesellschaftlich gewollte Sozialisationseffekte zu erreichen. Es konnte sich dabei darum handeln, dem bei der Geburt „egoistischen und asozialen Wesen ein anderes Wesen hinzu / zu / fügen, das imstande ist, ein soziales und moralisches Leben zu führen", wie der Soziologe Emile Durkheim (1858–1917) es nannte (vgl. Texte in Baumgart 1997, 51), oder um die „Umwandlung des 'menschlichen Rohmaterials' einer Gesellschaft in fähige Mitglieder dieser Gesellschaft" (Brim / Wheeler 1974, zitiert nach Honig u. a. 1996, 15). In zahlreichen früheren Erziehungsschriften sind Vorstellungen von mit der Erbsünde behafteten oder „wilden" Kindern belegt, denen die Sünde ausgetrieben werden musste bzw. die es von frühester Kindheit an zu disziplinieren und zu domestizieren galt (vgl. hierzu bspw. Rutschky 1977; Gstettner 1981). Auch positivere Vorstellungen von der Natur des Kindes gingen (und gehen) einher mit dem Optimismus, dass Erziehung, also die Steuerung des Kindes von außen, die Hauptkraft für die Persönlichkeitsentwicklung sei. Tillmann (1989, 14) nennt dies „eine pädagogisch reduzierte Perspektive, die in der Erziehungswissenschaft lange Zeit vorgeherrscht hat", v. a. in der geisteswissenschaftlichen Pädagogik und ihrem Schwerpunkt der intentionalen Bildung und Erziehung in der Schule. In einer extremen lerntheoretischen Variante heißt es hierzu: „Give me a dozen healthy infants, well-formed, and my own specified world to bring them up in and I'll guarantee to take any one at random and train him to become any type of specialist I might select – doctor, lawyer, artist, merchantchief, and, yes, even begger-man and thief, regardless of his talents, penchants, tendencies, abilities, vocations, and race of his ancestors (Watson 1930, zitiert nach Keller 1993, 32). Auch der ganz 'normalen' schulischen Bildung lag (und liegt) häufig ein „mechanisches" Erziehungskonzept zugrunde. Paulo Freire (1973, 57 ff.) nannte es das „Bankierskonzept", weil es SchülerInnen gleichsam als „Anlage-Objekte" begreift, die die „Spareinlagen" der LehrerInnen entgegennehmen, ordnen und aufstapeln.

In der Frauenforschung und feministischen Theorie finden sich Spuren deterministischer Grundannahmen in der Vorstellung, Frauen seien passive Opfer patriarchalischer Gesellschaftsverhältnisse, die ihnen ihre Rolle(n) oktroyieren und keinen Handlungsspielraum ließen, weder für Widerstand noch rebellierende Selbstunterwerfung noch aktive Kollaboration. In Buchtiteln wie „Die verkauften Bräute", „Frauen die letzte Kolonie" kommt diese Sichtweise zum Ausdruck.

Normative (funktionalistische) Sozialisationskonzepte (vgl. Parsons) sehen eine erfolgreiche Integration der Persönlichkeit eines Individuums in das bestehende soziale System durch die Übernahme vorgegebener Werte und Normen gegeben. Entsprechend haben Erwachsene die Aufgabe, die Gefühle und Wünsche von Kindern dahingehend zu formen, dass sie den Bedürfnissen der Gruppe entsprechen, was eine Unterwerfung der Individuen unter gesellschaftliche Anforderungen erfordert. Diese von Tillmann (1989, 35) an den Anfang dieses Jahrhunderts verlegten Konzepte dürften, weltweit betrachtet, noch immer verbreitet sein, auch hier, und in vielen Kulturen, insbesondere bei der weiblichen Sozialisation, eine wichtige Rolle spielen. Vielleicht sind die damit einhergehenden Erziehungsstile nur unter besonders autoritären und repressiven Gesellschaftsbedingungen problematisch und weniger unter solchen, in denen eine soziale Orientierung Respekt, Selbstwertgefühl, individuelle Entfaltung und Gruppensolidarität stärkt. Die ausgewählten Texte zeigen solche Varianten normativer Konzepte und verschiedene weibliche Reaktionen auf gesellschaftliche, von der Familie und dem näheren Umfeld vermittelte Anforderungen.

Prägungstheoretische Prämissen einer – empirisch nicht haltbaren – linearen Beziehung zwischen Umweltbedingungen und Eigenschaften der Personen, die den aktiven und individuell sehr unterschiedlichen Aneignungsprozess von Umwelt außer acht lassen, finden sich auch häufig in der bundesdeutschen Sozialisationsforschung zu MigrantInnen. Verbreitet ist dabei die Deprivationsannahme, derzufolge Migration, d. h. die Auseinandersetzung mit zwei (oder mehr) Kulturen, mit Defiziten in der Verarbeitung von Konflikten einherginge und deprivierte, defizitäre und pathologische Individuen hervorbringe (Bender-Szymanski, Hesse 1987). Dieser Perspektive stellt Kohnen (1998) eine „kognitiv-entwicklungspsychologische Grundlagenorientierung zur Begründung eines autonom und aktiv seinen Akkulturationsprozess steuernden Migrantenkindes" gegenüber. Sie rekurriert dabei auf Piagets kognitive Entwicklungstheorie, derzufolge „Konflikte geradezu eine Voraussetzung zum Fortschritt in der Persönlichkeitsentwicklung bilden."

Schließlich stehen diesem Konzept Ansätze nahe, die sich von einer radikalen Gesellschaftsveränderung die Schaffung eines „neuen Menschen" versprachen. Viele koloniale Unabhängigkeitsbewegungen gingen von dieser Prämisse aus, gefolgt von großen Ernüchterungen und Enttäuschungen vor allem derjenigen, die viel riskiert und geopfert haben, wie vormals besonders benachteiligte Bevölkerungsteile der Bauern, städtischer Armutsgruppen und der Frauen. Dass es den „neuen Mann" nicht gab, mussten viele Frauen nach den Unabhängigkeitskämpfen feststellen, an denen sie aktiv teilgenommen hatten und von denen sie sich eine rechtliche, soziale, ökonomische und politische Gleichstellung erhofften – in Algerien ebenso wie in Zimbabwe oder Nicaragua. Auch die „neuen Frauen" waren von

„alten“ umgeben, v. a. aber hatten viele von ihnen alte Sozialisationsmuster selbst nicht ablegen können bzw. wurden von diesen wieder eingeholt im Zuge von Gesellschaftsformationen, die nach der formalen Unabhängigkeit nicht mehr so revolutionär waren wie die Ziele, für die sie gekämpft hatten.

1.2 Biologistisch-deterministische Grundannahmen

Während einige Sozialisationskonzepte „einseitig auf die gesellschaftlichen Antriebskräfte für die menschliche Entwicklung abstellen“ (Hurrelmann 1993, 20), tendieren andere ebenso einseitig zu organismischen, reifungstheoretischen und biologistischen Erklärungsansätzen menschlicher Entwicklung. Ihnen gemeinsam sind Annahmen, dass das Verhalten des Menschen durch genetische Faktoren bestimmt ist oder durch innere Reifungsprozesse sich unabhängig von einer gegebenen Umwelt vollzieht.

In diese Konzepte fallen z. B. biologistisch-sexistische Vorstellungen von der Bestimmung des Mannes oder der Frau, die sich aus ihrer Geschlechtszugehörigkeit ergeben. Geschlechtsspezifische Verhaltensmuster werden nicht aus den Wechselwirkungen zwischen den gesellschaftlich-kulturellen Bedingungen und dem Individuum abgeleitet, sondern aus der weiblichen oder männlichen „Natur“, womit gesellschaftliche Phänomene naturalisiert werden. Das Konzept von Geschlecht als biologischer Kategorie, d. h. die Überzeugung, dass geschlechtsspezifische Körperfunktionen auch mit angeborenen, typisch männlichen oder weiblichen Persönlichkeitsmerkmalen einhergehen, hat eine lange Tradition in der europäischen Kultur- und Geistesgeschichte. Überwiegend gingen solche biologistischen Zuschreibungen von Geschlechtscharakteren mit einer Abwertung des weiblichen Geschlechts einher. Dies änderte sich auch nicht mit der Entwicklung der Wissenschaften im Zuge der Aufklärung, obwohl es gleichermaßen Strömungen gab, die die Gleichwertigkeit der Geschlechter betonten. Ideologien von der Ungleichwertigkeit von Mann und Frau wurden parallel zu solchen konstruiert, die Hierarchisierungen zwischen verschiedenen sozialen Gruppen bezüglich Macht, Privilegien und Aufgabenverteilung auf angeborene Unterschiede zurückführten.

Im Rahmen des europäischen Kolonialismus wurden rassistische Menschenbilder konstruiert, in denen äußere, physische Merkmale (wie Hautfarbe) mit Eigenschaften, Verhaltensweisen, intellektuellen Fähigkeiten etc. verknüpft wurden. In Rassentheorien früherer Jahrhunderte wurden vielfältige Einteilungen der Menschheit in verschiedene 'Rassen' und dabei Hierarchisierungen in höherwertige und minderwertige 'Rassen' vorgenommen (vgl. hierzu Poliakov u. a. 1992). (De facto gibt es nur eine menschliche Rasse.) Im Nationalsozialismus kulminierte die biologistische 'Rassisierung' anderer Menschen in der Stigmatisierung und Vernichtung von nach rassistischen Merkmalen konstruierten Gruppen. Verschiedene Wissenschaften wie die Kulturanthropologie, die Biologie, die Medizin und die Psychologie waren darum bemüht, die These von der Ungleichwertigkeit der Geschlechter wie auch von sozialen, kulturellen und an äußeren Merkmalen, z. B. an der Hautfarbe, festgemachten Gruppen wissenschaftlich zu belegen.

Herkömmliche Sozialisationsforschung befasst sich kaum mit den kolonialistischen und nationalsozialistischen Varianten biologistischer Sozialisationsauffassungen. Dabei wären sie nicht nur in interkultureller Perspektive zu berücksichtigen, da viele Deutsche (Juden, schwarze Deutsche, Roma und Sinti) ihre Auswirkungen bis heute spüren und sich mit entsprechenden Zuschreibungen als einem wesentlichen Bestandteil ihrer Sozialisation auseinandersetzen müssen. Das heißt, die derzeitige Rassismus-Debatte wird in der Sozialisationsforschung weitgehend ausgeklammert.

M. E. ist es gefährlich zu behaupten, biologistische Ansätze spielten in der Wissenschaft keine Rolle mehr (Hoffmann 1997, 384) und sie damit ad acta zu legen. Pseudowissenschaftliche Annahmen einer genetischen Minderwertigkeit von Frauen sowie Menschen (mancher) anderer Kulturen können aus rechtsextremen Kreisen heraus offensichtlich leicht in der „Mitte der Gesellschaft" Eingang finden. So leitet z. B. der Jurist Quambusch in seinem in „Der öffentliche Dienst" veröffentlichten Aufsatz (1993) „Die Benachteiligung der Frau durch Gleichstellung" aus deren genetischer Minderwertigkeit ab.

2. Das Forschungsvorhaben

Mein Vorhaben soll in erster Linie einen Einblick in die Vielfalt weiblicher Sozialisationsverläufe von der Kindheit bis ins Alter in verschiedenen Kulturen und Gesellschaften des heutigen Weltsystems vermitteln. Aber es geht auch um Geschlechterverhältnisse, da Frauen aus diesen nicht herausgelöst werden können, weder aus dem Beziehungsgefüge zwischen Männern und Frauen noch aus der jeweiligen gesellschaftlich-historischen Organisation dieses Beziehungsgefüges. Darüber hinaus sollen die vielfältigen Geschlechterverhältnisse innerhalb der dem weiblichen Geschlecht zugeordneten Personen sichtbar gemacht werden. Konkret geht es um Mädchen, Mütter, Tanten, Freundinnen, Nachbarinnen, Großmütter, Schülerinnen, Lehrerinnen, Vorgesetzte, Untergebene, Hausherrinnen, Dienstmädchen, Lesben, Schwarze, Weiße etc., d. h. um das weibliche Geschlecht in seinen verschiedenen Subjektpositionen. Denn Geschlechterverhältnisse und die Art, wie sie jeweils gesellschaftlich organisiert sind, werden auch innerhalb des weiblichen Geschlechts ideologisch sowie über geschlechtsspezifische Arbeitsteilung und Verhaltensweisen nicht nur bekämpft, sondern auch vorbereitet, praktiziert und reproduziert, mit entsprechenden Auswirkungen innerhalb der weiblichen Geschlechterbeziehungen. Außerdem bestehen innerhalb des weiblichen Geschlechts, genauer all den Personen, die diesem zugeordnet werden, wiederum vielfältige Beziehungs- und damit auch Machtverhältnisse, ohne die wenig über die gesamtgesellschaftliche Organisation ausgesagt werden kann.

2.1 Merkmale der ausgewählten Texte

Die ausgewählten Texte stammen überwiegend von Frauen aus den betreffenden Kulturen, die sich in Form von Erzählungen, Romanen, Biografien, Autobiografien und biografischen Interviews mit Sozialisationsprozessen in ihrem Land / ihrer Kultur auseinandersetzen. Sie präsentieren ein Insider-Wissen, einen aus eigenem Erfahren und Erleben gespeisten Blickwinkel, der zwangsläufig ein anderer ist als der auf eine fremde Kultur. Texte von Autorinnen, die nicht über ihre eigene Kultur schreiben, werden nur dann einbezogen, wenn sie die Rolle einer Biografin übernehmen. Einige Texte stammen von Migrantinnen oder Angehörigen kultureller, sprachlicher, ethnischer oder religiöser Minderheiten (und manchmal Mehrheiten), die sich mit der eigenen sowie der Dominanzkultur in ihrem Land auseinandersetzen. Die dargestellte Zeitspanne umfasst die letzten zwei Drittel dieses Jahrhunderts, um bei aller kulturellen Heterogenität die sozialisatorische Spannbreite auf zwei bis drei Generationen beschränken zu können.

Weitere Merkmale der ausgewählten Texte sind, dass sie alle in deutscher Sprache und damit überwiegend in deutscher Übersetzung vorliegen (so dass, wenn die Lektüre von Textauszügen Interesse an dem ganzen Buch weckt, dieses relativ einfach beschaffbar ist). Daraus ergibt sich eine Auswahl, die bereits einen Filterungsprozess im Hinblick auf eine deutschsprachige LeserInnenschaft durchgemacht hat. Diese Begrenztheit der Auswahl ist mitzubedenken; der internationale Büchermarkt in Australien, Brasilien, den USA, Pakistan, Spanien oder Algerien sieht sicher anders aus. Ein solcher, gleichsam ethnozentrischer Blick auf die Welt (durch die Brille des deutschen Büchermarktes) ist aber nicht nur als bedauerliche Begrenztheit dieser Veröffentlichung aufzufassen, sondern symbolisiert die zwangsläufige Begrenztheit jeglicher Wahrnehmung, die immer an einen bestimmten Standort gebunden (und nicht mit einem universellen Blick ausgestattet) ist, und erst von diesem, so bewusst wie möglich zu machenden Standort aus ihre Grenzen erweitern kann. Die Standortfrage ist auch bezüglich der Autorinnen zu stellen. Wer wird überhaupt Autorin? Wie aussagekräftig sind Aussagen von publizierenden Frauen zu Sozialisationsprozessen in ihrem Land, zu weiblicher Sozialisation überhaupt? Was unterscheidet eine Autorin von nicht-schreibenden Frauen oder von solchen Autorinnen, deren Werke nicht bis zu einem internationalen (genauer britischen, französischen oder us-amerikanischen und häufig erst darüber zum deutschen) Büchermarkt gelangen? Welche Subjektpositionen muss sie aufweisen, um Zugang zum Büchermarkt der Dominanzkulturen im Weltmaßstab zu erhalten? Diese Fragen sind schwer zu beantworten, aber seien zumindest gestellt.

Weitere Beschränkungen bei der Textauswahl ergaben sich aus dem Thema weibliche Sozialisation. Insgesamt wurden ca. 650 Buchtitel von Frauen ausgewertet und schließlich 140 Titel mit sozialisationsrelevanten Inhalten in das Vorhaben einbezogen. Nicht berücksichtigt wurden Kriminalromane, phantastische oder utopische Erzählungen, Werke, die dem magischen Realismus zuzuordnen sind, die vorwiegend von Männern handeln oder um einzelne einmalige Geschehnisse kreisen, die weniger mit Sozialisationsverläufen zu tun haben.

2.2 Ziele des Vorhabens

Mit der geplanten Veröffentlichung sind folgende wissenschaftliche wie auch gesellschaftspolitische Ziele verbunden. Sie soll

- einen Einblick in die Vielfalt weiblicher Sozialisation vermitteln und den Blick über westliche Industrieländer und deren dominante Kulturen hinaus auf andere Kulturen eröffnen,
- mit den Blickwinkeln, den Wahrnehmungs- und Interpretationsmustern von Frauen aus anderen Kulturen vertraut machen, d. h. letztere in ihrer Subjekthaftigkeit zu Wort kommen lassen,
- dadurch zu Multiperspektivität und Perspektivenwechsel anregen,
- über ein Lernen von fremden Kulturen die differenziertere Auseinandersetzung mit der/den eigenen Kulturen/en und der hiesigen gesellschaftlichen Multikulturalität fördern,
- Wahrnehmungs- und Deutungsmuster zu anderen Kulturen kritisch reflektieren und ggf. verändern lernen; erkennen, dass diese weniger mit der Realität der anderen als mit der eigenen Gesellschaft zu tun haben und lernen, sie auf letztere zurückzubeziehen,
- Vorurteile und stereotype Sichtweisen von fremden Kulturen abbauen und
- zu einem Überdenken von Thesen zu weiblicher Sozialisation bezüglich ihrer kulturellen Reichweite anregen, d.h. die Relativität und Kulturgebundenheit von wissenschaftlichen Aussagen genauer erkennen.

Diese Ziele knüpfen an kritische Untersuchungen an, die der Frage nachgehen, wie Frauen in anderen Ländern, aber auch Migrantinnen, die schon lange hier leben, oder NachfahrInnen aus bikulturellen Ehen, in hiesigen Medien, in wissenschaftlichen Studien, in Schulbüchern oder vermeintlichen Sachbüchern dargestellt werden. Häufig ergibt sich aus diesen Untersuchungen der Schluß, dass einseitige, verzerrte, meistens abwertende Bilder von sog. Fremden überwiegen. Insbesondere Frauen aus islamischen Ländern sowie Ländern der sog. Dritten Welt erfahren Zuschreibungen von Unterentwicklung, Unemanzipiertheit, Passivität und patriarchalischer Unterwerfung (vgl. hierzu Quellenhinweise in Nestvogel 1996). Solche Fremdbilder gehen einher mit Selbstbildern von eigener Fortschrittlichkeit, Entwicklung, Emanzipiertheit, Aktivität und Widerständigkeit gegen jegliche Formen weiblicher Unterdrückung. Mangels eigener Erfahrungen mit anderen Lebenswelten, aber vermutlich auch, weil abwertende Bilder von Fremden helfen, eigene Privilegien zu sichern, das eigene Selbstwertgefühl zu stabilisieren und von Mißständen der eigenen Gesellschaft abzulenken, werden die in der Öffentlichkeit von Personen der Dominanzkultur verbreiteten sowie individuell verinnerlichten Bilder von Fremden leicht mit deren Realität gleichgesetzt.

Bilder von Fremden beruhen also nicht nur auf mangelndem Wissen, sondern werden zum Teil aus einer spezifischen sozialen und psychischen Dynamik der Gruppen und Individuen erzeugt, die diese Bilder produzieren. Daher sind neben kognitiven auch affektive Komponenten bei der Entwicklung anderer Fremd- und Selbstbilder zu berücksichtigen. Hierzu eignen sich besonders solche Texte, die eine affektive Nähe zu anderen Personen zu erzeugen vermögen. Zudem eignen sie sich besser als wissenschaftliche Untersuchungen, die eher Normalverläufe in idealtypisierender Form herausarbeiten und verallgemeinern, um den Blick auf das Einzigartige, das individuelle Erleben zu richten.

Ein solcher biographischer Zugang ist auch für das Verständnis von Migrantenkindern in der Schule wichtig, um kulturalistische Zuschreibungen zu vermeiden, d. h. ein Kind mit seiner Herkunftskultur gleichzusetzen und sein Verhalten aus dieser (statt aus der Gesamtheit seiner Lebensbezüge) abzuleiten. Der Zugang zum Einzigartigen, das gleichwohl in seinen sozialen Bezügen gezeigt wird, vermag übergreifende Gemeinsamkeiten und damit auch persönliche Bezüge zu anderen und auch zu sich selbst herzustellen. Beides ist eine wichtige Voraussetzung für die Entwicklung von differenzierteren und empathischeren Wahrnehmungs-, Deutungs- und Handlungsmustern im Umgang mit 'Fremdem' und 'Eigenem', dem 'Fremden in mir' und dem 'Eigenen im Andern'. An diesen Erfahrungen kann gleichwohl mit wissenschaftlichen Kategorien weitergearbeitet werden.

2.3 Vorgehensweise

In der geplanten Veröffentlichung zu diesem Forschungsvorhaben wird der Vielfalt weiblicher Sozialisationsverläufe in verschiedenen Kulturen der Stand der (hiesigen) Forschung zu Sozialisationskonzepten allgemein, der weiblichen Sozialisation, zu einer interkulturellen Perspektive sowie zu weiteren Aspekten vorangestellt, die für eine gesellschaftsanalytische Einordnung der Texte notwendig sind. Des weiteren folgen theoriegeleitete Einführungen zu den einzelnen Lebensphasen Kindheit, Jugend, Erwachsensein und Alter. Die einzelnen Lebensphasen wiederum sind nach bis zu 14 Sozialisationsthemen untergliedert. Die Phase Kindheit enthält z. B. folgende Themen:

- Geburt eines Mädchens (zur gesellschaftlichen und individuellen Bewertung von Weiblichkeit),
- Lebensräume,
- Familie,
- Gleichaltrige,
- Kinderarbeit-Schularbeit,
- Phantasie im Sozialisationsprozess (Spiele; Feste; Märchen, Mythen und Legenden; Träume, Wünsche, Lebensvorstellungen),
- Geschlechtersozialisation,
- Körpersozialisation,

- Vorbilder,
- Religion im Sozialisationsprozess,
- politische Sozialisation sowie
- Erfahrungen von Anderssein, von Vorurteilen und sozialer Ungleichheit.

Zur Phase Jugend wurden Texte zu folgenden Themen zusammengestellt:

- Aufklärung,
- Menstruationserfahrungen,
- Körpersozialisation,
- Rollenerwerb – Identitätssuche,
- Gleichaltrigengruppen,
- Moralerziehung,
- Politische Sozialisation,
- Erfahrungen mit sozialer Ungleichheit,
- schulische und berufliche Bildung,
- Familie,
- Loslösung vom Elternhaus,
- Verliebtsein, Sexualität, Partnerschaft, Geschlechterverhältnis,
- Schwangerschaft sowie frühe Heirat / Verheiratung.

In den Einleitungen zu den einzelnen Themen werden Ergebnisse aus der Forschung zusammengefasst, Begriffe geklärt, Fragestellungen skizziert und die in den Texten angesprochenen Aspekte kommentiert und zum hiesigen Forschungsstand in Beziehung gesetzt. Dies soll im folgenden an einem Thema exemplarisch dargestellt werden.

3. Ein Beispiel: Sozialisation unter Gleichaltrigen

Im folgenden definiere ich zunächst Begriffe und versuche das Thema so zu skizzieren, dass die Theorie nicht nur hiesige Verhältnisse umfasst, sondern auch andere Kulturen darin ihren Platz finden. Viele der hier vorgestellten Thesen können sicher, didaktisch aufbereitet, mit den SchülerInnen diskutiert und ggf. im Hinblick auf ihre eigenen Erfahrungen mit Gleichaltrigen ergänzt werden.

3.1 Wer sind Gleichaltrige?

Der Begriff Gleichaltrige wird in der Forschungsliteratur unterschiedlich definiert. Es kann sich um Gleichaltrige im engeren Sinne handeln, wie sie heutzutage durch den Besuch von Kindergärten und Schulen in Industrieländern und unter den besser gestellten Schichten in Ländern des Südens zusammengefasst werden. Aber auch in früheren Gesellschaftsformationen, z. B. in weiten Teilen Afrikas, wurden Kinder in Altersgruppen zusammengefasst und unterwiesen, die oft eine lebenslange Bedeutung für den verwandtschaftsübergreifenden sozialen Zusammenhang einer Gemeinschaft hatten. Darüber hinaus lassen sich darunter Kindergruppen verschiedener Altersstufen verstehen, die vor allem in weniger verschulten, kinderreichen oder nachbarschaftlich und verwandtschaftlich stärker verbundenen Gemeinschaften einen mehr oder weniger engen und stabilen sozialisatorischen Zusammenhalt bilden. Es handelt sich dabei um einen „Zusammenschluss von annähernd Gleichaltrigen, der von diesen selbst gestiftet und nicht von Erwachsenen organisiert wird, in dem die Zugehörigkeit freiwillig ist und in welchem die Mitglieder ihre Angelegenheiten weitgehend ohne Aufsicht und Eingriffe Erwachsener regeln." (Krappmann, Oswald 1995, 43)

Im anglophonen Sprachbereich wird der Begriff „peer" verwendet, der zusammen mit den diesbezüglichen Forschungen auch in der hiesigen Wissenschaft Eingang gefunden hat. Auch er wird unterschiedlich definiert (vgl. hierzu Krappmann 1991, 364ff) und impliziert neben Gleichaltrigkeit auch eine gewisse Gleichheit der InteraktionspartnerInnen, zum Teil die Gleichgeschlechtlichkeit. D. w. erfasst er, in Abgrenzung zu persönlichen FreundInnen, eher den weiteren Bekanntenkreis in Institutionen wie Schulen und Vereinen sowie die informellen Zusammenschlüsse in der Nachbarschaft und auf der Straße und wird als „Beziehungstyp eigener Dignität" gesehen, der sich „hin zu den kollegialen, genossenschaftlichen oder interessenorientierten Beziehungen Erwachsener" (entwickelt). (Krappmann 1991, 367)

Eine interkulturelle Perspektive legt eine weitgefasste Definition nahe, die geeignet ist, zunächst alle Formationen von Kindergruppen zu erfassen, im Sinne einer sozialen Kinderwelt mit ihren verschiedenen Interaktions- und Beziehungsmustern, die sich aus verschiedenen Situationen, sozialen und funktionellen Bezügen ergeben.

3.2 Zur Bedeutung von Gleichaltrigen im Sozialisationsprozess

Der Gruppe der Gleichaltrigen wird anders als der Familie eine unterschiedlich wichtige Rolle in der Sozialisation von Kindern und der Herausbildung einer sozial handlungsfähigen Persönlichkeitsstruktur beigemessen. Weit verbreitet ist inzwischen jedoch die Ansicht, „dass die Sozialwelt der Gleichaltrigen wichtige Herausforderungen an Fähigkeiten, strategisches Vorgehen und das Verständnis von Beziehungen und des eigenen Selbst enthält." (Krappmann, Oswald 1995, 17)

Die Bedeutung der Gleichaltrigengruppen für die Sozialisation wird in Industrieländern besonders in die Phase der „mittleren Kindheit" (6.–12. Lebensjahr) gelegt, in der sich Kinder nach einer familial bestimmten Phase einer weiter gefassten Umwelt zuwenden, die in vielen Ländern durch den Schuleintritt markiert wird. In anderen Ländern und Regionen gelten je nach sozialstrukturellen Bedingungen und Traditionen andere Alterszäsuren und entsprechend auch andere Begrifflichkeiten. In weniger verschulten Ländern beginnt die sog. „mittlere Kindheit" schon mit dem 3. oder 4. Lebensjahr, und die hiesige Adoleszenz kann woanders bereits ein Erwachsenenstadium ankündigen, insbesondere bei Mädchen, wenn sie früh in die Arbeitsbereiche ihrer Mütter eingeführt werden.

3.3 Grundannahmen, Erkenntnisse und Ergebnisse zur Gleichaltrigenforschung

Unterschiede bezüglich der Geschlechter wurden v. a. in der Gruppengröße und Beziehungsintensität festgestellt: „Einerseits weisen Untersuchungsergebnisse darauf hin, dass Jungen größere Gruppen bilden als Mädchen, dass Jungen zu extensiven und Mädchen zu intensiven Beziehungen neigen, dass für Mädchen exklusive Zweierbeziehungen typischer sind als für Jungen." (Krappmann, Oswald 1995, 47) Andererseits konnten die Autoren dies in ihren an einer Schule durchgeführten Untersuchungen nicht bestätigen (ebd., 73), und auch in interkultureller Perspektive dürften hierzu noch keine klaren Befunde vorliegen. Diese Frage könnte an die SchülerInnen weitergegeben werden, damit sie ihre eigenen Erfahrungen einbringen können.

In der Sozialisationsforschung zu Gleichaltrigengruppen interessiert v. a., welche Entwicklungsmöglichkeiten Gleichaltrigengruppen bieten, welche Kompetenzen Kinder in der Interaktion mit Gleichaltrigen erwerben, und wie sie ihr Verhältnis zueinander gestalten.

Ein großer Teil der Forschung beruht dabei auf der impliziten Prämisse ausgeprägter Unterschiede zwischen Kindern und Erwachsenen. Es wird von einem Erfahrungs- und Kompetenzvorsprung der Erwachsenen ausgegangen, der eine asymmetrische und komplementäre Beziehung zu Kindern begründet: „Wenn wir auch die Vorstellung einer Prägung des Heranwachsenden als einseitig ablehnen, so läßt sich doch nicht abstreiten, dass den Kindern vieles von bereits kompetenteren Mitgliedern ihrer sozialen Umwelt vermittelt werden muß, zunächst von den Eltern, von anderen an der Erziehung beteiligten Erwachsenen, aber auch von älteren Geschwistern." (Krappmann, Oswald 1995, 15). Diese Aussage trifft v. a. auf Gesellschaften zu, die von Schriftkultur abhängig sind und in denen viele Fähigkeiten und Fertigkeiten in altersspezifischen Bildungsinstitutionen und nicht mehr durch Beobachten und Nachahmen der Älteren sowie in Kooperation mit diesen erworben werden (vgl. hierzu Nestvogel 1983). In letzteren erübrig(t)en sich strikte Zäsuren zwischen Erwachsenen und Kindern – zumindest ab dem 7. Lebensjahr, wenn ein Kind die Sprache beherrschte und bereits viele Tätigkeiten von Erwachsenen übernehmen konnte. Schließlich ist zu berücksichtigen, dass die Beziehungen zwischen Erwachsenen und Kindern je nach gesellschaftlichen und familiären Bedingungen mehr oder weniger hierarchisch strukturiert sind bzw. von den Kindern so erlebt werden.

Vor einem westlich-industriellen Hintergrund und der ausgeprägten Unterscheidung zwischen Erwachsenen und Kindern sehen einige Forscher wie Youniss (1980, nach Krappmann 1991, 355) Kinder v. a. vor der Herausforderung, ein Verhältnis der Gleichheit und Wechselseitigkeit aufzubauen, das Kooperation und Einigung verlangt. Stärker als in Interaktionen mit Erwachsenen hätten Kinder untereinander selbst die Inhalte, Regeln und Vorgehensweisen ihrer Interaktionen zu bestimmen, auszuprobieren, auszuhandeln und miteinander in Einklang zu bringen. Diese Aufgaben ergeben sich daraus, dass, nach Parsons, „Beziehungs- und Interaktionsmuster nicht festgelegt seien wie in der Familie" (Krappmann 1991, 361 f.). Im Zusammensein mit Gleichaltrigen könnten „vielfältige Realitätssichten" erarbeitet werden. Daraus wird abgeleitet, dass die Welt der Gleichaltrigen eigene Sozialisationsmöglichkeiten bereitstellt. In diesem Zusammenhang spielt das „Piaget-Sullivan-Youniss-Paradigma" eine Rolle, demzufolge „sich nicht vornehmlich Individuen, sondern vielmehr Partner entwickeln, indem sie ihre Beziehungswirklichkeit durch eigene Initiative ko-konstruieren. Die dadurch inszenierten Situationen enthalten hauptsächlich symmetrische Potentiale für die Bildung von partnerschaftlichen Fähigkeiten und Fertigkeiten, wie sie in den komplementären Interaktionen zwischen Erwachsenen und Kindern in der Regel nicht vorkommen." (Kauke 1995, 64)

Andere Forscher betonen die Ranghierarchien, die Kinder untereinander ausfechten, wobei je nach Alter und wahrscheinlich weiteren Faktoren wie Geschlecht und sozialstrukturellen Gegebenheiten unterschiedliche Merkmale wie physische Stärke, Geld, Intelligenz, das Aussehen (v. a. bei Mädchen), sportliche oder schulische Leistungen, Kreativität, Führungsqualitäten und Sozialverhalten anerkannt werden und Über- bzw. Unterordnung mitbedingen. „Die Aushandlungen der Kinder sind (...) oft keineswegs jenem 'herrschaftsfreien Diskurs' ähnlich, in dem einander Gleiche sich in gegenseitiger Achtung um Lösungen bemühen, denen alle Beteiligten frei zustimmen können, sondern Kinder versuchen immer wieder, andere mit Manipulation, Bestechung oder Drohung zu beeinflussen. (...) Die Gleichheit, die in der Kinderwelt gelten soll, ist eher ein Prinzip, das eingeklagt wird, weil sehr oft dagegen verstoßen wird, nicht aber eine Kennzeichnung ihrer alltäglichen Realität. Gleichwohl ist die Idee, dass jeder mitreden können sollte, dass niemandem etwas aufgezwungen werden darf, dass keiner sich über die anderen erheben sollte und niemand die anderen ausnutzen darf, sondern jeder seinen angemessenen Beitrag zum gemeinsamen Tun leisten sollte, ein wirksames Regulativ in vielen Interaktionen. Wir betonen aber, dass Entwicklungsimpulse nicht nur aus tatsächlich egalitärer Interaktion hervorgehen, sondern dass aktive Eigenbeteiligung des Kindes an seiner Entwicklung einschließt, dass das Kind an der Erfahrung mißlungener Ko-Konstruktion weiterarbeitet und in reflektierender Auseinandersetzung mit Betrug und Drohung, mit gebrochenen Vereinbarungen oder verratener Freundschaft faire Regeln, gerechte Lösungen ebenso wie fürsorgliche Muster der Zuwendung im inneren Dialog weiterkonstruiert." (Krappmann, Oswald, 1995, 22)

3.4 Merkmale der ausgewählten Texte zu Gleichaltrigen

Vor den skizzierten Theorieansätzen und Forschungsergebnissen soll im folgenden auf einige Merkmale der ausgewählten Texte eingegangen werden. Auch hierbei handelt es sich um Interaktionen, die sich unabhängig von Erwachsenen in der sozialen Kinderwelt ereignen. Sie spiegeln dabei eine große Bandbreite kindlicher Interaktionen zwischen kooperativer, symmetrischer Gegenseitigkeit und asymmetrischen Hierarchien wider. Nur wenige Szenen zeigen Interaktionen innerhalb von Mädchengruppen, die der These von der Latenzphase entsprechen, in der beide Geschlechter mehr gleichgeschlechtliche Interessen und Gemeinsamkeiten haben. Die vorrangig gemischtgeschlechtlich zusammengesetzten Kinderwelten lassen darauf schließen, dass Interaktionspräferenzen nicht nur durch das Geschlecht, sondern auch durch nachbarschaftliche oder verwandtschaftliche Nähe, Vertrautheit und diverse Persönlichkeitsmerkmale motiviert sind (Djura, Shostak, Asena, Kincaid). Dies entspricht selbst den Gepflogenheiten in solchen Gesellschaften, die ab der Pubertät eine rigide Geschlechtertrennung praktizieren.

Aus den gemischtgeschlechtlichen Gleichaltrigengruppen geht hervor, dass Mädchen keineswegs qua Geschlecht an den Rand gedrängt, schwächer oder weniger durchsetzungsfähig wären als Jungen. Auch Mädchen sind Anführerinnen, setzen Machtstrategien ein und ko-konstruieren Ranghierarchien (Nannen, Djura, Asena).

Anders als die wissenschaftlich kontrollierten Untersuchungsdesigns von Krappmann / Oswald und Kauke stellen die Texte Kinder in ihrer natürlichen Umwelt dar und klammern die Zusammenhänge zwischen Kinder- und Erwachsenenwelt sowie den gesellschaftlichen Kontext (der sich in den o. g. Forschungen auf einige sozialstrukturelle Angaben zu Schule, Umfeld und Herkunft der Kinder beschränkt) nicht aus. Gerade eine interkulturelle Perspektive macht deutlich, wie stark der Einfluss der verschiedenen Erwachsenenwelten, der ökonomisch-ökologischen Lebensräume und der sozio-kulturellen Traditionen auf die Sozialisation innerhalb der Kindergruppen ist: Kinder kommunizieren in mehreren Sprachen oder in einer multilingual gemischten Sprache, setzen sich bei Migrationen mit mehreren Kulturen auseinander, und politische Ereignisse, in diesem Fall der kolonialfranzösische Algerien-Krieg, spielen in ihre Interaktionen hinein (Djura). Wo Kinder nicht aus der Erwachsenenwelt ausgegrenzt sind und diese beobachten können, beziehen sie Tätigkeiten und Verhaltensweisen der Erwachsenen in ihre kindlichen Interaktionen mit ein. Sie üben sich sozusagen selbsttätig, innerhalb der Gleichaltrigengruppen, in Erwachsenenrollen ein (Shostak). Dies ist kein gradliniger, an unmittelbare Imitation gebundener Prozess, sondern ein selektiver, entsprechend den kognitiven und affektiven Strukturen der Kinder in aktiver Auseinandersetzung mit den Möglichkeiten, die die materielle Umwelt sowie die Interaktionen (Ko-Konstruktionen) mit den jeweils verfügbaren Gleichaltrigen bieten. Ebenso können kooperative Beziehungen zwischen den Erwachsenen- und den Kinderwelten bestehen.

Wichtig ist die Sozialisation unter Gleichaltrigen auch unter dem Aspekt, dass Kinder mit Gleichaltrigen die Gemeinsamkeiten ihrer Lebensphase teilen, d. h. einen bestimmten Raum-Zeit-Kontext, den die Älteren aufgrund einer anderen Entwicklungsphase anders erleben. Unter Migrationsbedingungen erhält die Gleichaltrigengruppe noch eine besondere Bedeutung dadurch, dass die Älteren ihre Kindheit in anderen kulturellen Lebensräumen verbracht haben, die die Kinder oft nur vom Hörensagen oder von sporadischen Besuchen kennen. Daher sind Gemeinsamkeiten in der Gleichaltrigengruppe besonders stark in der Migration gegeben. Nur die Gleichaltrigengruppen erfahren, was es heißt, in einer anderskulturellen Mehrheitsgesellschaft ethnische Selbst- und Fremdzuschreibungen zu erleben und sich mit zwei oder drei Gesellschaften – der von den Eltern tradierten, der Mehrheitsgesellschaft und der Migranten-Community – auseinanderzusetzen.

An diesen Ausführungen läßt sich erkennen, dass eine interkulturelle Perspektive auch die Theorie erweitert und dadurch möglicherweise auch einen differenzierteren Blick auf die eigene Gesellschaft entwickeln hilft (z. B. auf die Zusammenhänge zwischen Kinder- und Erwachsenenwelt).

4. Texte

Nannen, Henri (Hrsg.): Christiane F. S. 16/17 (BRD)

Auf der Straße blieb ich auch in Gropiusstadt erst mal das dumme Kind vom Land. Ich hatte nicht dieselben Spielsachen wie die anderen. Nicht einmal eine Wasserpistole. Ich war anders angezogen. Ich sprach anders. Und ich kannte die Spiele nicht, die sie da spielten. Ich mochte sie auch nicht. In unserem Dorf waren wir oft mit dem Fahrrad in den Wald gefahren, zu einem Bach mit einer Brücke. Da hatten wir Dämme gebaut und Wasserburgen. Manchmal alle zusammen, manchmal jeder für sich. Und wenn wir es hinterher wieder kaputtgemacht haben, dann waren wir alle damit einverstanden und hatten zusammen unseren Spaß. Es gab auch keinen Anführer bei uns im Dorf. Jeder konnte Vorschläge machen, was gespielt werden sollte. Dann wurde solange rumkrakeelt, bis sich ein Vorschlag durchgesetzt, hatte. Es war gar nichts dabei, wenn die Älteren mal den Kleinen nachgaben. Es war eine echte Kinder-Demokratie.

In Gropiusstadt, in unserem Block, war ein Junge der Boss. Er war der Stärkste und hatte die schönste Wasserpistole. Wir spielten oft Räuberhauptmann. Der Junge war natürlich der Räuberhauptmann. Und die wichtigste Spielregel war, dass wir alles zu tun hatten, was er befahl.

Sonst spielten wir mehr gegeneinander als miteinander. Es ging eigentlich immer darum, den anderen irgendwie zu ärgern. Zum Beispiel, ihm ein neues Spielzeug wegzunehmen und kaputt zu machen. Das ganze Spiel war, den anderen fertigzumachen und für sich selbst Vorteile herauszuschinden, Macht zu erobern und Macht zu zeigen,

Die Schwächsten kriegten die meisten Prügel. Meine kleine Schwester war nicht sehr robust und ein bißchen ängstlich. Sie wurde ständig vertrimmt, und ich konnte ihr nicht helfen.

Djura: Der Schleier des Schweigens S. 38–40 (Algerien-Frankreich)

Als gerade siebenjähriges Mädchen kämpfte ich schon damals, ohne es zu wissen, um meine eigene Unabhängigkeit. Ich hatte eine kleine Bande gegründet, die eisern zusammenhielt und mich als ihren Chef respektierte. Wir verständigten uns in unserer eigenen Sprache, einer merkwürdigen Mischung aus Arabisch, Kabylisch und Französisch. Auch unsere Spiele leitete ich, ohne die anderen je bewusst zu unterdrücken. Ich fühlte mich als Kahina, deren Lebensgeschichte ich von Setsi Fatimas Erzählungen kannte. Straße war unser Spielplatz. Als ich klein war, durfte ich draußen spielen, soviel ich wollte. Auf diese Weise war in der Wohnung mehr Platz. Was natürlich nicht bedeutete, dass ich nicht überwacht wurde. Mein älterer Bruder ließ mich nicht aus den Augen. (...)

Abgesehen von Mohand, konnte mir damals kein Junge Angst einjagen. Weder die in meiner Bande noch die kleinen Pariser, die nach der Schule Algerienkrieg spielten. Sie deuteten mit dem Finger auf uns und schrien: «Algerien bleibt französisch!»

Wir antworteten und zeigten ihnen einen Vogel: „Wir sind algerische Algerier!" Und schlugen uns mit ihnen herum, als ob wir Kinder die Politik unserer Väter mit unseren Fäusten fortsetzen wollten. Dabei hatten wir nur überschüssige Energie und rebellierten gegen unsere Armut.

Wir sprachen allerdings immer seltener Arabisch oder Kabylisch, schauten uns bei der einzigen Nachbarin, die einen Fernseher besaß, Abenteuerfilme an, und wenn wir unter uns kleinen «Ratten» mit den Stöcken, die unsere Schwerter ersetzten, unsere Kräfte maßen, dann fühlten wir uns als Richard Löwenherz oder die Ritter des heiligen Grals. Vorbei Kahina, die Hexen der kabylischen Berge, die Legenden aus Djurdiura. Wir hatten unsere Helden gewechselt. Während unsere Onkel in Algerien die Franzosen bekämpften, damit Algerien möglichst bald algerisch würde, wurden wir, die wir in Algerien geboren waren, aber in Frankreich lebten, immer französischer.

Shostak, Marjorie: Nisa erzählt S. 58–60, 79–81 (Botswana / Nomadin, Kalahari)

Ich erinnere mich, dass wir Kinder einmal eine bissige Schildkröte fanden. Wir schwammen und plantschten in einem Wasserloch. Wir spielten mit der Schildkröte – wir nahmen sie hoch, drehten sie auf den Rücken und reichten sie herum. Als ich sie in der Hand hielt, biß sie mich in den Finger. Ich schrie, aber sie ließ nicht los. Ich versuchte sie abzuschütteln und rief. «Mami! Meine Hand! Mach etwas mit meinem Finger! Keya! Noni! Kommt und helft mir! Steht nicht so dumm herum! Helft mir. Sie hat mich gebissen!»

Ich schlug die Hand auf den Boden, aber die Schildkröte ließ nicht locker. Ich sah, dass sie meine Hand nicht losließ, und schrie weiter um Hilfe. Ich zog an ihr mit der anderen Hand, und schließlich fiel sie in den Sand. Mein Finger klopfte: «Poch ... poch ... poch ... poch.» Ich setzte mich und ruhte mich aus, während die anderen die Schildkröte töteten. Ich saß da und starrte auf meinen Finger. Er schmerzte; er brannte! Die anderen Kinder tanzten einen Trancetanz für mich. Sie gaben mir den Glauben, dass sie mich heilten, und legten mir die Hände auf. Sie tanzten um mich herum und versuchten, meinen Finger zu heilen. Die Jungen fielen in Trance und versuchten, die Krankheit und den Schmerz aus meiner Hand zu ziehen. Als die Sonne tief am Himmel stand, gingen wir ins Dorf zurück. Die Schildkröte nahmen wir mit, damit wir sie kochen und essen konnten. (...)

Unsere Familie zog von einem Lager zum anderen. Meine Freunde und ich liefen vor den Erwachsenen her. Wir ritten aufeinander und spielten Esel und Reiter. Plötzlich sah mein Freund Besa ein Gnu, ein totes Gnu. Dann sah er ein anderes und noch eins. Löwen hatten sie erst vor kurzem gerissen. Wir rannten zurück zu den Eltern und riefen: «Wir haben drei tote Gnus gesehen, die von den Löwen gerissen worden sind!» Die Erwachsenen sagten: «Ho, ho, unsere Kinder ... unsere wunderbaren Kinder ... unsere wunderbaren, wunderbaren Kinder!» (...)

Auf dem Rückweg entdeckte ein anderes Mädchen einen jungen Steenbok. Sie und ihr älterer Bruder rannten hinter ihm her. Sie jagten ihn, und ihr Bruder tötete ihn schließlich. An diesem Tag brachten wir viel Fleisch zurück ins Dorf, und alle hatten genug zu essen. (...)

Als wir im Osten lebten, spielte ich mit Kindern, mit denen ich seit Jahren gespielt hatte. Aber dann zog meine Familie weiter. Wir gingen zur Schwester meiner Mutter am Chotana Wasserloch. Aber dort spielte ich nicht. Ich blieb einfach bei den Erwachsenen, und dachte an meine Freunde im Osten. Ich sagte. «Ich vermisse die Kinder, mit denen ich gespielt habe. Mami, hast du nicht gesagt, dass wir zurück in den Osten gehen? Mami ... Papa ... laßt uns wieder zurückgehen.» Aber sie antworteten: «Was sollen wir dort?» Ich erklärte: «Ich möchte bei den anderen Kindern sein, mit denen ich immer gespielt habe. Hier, wo wir jetzt leben, sehe ich keine Kinder.» Sie sagten: «Da drüben ... du mußt nur dort hingehen, und dort findest du Kinder, mit denen du spielen kannst ... deine Tanten, Nichten und Cousins ...[2] Spiel mit ihnen.» Ich erwiderte: «Stimmt nicht. Hier sind keine Kinder. Laßt uns zurück in den Osten gehen. Ich will nicht mit meinen Cousins spielen.» Ich begann zu weinen. Ich vermißte meine Freunde und weinte und weinte. Meine Eltern sagten, ich sei wohl verrückt, da ich nicht mit meinen Cousins und Cousinen spielen wolle.

Ich konnte sie sehen, wenn ich vor der Hütte saß. Ich sah zu, wie sie spielten, und dachte: «Diese Kinder da drüben ... nein, ich gehe nicht zu ihnen hinüber.» Eines Tages kam meine Cousine Tasa: «Nisa, komm, spiel mit mir.» Ich antwortete: «Ich will nicht.» Sie sagte: «Wir gehen ans Wasserloch und schwimmen.» «Ich will nicht

[2] Eine Frau kann durchaus noch schwanger werden, nachdem ihre älteste Tochter bereits Mutter ist. Deshalb ist es nicht ungewöhnlich, dass die Kinder Tanten und Onkel als Spielgefährten haben.

schwimmen.» Ich saß da und lehnte alles ab, was sie vorschlug. Schließlich zog sie mich mit sich, und wir gingen zusammen weg. Später gingen wir zu den anderen Kindern und spielten mit ihnen. Wir spielten nur brave Spiele. Wir gingen ans Wasser und schwammen, gingen zurück ins Dorf und dann wieder ans Wasser. Unterwegs sammelten wir manchmal Na- und Ninbeeren, die wir mit zurückbrachten. Wir spielten eine Zeitlang ein Spiel, gingen dann zurück ins Dorf und spielten dann etwas anderes.

Ein Kind hat keinen Verstand und versucht nur, das zu tun, was die Erwachsenen tun. Deshalb spielten wir auch mit meinen Cousins schließlich Sex. Jedesmal, wenn mein Cousin Tuma auf diese Weise mit den Mädchen spielen wollte, waren wir gemein zu ihm. Dann war er auch zu uns gemein. Er schlug uns, bis wir weinten. Ich sagte: «Laß uns in Ruhe! Mein Freund ist nicht mehr bei mir, und ich will mit niemandem mehr Sex haben. Mein Freund ist im Osten.»

Siehst du, auch ich war unvernünftig und verstand nichts – ich glaubte, es gäbe nur einen Jungen, der mir gehörte, und sonst niemand.

Ich sagte: «Mein Mann ist im Osten. Außerdem gibt es hier nur häßliche Männer, und ich will keinen von ihnen. Mein Mann ist hübsch. Er ist nicht wie die häßlichen Männer hier. Mein Mann ist schön. Ihr hier, seid schrecklich!» Dann sagte ich: «Und überhaupt, Tuma, du hast einen riesigen Penis! Ich will nicht mit so einem Mann zusammensein!» Er erwiderte: «Wir wollen spielen und mit Groß-Vagina da drüben Sex haben.» Er meinte mich. «Große Vagina! Bist du nicht auch Nisa, die Verrückte?» «Wieso beschimpfst du mich?» fragte ich, «Tuma, dein Penis ist so groß, dass du nie Sex mit mir haben wirst!» «Du wirst dich immer schämen müssen, weil du mich willst!» Wir kämpften miteinander. Ich biß ihn, und er schlug mich. Ich sagte: «Du bekommst mich nicht. Vergiß es nicht! Wenn du es versuchst, sage ich es meiner Mutter, und sie wird dir den Hintern versohlen, du Groß-Penis!» Er antwortete: «Glaubst du wirklich, ich will mit Nisa, Groß-Vagina, Sex haben? Gibt es überhaupt jemanden, der ihre Genitalien gut findet?» Ich sagte: «Schäm dich! Du willst mich! Warum hast du nicht Sex mit einer anderen? Was könnte ich schon von dir lernen, wenn du zu mir kommen würdest?» Er sagte: «Du glaubst, deine Genitalien seien so großartig. Das stimmt nicht, und du machst dich lächerlich.» Ich sagte: «Was? Es gibt keine Frau mit dem Namen Nisa hier, die mit einem so großen Penis wie deinem Sex haben möchte.» (...)

Ein paar Monate später verließen wir Chotana und gingen zurück zu unserem alten Wasserloch. Alle meine Freunde waren dort, und als ich sie sah, war ich wieder glücklich. Wir spielten und spielten und tanzten und sangen, machten Musik und tanzten und sangen, und mein Herz war glücklich, weil ich wieder mit den Kindern zusammen war, die ich mochte. Wir spielten alle möglichen «Als-ob-» Spiele. Wir taten, als kochten wir Essen. Wir nahmen es vom Feuer. Wir hatten Trancetänze. Wir sangen und tanzten und tanzten und sangen, und die Jungen heilten uns. Sie riefen dabei: «Xai – i! Kow – a – di – li!» Sie heilten uns. Wir sangen und tanzten. Tanzten und tanzten den ganzen Tag.

Manchmal spielten wir mit den Kindern aus einem anderen Dorf, und manchmal spielten wir allein. Oder die anderen Kinder kamen, sahen, dass wir spielten, und gingen mit uns zurück in unser kleines Dorf. Sie begrüßten uns, wie Erwachsene es tun: «Wie geht es euch» Und wir antworteten: «Eh, uns geht es gut.» Wir blieben zusammen, dann sagten sie, dass sie wieder in ihr Dorf zurückgehen und einen Trancetanz aufführen würden. Wir begleiteten sie und tanzten und sangen. Manchmal ging die Sonne unter, während wir noch dort waren, aber selbst im Dunkeln blieben wir mitten im Dorf und spielten. Manchmal tanzten und sangen wir bis spät in die Nacht. Wir gingen erst nach Hause, wenn es Zeit zum Schlafen war.

Asena, Duygu: Die Frau hat keinen Namen S. 5/6, 12 (Türkei)

Wir haben einen schönen Garten, der das Haus auf drei Seiten einrahmt. In diesem Garten gibt es Obstbäume, Katzen und Hunde. Innen im Haus führt eine Treppe nach oben. Und ich habe auch eine kleine Schwester, die aber noch nicht das Treppengeländer runterrutschen kann.

Meine Spielkameraden kommen immer in unseren Garten. Mädchen und Jungen habe ich beide lieb; da mache ich keinen Unterschied. Aber mein Papa macht einen. Wenn er wütend ist, gleicht sein Gesicht einer Katze, nein, einem Hund. Noch besser: einem Esel. Ich bin sehr böse auf ihn. Vater hat das Gesicht an die Fensterscheibe gepreßt und schaut zu uns, wie wir draußen spielen. Seine Blicke sprühen Feuer, sein Gesicht ist eine fürchterliche Maske. Die Jungen bekommen Angst. Die Mädchen nicht, denn die sind nicht gemeint.

Noch gehe ich nicht zur Schule, aber so groß bin ich schon, dass ich weiß, mein Papa mag Jungen nicht, während er Mädchen sehr wohl gern hat. Nur warum? Das verstehe ich nicht, – ist der Papa doch selbst ein Junge.

Langsam merken es auch die Jungen. Sobald sie meinen Vater sehen, benehmen sie sich komisch. Schuldbewusst. Als hätten sie etwas ausgefressen. Neuerdings kommen sie nicht mehr durch die Tür, sondern seitlich über die Mauer in den Garten. Um nicht gesehen zu werden. Aber aus irgendeinem Grund fangen sie jetzt auch an, sich zum Nachteil zu verändern. Kaum schaut mein Papa nicht hin, versuchen sie, etwas mit uns anzustellen. Zum Beispiel ziehen sie uns an den Haaren, heben uns die Röcke hoch, schauen uns in den Ausschnitt. Wenn mein Papa das nicht sieht, triumphieren sie und brüllen wie die Sieger. Solange mein Vater sie nicht erwischt, fühlen sie sich uns gegenüber mächtig stark.

Seit mein Vater mit seinem grauenhaften Gesicht hinter der Fensterscheibe steht, ist zwischen uns Mädchen und den Jungen eine Feindschaft entstanden. Unwiderruflich hat etwas sehr Unschönes begonnen. Was steckt nur dahinter?

Kincaid, Jamaica: Annie John S. 104–107 (USA/afro-amerik.)

Er hieß Mineu, und ich fühlte mich geschmeichelt, dass er, ein Junge, der drei Jahre älter war als ich, mit mir spielte. Natürlich bekam ich bei allen unseren Spielen immer die untergeordneten Rollen zugeteilt. Wenn wir Ritter und Drache spielten, war ich der Drache; wenn wir Afrika entdecken spielten, entdeckte er Afrika; er war auch der Anführer der wilden Stämme, die sich der Entdeckung widersetzten, und ich spielte seinen Diener, nicht mal einen besonders gescheiten obendrein; wenn wir verlorener Sohn spielten, war er der verlorene Sohn und der Vater des verlorenen Sohns und der eifersüchtige Bruder, während ich eine Person spielte, die Sachen holte.

Einmal geschah etwas Furchtbares bei einem unserer Spiele. Kurz zuvor hatte ein Mann seine Freundin und seinen besten Freund umgebracht, als er die beiden in einer Bar antraf, wo sie miteinander tranken. Das Blut der beiden bespritzte ihn von oben bis unten. Die Machete, mit der er sie getötet hatte, noch in der Hand lief er, zusammen mit den übrigen Bargästen und Leuten, die sie unterwegs aufgesammelt hatten, die zwei Kilometer oder so zum Polizeiposten. Der Mord an diesen zwei Menschen erregte sofort ungeheures Aufsehen, und der beliebteste Calypso-Song dieses Jahres handelte nur davon. (...)

Mineu und ich hatten unsere Eltern so viel über diesen Fall reden gehört, dass es nicht lange dauerte, bis er sich ein Spiel ausdachte. Wie immer spielte Mineu alle wichtigen Rollen. Er ging hin und her und spielte mal den Ermordeten, mal den Mörder; die Freundin verurteilten wir zum Schweigen. Als der Fall vor Gericht kam, spielte Mineu den Richter, die Geschworenen, den Staatsanwalt und den Angeklagten auf der Anklagebank. Es war zum Schieflachen mit anzusehen, wie er, ausstaffiert mit alten Stoffresten als Perücke für seine Rolle als Richter, über sich selbst das Urteil sprach; es war zum Schieflachen mit anzusehen, wie er als betrunkener Henker sich selbst henkte. Und wenn er gehenkt war, kam ich als seine Mutter und weinte über der am Boden liegenden Leiche. Dann standen wir auf und fingen nochmal von vorn an. Kaum hatten wir die Handlung durchgespielt, waren wir schon wieder in der Bar, wo Mineu mit sich selbst und mit seiner Freundin herumstritt und dann allem mit wenigen raschen Hieben ein Ende machte. Wir bemühten uns immer, jede Einzelheit so getreu wie möglich der Wirklichkeit nachzustellen, wie wir sie uns vorstellten, und hatten uns daher die Mühe gemacht, alte Möbel aufzutreiben, die den Richtertisch und Stühle für die Geschworenen abgaben, und gegenüber vom Richter stellten wir Steine auf als Zuschauerplätze und Zuschauer zugleich. Als es ans Hängen ging, wollten wir das auch wirklichkeitsgetreu machen, und so hatte sich Mineu ein Seil beschafft, das er vor seinem Haus an die Querstange oben am Gartentor knüpfte, dann machte er eine Schlinge und steckte seinen Kopf hindurch. Sobald die Schlinge ihm um den Hals lag, packte er das Seil über sich und ließ sich daran hin und her baumeln, um zu zeigen, dass er gehenkt war und bereits mausetot. Unsere gemeinsamen Spiele hatten ein Ende, als einmal um ein Haar etwas Schlimmes passierte. Wir hatten wie immer gespielt, als wir zu der Stelle mit der Schlinge um den Hals kamen. Als Mineu sich vom Boden hochhievte, zog sich die Schlinge zusammen. Als er das Seil losließ, um die Schlinge mit den Händen zu lockern, wurde es nur schlimmer, und die Schlinge zog sich noch enger um seinen Hals. Sein Mund öffnete sich, als er nach Luft schnappte, und dann hing ihm die Zunge immer weiter aus dem Mund heraus. Sein Körper, der an der Gartentür hing, begann hin und her zu pendeln, dabei krachte er an die Gartentür und machte ein Geräusch, als schaukele er auf der Tür – etwas, das uns seit jeher verboten war. Unterdessen stand ich bloß da und schaute entgeistert. Mir muß bewusst gewesen sein, dass ich zu ihm gehen und Hilfe holen sollte, aber ich war unfähig, mich von der Stelle zu rühren. Wumm, wumm machte die Tür, und bald fing seine Mutter an zu rufen: «Kinder, macht die Gartentür nicht kaputt.» Dann, als die Gartentür immer weiter wummerte, kam sie wütend zu uns herausgelaufen, weil wir ihr nicht gehorchten, und sie wollte uns gerade anschreien, als sie ihr Kind mit dem Hals in der Schlinge am Türrahmen baumeln sah. Kreischend stürzte sie auf ihn zu und rief einen Nachbarn zu Hilfe, welcher sofort mit einer Machete kam und das Seil an Mineus Hals durchschnitt. Erst als seine Mutter herauskam und zu schreien anfing, konnte ich auch schreien und rannte zusammen mit ihr zu ihm, und wir weinten beide über ihm, als er zu Boden fiel.

Frame, Janet: Ein Engel an meiner Tafel S. 55/56 (Neuseeland)

Eines Tages fand ich eine Freundin, Poppy, die in Wirklichkeit Marjorie hieß. Sie hatte glattes braunes Haar, ein häßliches Gesicht mit einem breiten roten Mund, und ihr Vater schlug sie mit einem schmalen Riemen, der Schnitte in ihrer Haut hinterließ. Alles, was sie sagte oder tat, war neu für mich, sogar die Art und Weise, wie sie sprach und die Wörter, die sie verwendete, ihre Ideen und Spiele und die Legenden und Sagen, die ich nicht für solche hielt, sondern für wahre Begebenheiten, die als Gerüchte von einem zum anderen weiterwanderten. Poppy brachte mir bei, wie man Warzen heilt, indem man sie mit dem Saft des Eiskrautes einreibt. Wir saßen auf dem Erdwall der Glen Street, der vom Eiskraut mit seinen purpurnen Blüten bedeckt war, und wenn die Stengel des Eiskrautes uns ins Hinterteil stachen, zappelten wir hin und her, und wir drückten den Saft über unseren Warzen aus, und ein paar Tage später waren unsere Warzen wie durch ein Wunder verschwunden. Poppy brachte mir bei, wie man die Säure aus einer Pflanze saugt, die sie Goldklee nannte – später erfuhr ich, dass es Sauerklee war –, und wir saßen da und genossen den stechenden Geschmack der Säure; sie lehrte mich, wie man Honig aus dem Immergrün saugt und wie man die süßen, mehlartigen Weißdornbeeren ißt und genießt. Sie erklärte, wenn wir auf dem Schulweg einen Laternenpfahl zwischen uns kommen ließen, dann müßten wir «einen Pick aufeinander» haben und dürften erst wieder miteinander sprechen, nachdem wir unsere kleinen Finger ineinander verschränkt hatten, eine Geste, die auch nötig war, wenn wir beide dasselbe Wort gleichzeitig sagten.

Diese neuen Rituale entzückten mich. Poppy brachte mir auch bei, wie man Pflanzen «einkassiert». Sie erklärte mir, dass jede Blume, die durch den Zaun auf die Straße hinauswuchs, «einkassiert» werden konnte und uns gehörte, und es war kein Diebstahl, denn sie gehörten von Rechts wegen uns. Jeden Tag kamen wir mit den Armen voller Blumen in die Schule und nach Hause, und Poppy kannte alle ihre Namen, und brachte sie mir bei. In der Schule untersuchten wir Gräser und Unkrautpflanzen und waren beide ganz berauscht von der Herrlichkeit der neuen Namen – Hirtentäschel, Fette Henne (wie urkomisch!) und das Kreuzkraut, auf dem die schwarzen und weißen Raupen lebten, obwohl uns die pelzigen lieber waren, die sich in Rote Admirale verwandelten.

Nach der Schule ging ich für gewöhnlich zu Poppy, um mit ihr in ihrer Waschküche Schule zu spielen, wo wir die leeren Bierflaschen ihres Vaters in einer Reihe aufstellten und sie ein- und ausatmen, trockenschwimmen und Liegestütze machen ließen, Arme gebeugt, Körper gestreckt, sie auf der Stelle laufen ließen, wobei sie die Knie in die Höhe heben mußten. Wir gaben ihnen Rechenaufgaben zu lösen und befahlen ihnen, die Wolken zu zeichnen und zu benennen, Zirrus, Nimbus, Stratus, Kumulus, während wir die Namen herunterleierten, Zirrus, Nimbus, Stratus, Kumulus ... Wir ließen sie auch die Berggipfel der Bergketten auswendiglernen – Rimutaka, Tararua, Ruahine, Kaimanawa ... Und wir züchtigten sie und sagten streng: «Passt auf. Kommt her.» Die Bierflaschen standen in einer Reihe auf der Bank, den Blick nach Nordwesten gerichtet, golden erleuchtet von den Strahlen der untergehenden Sonne, die durch das staubige kleine Fenster schien. Manchmal, wenn wir eine Flasche zerbrachen, blickten wir durch ein Stück Glas auf die goldene Welt.

Es schien mir, dass Poppy alles wusste. Sie kannte die Namen und den Gebrauch von Dingen, der nicht der übliche Gebrauch alltäglicher Dinge war. Auch sie hatte einen «Platz», von dem sie sprach, Moeraki, wo sie hinfuhr, um Verwandte zu besuchen. Sie sprach das Wort aus, als gehöre der Platz ihr, so wie die Tanten „Up Central", Middlemarch und Inch Clutha sagten.

Chambers, Veronica: Mama's Girl S. 7–10 (USA/afro-amerik.)

Als Mädchen, die mit zwei Seilen Seilhüpfen spielten, hatten wir unsere eigene Art, herumzustolzieren. Drei Mädchen und ein paar Seile. Es mussten mindestens drei Mädchen sein: zwei, um das Seil zu schlagen, eines, um zu hüpfen. Wir kannten die Ecken, wo du ein gutes Spiel in Gang bringen konntest. Wie Jungen, die auf eine Rauferei aus sind, begannen wir damit, das Seil schön langsam zu schlagen. (...)

Es war auf meiner Seite der Straße, wo wir Seil sprangen, weil Drena, die nebenan wohnte, das beste Seil hatte, und wir wie die Schafe dem Seil folgten. Das beste Springseil war eine Telefonschnur (...)

Drenas Onkel war Fernmeldetechniker, also hatte sie immer reichlich davon.

Die schlechtesten Seile waren die, die man im Laden kaufen konnte – Springseile aus Stoff mit roten Plastikgriffen, die in Plastikpackungen mit Bildern von kleinen blonden Mädchen verkauft wurden. (...) (was nur deshalb einen Sinn ergab, weil jeder wußte, dass weiße Mädchen überhaupt keine Konkurrenz darstellten, wenn es um das Seilspringen ging)

Wenn zwei das Seil schwangen und eine sprang und alle anderen herumsaßen und darauf warteten, dass sie an der Reihe waren, dann war es nicht schwer, einen Streit anzuzetteln. (...)

Manchmal, wenn ich sprang, erwischte ich ein Mädchen aus meinem Team dabei, wie es am Seil riß, damit es eine Pause ausrufen konnte. Gewöhnlich war es Drena, weil ihr das Seil gehörte und sie meinte, das würde bedeuten, sie brauche nicht fair zu sein. «Uh-huh. Fang noch mal von vorn an. Jeanine schlägt das Seil beidhändig», sagte Drena dann. Für uns war beidhändig so schlimm, wie verkrüppelt oder blind zu sein. (...)

«Es ist okay. Ist schon in Ordnung», sagte ich dann.

Drena ließ sich nicht beschwichtigen. «Veronica, versuch nicht, die Tatsache zu vertuschen. Alle in der Straße wissen, dass Jeanine beidhändig ist.»

«Ich bin's aber gar nicht», murmelte Jeanine dann.

Wenn es niemanden gab, der bereit war, Jeanines Platz einzunehmen, dann packte Drena das Seil gewöhnlich ein und erklärte das Spiel für beendet. Und dann gingen wir zu ihr nach Hause und sahen fern. Drena war das einzige Mädchen in der Straße, das ein eigenes Zimmer hatte, plus ein Himmelbett, eine Frisierkommode, einen Fernsehapparat und eine Stereoanlage. Während ich mir teilnahmslos Gilligans Island anschaute, fragte ich Drena: «Warum hast du das Spiel kaputtgemacht? Du weißt doch, dass Jeanine nicht beidhändig ist.»

Sie verdrehte die Augen. «Ich hab' die Nase voll von diesen blöden Weibern. Ich wollte uns da nur irgendwie rausholen.» Aber bisweilen beharrte sie auch auf ihrer Geschichte und weigerte sich, auch nur einen Zentimeter zurückzuweichen. «Du weißt, dass das Mädchen beidhändig ist. Halt die Klappe und reich mir die Munchos.»

Jesus Dias, Ana Christina de: Wohin gehöre ich? S. 22/23 (Portugal-BRD)

Vor zehn Jahren kam ich in Deutschland an. Das Land war mir fremd, die Sprache war mir fremd, die Menschen waren fremd. (...)

Ja, nun war ich in diesem Land, hatte ein eigenes Zimmer voll mit Spielzeug bepackt, bekam jeden Tag Schokolade und Kuchen, so viel ich nur wollte, zu essen. Und doch mußte ich weinen, wenn ich an meine Freunde in der Heimat dachte, die jetzt, obwohl sie weniger Spielzeug hatten und nicht jeden Tag Schokolade zu essen bekamen, wahrscheinlich glücklich und fröhlich draußen herumspielen würden.

Und ich? ... Ich war eingesperrt, in einen goldenen Käfig, wie man so schön sagt.

Mein Vater meldete mich in der Grundschule an. Ich kam in eine portugiesische Klasse, nun hatte ich wieder Freunde, ich weinte nicht mehr. Ich lernte die deutsche Sprache, hatte deutsche Freunde, nahm ihre Gewohnheiten an und vergaß immer mehr die Heimat.

Ich wurde älter und immer besser in der Schule, schließlich war ich die Beste, ich hatte bis dahin noch nie Probleme mit Deutschen gehabt, doch nun, ach siehe an ... Nun war ich die Beste in der Klasse und bekam es gleich zu spüren. Es war schrecklich für die anderen und besonders für die Jungen. Es war schon schlimm genug, dass ein Mädchen besser war als die Jungen, aber dass dieses Mädchen auch noch eine Ausländerin war, nein, das war zuviel. Bis zu diesem Zeitpunkt war ich immer beim Vornamen genannt worden, doch nun wurde ich beim Nachnamen genannt, und meistens nannten sie mich auch nur noch «die Portugiesin». Ich war noch nicht einmal so schlecht dran. Ich mußte aber oft weinen, wenn ich hörte, dass man andere ausländische Kinder «Kameltreiber», «Spaghettifresser» oder sonst was nannte, ich hatte Angst, selbst so genannt zu werden. Es kam nie dazu. Und doch, immer mehr haßte ich dieses Land, wo es Menschen erster, zweiter und dritter Klasse gibt.

Chang, Jung: Wilde Schwäne S. 290 (China)

Wir schrieben jede Woche Klassenarbeiten, die Ergebnisse hingen für alle sichtbar am Schwarzen Brett aus. Ich war immer Klassenbeste, und die Schlußlichter unserer Klasse waren nicht gut auf mich zu sprechen. Sie ließen ihren Ärger auf verschiedene Weise an mir aus. Manchmal riefen sie mir «tausendfältige kleine Kostbarkeit» hinterher, oder sie versteckten einen Frosch in meinem Pult, der mir entgegenhüpfte, wenn ich das Pult aufklappte. Oder aber sie hatten meine langen Zöpfe an der hinteren Bank festgebunden, und wenn ich aufgerufen wurde, konnte ich nur halb aufstehen, weil es an meinen Haaren zog. Außerdem sagten sie, ich hätte nicht genug «Gemeinschaftssinn» und blickte auf andere herab. Aber ich war einfach nur gern allein.

Spanidou, Irini: Meine Tochter, mein Stolz S. 118, 119, 121, 122, 125, 126, 131–133 (Griechenland)

Vaggelio saß zwei Reihen hinter mir. Während der Stunde konnte ich sie nicht sehen, aber zu denken, Vaggelio ist in diesem Raum, machte mich glücklich. Vaggelio schreibt den gleichen Satz auf, Vaggelio schlägt die gleiche Seite, um. (...)

Jeden Tag wollte ich sagen: «Ich liebe dich, Vaggelio», aber ich konnte nicht sagen. Kein Mensch sagt ohne Vorwarnung: «Ich liebe dich.» Wir hatten nie miteinander gesprochen. Zuerst muss ich etwas anderes sagen, dachte ich. Was soll ich zuerst sagen? Mir fiel nichts ein, was nicht dumm und albern klang. Wie soll ich sagen:

«Vaggelio, ich liebe dich», wenn ich vorher etwas Dummes und Albernes gesagt habe?

Ich sagte es im stillen – Ich liebe dich, Vaggelio ... Ich liebe dich, Vaggelio ... Es machte mich traurig. Vaggelio sah auch traurig aus. Sagte auch sie im stillen «Anna, ich liebe dich»? (...)

Vaggelios Mutter starb am Frühlingsanfang. (...)

Vaggelio kam nicht mehr zur Schule. Man hatte an ihren Vater in Saloniki geschrieben, und er wollte kommen und sie zu sich holen, und sie würde dort zur Schule gehen. Eine Cousine ihrer Mutter kam, um nachts bei Vaggelio zu bleiben, damit Vaggelio nicht allein schlafen musste, aber tagsüber ging sie in ihr eigenes Haus zurück

Sie packte ihre Sachen in ein Bündel und kam jeden Tag heraus und saß auf einem Baumstumpf im Garten und wartete auf ihren Vater, das Bündel neben die Füße gestellt, den Blick auf die Straße gerichtet.

Wenn ich aus der Schule kam und an ihrem Haus vorbeiging, sah sie weg und grüßte mich nicht. Sie denkt an ihre tote Mutter, dachte ich. Ich bedeute ihr nichts in ihrem Kummer. Sie will mich nicht einmal ansehen. (...)

«Darf ich reinkommen, Vaggelio?» «Komm nur rein.»

Wir saßen Seite an Seite auf dem Baumstumpf, und Vaggelio redete ununterbrochen. Wie plötzlich es geschah – gerade als ich alle Hoffnung aufgegeben hatte! Vorher hatte Vaggelio nie gesprochen, und jetzt redete sie und konnte nicht aufhören. (...)

«Der Tod wartet nämlich auf mich», sagte Vaggelio. «Er holt mich, wie er meine Mutter geholt hat, wirklich.» (...)

«Willst du meine Freundin sein, Vaggelio?»

«Ja.»

«Meine beste Freundin?»

«Ja.»

«Wann kommt dein Vater?»

«Ich weiß nicht ... Er kommt ...»

«Er soll nicht kommen. Du wirst dann weggehen.»

«Er muß kommen. Er muß. Wer soll mich aufnehmen, wenn er nicht kommt?»

Jeden Tag nach der Schule ging ich nun zu Vaggelio und saß neben ihr auf dem Baumstumpf und hielt ihre Hand. Es war wie ein Abschied, ein langer Abschied, der den ganzen Tag dauerte und der am nächsten und übernächsten Tag von vorn begann. (...)

«Weißt du noch, als wir uns zuerst getroffen haben, ohne miteinander zu sprechen?»

«Ich weiß noch»

«Wolltest du was sagen?»

«Ja.»

«Ich auch. Ich wollte sagen ‹Vaggelio, ich liebe dich›. Vaggelio ...»

Sie legte ihre Hand auf meine Wange.

«Ich liebe dich», sagte ich.

Vaggelio küsste mich auf die Stirn, die Nase, die Lippen. Jetzt werde ich sterben, dachte ich. Ich habe die Krankheit. Ich muss sterben.

Vaggelio küsste mich auf den Mund und öffnete ihn und küsste meine Lippen innen. Wir werden gemeinsam sterben, dachte ich. Wir werden gemeinsam im Himmel sein.

Eines Tages fuhr ein Wagen vor Vaggelios Haus. (...)

Ein Mann in einem dunklen, abgetragenen Anzug, den Hut tief in die Augen gezogen, stieg aus. (...)

«Ist das dein Vater?»

«Muß er sein.» (...)

Vaggelio nahm das Bündel mit ihren Sachen und ging auf ihn zu. Ihr Körper war ganz schief unter dem Gewicht.

«Vaggelio!» rief ich und rannte ihr nach. «Vaggelio, warte.» (...)

«Auf Wiedersehen, Anna», sagte Vaggelio. «Vergiss mich nicht.»

«Ich vergesse dich nicht, Vaggelio. Ich werde dich nie vergessen!»

Wir legten die Arme umeinander und küssten uns. «Anna!» schrie meine Mutter. «Anna!»

Sie stand mitten auf der Verandatreppe und blickte zu mir herunter, zitternd.

Ich wartete, bis Vaggelio in das Auto eingestiegen und abgefahren war, dann ging ich zu ihr hinauf.

«Was hast du getan, Unhold?» sagte sie. «Was suchst du das Verderben? Warum läufst du sehend in deinen Untergang? Wer um Gottes willen küsst eine Tuberkulöse?» Manolis hatte die Lebensmittel hingestellt und beobachtete uns. «Wasch ihr das Gesicht», sagte meine Mutter zu ihm. «Steh nicht da rum, sondern wasch ihr Gesicht mit Seife.» Manolis nahm mich mit in die Küche und wusch mir das Gesicht.

«Den Mund auch», sagte meine Mutter, die hinter uns stand.

Manolis wusch mir die Lippen.

«Innen!» sagte meine Mutter. «Innen!»

Manolis schmierte mir Seife in den Mund. Ich würgte, und wollte mich erbrechen – wollte meine Liebe zu Vaggelio ausbrechen.

«Und wechsle den Verband», sagte meine Mutter. Sie ging hinaus.

Manolis wickelte die Binden ab und nahm meine Hände in seine.

«Fast verheilt, Kleine Wolke», sagte er. «Wunden heilen und Narben tun nicht weh. Der Schmerz dauert so lange, wie er dauert, dann – schwupp! – ist er weg.»

4.1 Suchregister für die Originaltexte

Die Texte können im Unterricht auch zu anderen Themen eingesetzt werden, z. B. zu:

- Spielen (Nannen, Djura, Shostak, Asena, Kincaid, Frame, Chambers
- Beziehungen zwischen Jungen und Mädchen (Nannen, Djura, Shostak, Asena, Kincaid)
- Beziehungen unter Mädchen (Frame, Chambers, Spanidou)
- Beziehungen zwischen 'Einheimischen' und 'Fremden' (Djura, Frame, Jesus Dias)
- Beziehungen zwischen Erwachsenen und Kindern (Shostak, Asena, Spanidou)

Literatur

Asena, Duygu: Die Frau hat keinen Namen. Eine Türkin entdeckt die Folgen des kleinen Unterschieds. München: Piper 1992 (Orig. Istanbul, 1987)

Baumgart, Franzjörg (Hrsg.): Theorien der Sozialisation. Bad Heilbrunn: Klinkhardt 1997

Bender-Szymanski, Dorothea; Hesse, Hermann-Günter: Migrantenforschung. Eine kritische Analyse deutschsprachiger empirischer Untersuchungen aus psychologischer Sicht. Köln, Wien 1987

Bilden, Helga: Geschlechtsspezifische Sozialisation. Aus: Hurrelmann, K.; Ulich, D. (Hrsg.), 1991, S. 279–301

Chambers, Veronica: Mama's Girl. München: Knaur 1997

Chang, Jung: Wilde Schwäne. Die Geschichte einer Familie. Drei Frauen in China von der Kaiserzeit bis heute. München: Knaur 1993

Djura: Der Schleier des Schweigens. Von der eigenen Familie zum Tode verurteilt. München: Heyne Verlag 1990

Frame, Janet: Ein Engel an meiner Tafel. Der Gesandte aus der Spiegelstadt. München: Piper 1996 (Orig. London, 1985)

Freire, Paulo: Pädagogik der Unterdrückten. Reinbek bei Hamburg: Rowohlt 1973

Geulen, Dieter u. Hurrelmann, Klaus: Zur Programmatik einer umfassenden Sozialisationstheorie. Aus: Hurrelmann, K.; Ulich, D. (Hrsg.). 1980

Gstettner, Peter: Die Eroberung des Kindes durch die Wissenschaft. Aus der Geschichte einer Disziplinierung. Reinbek bei Hamburg: Rowohlt 1981

Hoffmann, Berno: Thesen zur Theorie geschlechtsspezifischer Sozialisation. In: SZE: Zeitschrift für Sozialisationsforschung und Erziehungssoziologie. Weinheim: Juventa 4/1997, S. 382–393

Honig, M.-S.; Leu, H. R.; Nissen, U. (Hrsg.): Kinder und Kindheit. Soziokulturelle Muster – sozialisationstheoretische Perspektiven. Weinheim: Juventa 1996

Hurrelmann, Klaus: Einführung in die Sozialisationstheorie. Weinheim, Basel: Beltz 1993 (1986)

Hurrelmann, Klaus; Ulich, Dieter (Hrsg.): Handbuch der Sozialisationsforschung. Weinheim, Basel: Beltz 1980

Hurrelmann, K.; Ulich, D. (Hrsg.): Neues Handbuch der Sozialisationsforschung. 4. völlig neubearbeitete Auflage. Weinheim, Basel: Beltz 1991

Jesus Dias, Ana Cristina de: Wohin gehöre ich? Aus: Ackermann, I. (Hrsg.). 1984

Kauke, Marion: Gemeinsamkeiten und Unterschiede sozialer Interaktionsmuster von sieben- bis zwölfjährigen Ostberliner Mädchen und Jungen in ihrer natürlichen Umgebung. In: ZSE: Zeitschrift für Sozialisationsforschung u. Erziehungssoziologie. Weinheim: Juventa, 1/95, S. 63–79

Keller, Heidi: Psychologische Entwicklungstheorien der Kindheit. Aus: Markefka, M. u. Nauck, B. (Hrsg.). 1993, S. 31–44

Kincaid, Jamaica: Am Grunde des Flusses. Frankfurt/M.: Fischer 1989 (Orig. New York, 1983)

Kohli, Martin: Lebenslauftheoretische Ansätze in der Sozialisationsforschung. Aus: Hurrelmann / Ulich (Hrsg.) 1991, S. 303–317

Kohnen, Brigitte: Akkulturation und kognitive Kompetenz. Münster: Waxmann 1998

Krappmann, Lothar: Sozialisation in der Gruppe der Gleichaltrigen. Aus: Hurrelmann / Ulich (Hrsg,) 1991, S. 355–375

Krappmann, Lothar; Oswald, Hans: Alltag der Schulkinder. Weinheim: Juventa 1995

Markefka, Manfred; Nauck, Bernhard (Hrsg.): Handbuch der Kindheitsforschung. Neuwied, Berlin: Luchterhand 1993

Nannen, Henri (Hrsg.): Christiane F. Wir Kinder vom Bahnhof Zoo. Hamburg: Gruner & Jahr 1981

Nestvogel, Renate: Lernen von der Dritten Welt: Traditionelle afrikanische Erziehungsmuster. In: Afrika Spectrum 1. 1983, S. 27–47

Nestvogel, Renate: Zum Umgang mit Bildern von ‘Fremden’. In: Beiträge zur feministischen Theorie und Praxis. 19. Jg. 1996, Heft 42, S. 53–63

Nestvogel, Renate: Grundannahmen der bundesdeutschen Frauenforschung in interkultureller Perspektive. Aus: Noormann, H. u. Lang-Wojtasik, G.(Hrsg.): Die eine Welt der vielen Wirklichkeiten. Pädagogische Orientierungen. Frankfurt/M.: IKO-Verlag 1997, S. 131–146

Poliakov, L.; Delacampagne, C.; Girard, P.: Rassismus. Über Fremdenfeindlichkeit und Rassenwahn. Hamburg, Zürich: Luchterhand 1992

Quambusch, Erwin: Die Benachteiligung der Frau durch Gleichstellung. In: Der Öffentliche Dienst (46), Nr. 9, 1993, S. 193–216

Rutschky, Katharina (Hrsg.): Schwarze Pädagogik. Quellen zur Naturgeschichte der bürgerlichen Erziehung. Berlin, Wien: Ullstein 1977

Shostak, Marjorie: Nisa erzählt. Das Leben einer Nomadenfrau in Afrika. Reinbek bei Hamburg: Rowohlt 1982

Spanidou, Irini: Meine Tochter, mein Stolz. Reinbek bei Hamburg: Rowohlt 1989 (Orig. New York, 1986)

Tillmann, Klaus-Jürgen: Sozialisationstheorien. Eine Einführung in den Zusammenhang von Gesellschaft, Institution und Subjektwerdung. Reinbek bei Hamburg: Rowohlt 1994 (1989)

Trommsdorff, Gisela (Hrsg.): Sozialisation im Kulturvergleich. Stuttgart: Enke 1989

CHRISTINE PRÄKELT

Geschlechtsspezifisches Sprechen – ein interkultureller Vergleich

1. Einleitung

Seit den 70er Jahren haben sich Forschungen zum Verhältnis von Sprache und Geschlecht zum festen Teilbereich der Soziolinguistik etabliert.

Gerade im Hinblick auf interkulturelle Pädagogik scheint es interessant, einige der Studien einmal genauer zu beleuchten, um die Wechselwirkung zwischen Sozialverhalten / Kultur und Sprachgebrauch herauszuarbeiten und dabei die Frage zu stellen, ob Menschen gemäß ihres sozialen Status sprechen, oder ob nicht im Gegenteil das erworbene Sprachverhalten die gesamte Sozialisation gravierend beeinflusst, d. h. Sprache und Sprechen eines Individuums dessen gesellschaftliche Position determiniert.[1]

Im Hinblick auf die interkulturelle Dimension des Pädagogikunterrichtes soll hierbei am Beispiel anderer Kulturen versucht werden Wege zu eröffnen, die Funktion von Sprache für die Geschlechterrollen unserer eigenen Kultur zu reflektieren.

2. Gender – Das soziale Geschlecht (Geschlechterrollen als soziale und kulturelle Konzepte)

Gerade in den letzten Jahren wurde Soziologen und Soziolinguisten, die sich mit dem Verhältnis von Sprache und Geschlechterrollen beschäftigten, immer wieder der Vorwurf einer Stereotypisierung und eines falschen Unterstreichens der Unterschiedlichkeit von Mann und Frau gemacht.

Besonders im Hinblick auf interkulturelle Forschung scheint es daher von besonderer Bedeutung, Geschlechterrollen als soziale Konstrukte und damit als kulturspezifisch zu begreifen[2], um nicht Gefahr zu laufen Sprache und Sprechen von Menschen anderer Kulturen auf der Folie der uns bekannten Geschlechterstereotypen zu interpretieren. Offensichtlich unterscheidet sich das Sprechen von Frauen und

[1] vgl. Cameron, Deborah: „Performing Gender Identity: Young Men's Talk and the Construction of Heterosexual Masculinity", S. 272: „Whereas sociolinguistics traditionally assumes that people talk the way they do because of who they (already) are, the postmodernist approach suggests that people are who they are because of (among other things) the way they talk."

[2] vgl. Bing, Janet M. u. Victoria L. Bergvall: „The Question of Questions: Beyond Binary Thinking", S. 499: Anthropologists, psychologists, and sociologists have long accepted the idea, that gender roles are learned and arbitrary and that conventional feminine and masculine behaviour varies from culture to culture." S. 499.

Männern in allen Kulturen, die diesen Unterschieden zugrundeliegende Gender-Konzeption ist jedoch kulturell bedingt und unterscheidet sich daher oftmals deutlich von unserem Verständnis von Männlichkeit und Weiblichkeit. Bing und Bergvall verweisen unter anderem auf den Volksstamm der Pima, deren Gesellschaft sich nicht nur aus zwei, sondern aus vier verschiedenen, gleichermaßen anerkannten Geschlechterrollen zusammensetzt: „The existence of four genders in tribes such as the Pima (males, females, males who act like female and females who act like males) is a direct recognition by the society that not all people fit into just two categories.“[3]

Ebenso bedeutsam für die Frage, welcher Funktion der Sprache in der Sozialisation des Individuums auf der einen sowie im sozialem Wandel einer Sprachgemeinschaft auf der anderen Seite zukommt, ist die Definition des Genders als eine dynamische Variable. Jeder Mensch erwirbt mit der Sprache die Fähigkeit, diese zur Repräsentation seiner Geschlechterrolle zu verwenden. Dieser Kompetenz-Erwerb endet jedoch keinesfalls mit dem Erlernen der Sprache oder mit dem Heranwachsen zu Frau oder Mann, sondern setzt sich im Laufe des Lebens weiter fort: „We continue to adopt new ways of talking and discard some old ways, to adopt new ways of being women and men, gays and lesbians and heterosexuals, even changing our ways of being feminists or being lovers or being mothers or being sister.“[4] Dieser dynamische Erwerb von Sprachverhalten führt augenscheinlich dazu, dass das Individuum auf eine Reihe von möglichen Gender-Repräsentationen zurückgreifen kann, aus denen es situations- und kontextabhängig wählen wird. Cameron verweist darauf, dass es daher in einem spezifischen Kontext für eine Frau durchaus angemessen sein kann, so zu sprechen, wie es sonst überwiegend das andere Geschlecht tut: „People do perform gender differently in different contexts, and do sometimes behave in ways we would normally associate with the other gender.“[5] Dieser Ansatz ist besonders im Hinblick auf den Wandel von Geschlechterrollen in einer Gesellschaft interessant, des weiteren aber grundlegend dafür beobachtete Sprachphänomene nicht vorschnell in Geschlechterstereotypen zu fassen. Auf der Suche nach Unterschieden im Sprechen von Männern und Frauen wird es daher immer wieder entscheidend sein sich vor Augen zu führen, dass geschlechterspezifisches Sprechen variabel ist.

---

[3] Bing, Janet M. u. Victoria L. Bergvall: „The Question of Questions“, S. 502.

[4] Eckert, Penelope u. Sally McConnell-Ginet: „Communities of practice: Where Language, Gender, and Power All Live“, S. 492.

[5] Cameron, Deborah: „Performing Gender Identity: Young Men's Talk and the Construction of Heterosexual Masculinity, S. 272.

3. Geschlechter ausschließende Merkmale

Bei der Betrachtung gender-spezifischen Sprechverhaltens bzw. gender-spezifischer Sprache unterscheidet man sogenannte „gender-exclusive differences“[6] von „gender-preferential differences“.[7] Wie oben beschrieben, sind gender preferentielle Unterschiede weitaus häufiger als solche, die eine gender-exclusive Funktion tragen. Tatsächlich aber finden sich Kulturen, in denen die Sprache von Frauen und Männern sehr deutlich voneinander getrennt ist und ein Abweichen von der geschlechterspezifischen Norm zu sozialen Restringierungen führt. Im Folgenden soll gezeigt werden, welche soziale und kulturelle Funktion solche Art der Restringierung ausüben und welche Auswirkungen sie auf die Entwicklung einer Gesellschaft haben kann.

3.1 Yanyuwa

In seinem 1998 erschienenen Artikel „Yanyuwa: ‘Men speak one way, women speak another’“ stellt John Bradley die einzige bislang bekannte Sprachgemeinschaft, in der man tatsächlich von zwei deutlich voneinander getrennten Dialekten für Frauen und Männer sprechen kann, dar. Bei den Yanyuwas handelt es sich um einen kleinen Aboriginie-Stamm, der etwa 1.000 Kilometer süd-östlich von Darwin lebt. Während, wie bereits genannt, Unterschiede im Sprechen von Frauen und Männern in den meisten Sprachgemeinschaften lediglich dadurch gekennzeichnet sind, dass Angehörige des einen Geschlechtes bestimmte Sprachstrukturen häufiger aber nicht ausschließlich gebrauchen, verwenden männliche und weibliche Sprecher der Yanyuwa Sprache offensichtlich klar voneinander abgegrenzte Dialekte: „In any given culture there will be differences in the way men and women speak, for example in terms of address and the use of expletives, but it would appear that in Yanyuwa the speech differences of male and female speech are so extensive that the two forms of speech have become dialects of the one language.“[8] Für eine solche Interpretation der gefundenen Sprachphänomene ist in erster Linie die soziale Bedeutung, die die Mitglieder der Sprachgemeinschaft den Unterschieden zusprechen, ausschlaggebend. Den Yanyuwas ist die Existenz der zwei Dialekte durchaus bewusst, deren soziale Funktion eindeutig, ihre Herkunft aber irrelevant. Die soziale Ordnung des Stammes gründet sich auf die Erkenntnis der generellen Unterschiedlichkeit von Männern und Frauen und schreibt diesen demgemäß klare, strikt voneinander getrennte Rollen zu. Die Verschiedenheit der Sprachen wird von den Yanyuwas oftmals verstanden als ein natürlicher Ausdruck dieser Unterschiedlichkeit der Geschlechter. Auf die Frage, warum Männer und Frauen ihrer

---

[6] vgl. Coates, Jennifer: „Introduction“, S. 7: „Gender-exclusive differences of this kind mean that speakers who use a form inappropriate to their gender will be strongly reprimanded, [. . .].“

[7] vgl. Coates, Jennifer: „Introduction“, S. 7: „This [gender-preferential differences] means that, there is [. . .] a tendency for women or for men to use a certain form more frequently.“

[8] Bradley, John: „Yanyuwa: ‘Men speak one way, women speak another’“, S. 19.

Gemeinschaft unterschiedlich sprächen, äußerte sich eine Yanyuwa-Frau wie folgt: „'Look at you, you're different you don't have *na-wunhan* [breasts] and you are a man, well same way you can't have woman's parts [vagina] so you see we're different, different body, different job, different language, that's why I can't talk like a man and you can't talk like us ladies.' (Amy Friday with Bella Charlie, 1986)" Es scheint also für die Mitglieder des Stammes außer Frage zu stehen, dass sich in den Sprachkonventionen die gesellschaftliche Ordnung widerspiegelt.

Interessant ist unter diesem Gesichtspunkt vor allem auch der Spracherwerb. Aufgrund der klaren Rollenverteilung im täglichen Leben der Yanyuwas wachsen die Kinder in der Umgebung von Frauen auf. Demnach erwerben sowohl Mädchen als auch Jungen zunächst die Sprache bzw. den Dialekt der Frauen. Es ist dabei sowohl Mädchen als auch Jungen gestattet, den weiblichen Dialekt in ihrer Kindheit zu verwenden. Mit dem Schritt in die Gemeinschaft der Erwachsenen, mit den Initialisierungs-Ritualen wird jedoch von den Männern erwartet, dass sie nun ausschließlich den männlichen Dialekt verwenden. Indem sie vollwertige Mitglieder der Gesellschaft werden, wird jedes Abweichen von der sprachlichen Norm gesellschaftlich sanktioniert.[9] Für die jungen Männer, die den männlichen Dialekt bis dahin nur passiv beherrschen, stellt der Übergang in die Erwachsenenwelt sicherlich auch auf der Ebene des Sprachgebrauches eine große Herausforderung dar.

Viele der jungen Yanyuwas lernen heute ausschließlich Englisch und beherrschen die Sprache ihres Stammes oft nur noch passiv. Entscheiden sie sich aber dafür, Yanyuwa zu sprechen, sind sie gezwungen, den geschlechterspezifischen Dialekt zu wählen. Da dies auch für Zweitsprachler gilt, finden sich nur selten Angehörige benachbarter Stämme, die die Sprache der Yanyuwas beherrschen. Die Tatsache, dass die strikte Restringierung nicht nur für Angehörige der eigenen Sprachgemeinschaft gilt, sondern auch für Fremde, mag als Indiz für die immense Bedeutung des Unterschiedes gelten. „The system is pervasive and distinctly marks the way in which men and women must speak. As a result the roles of men and women in Yanyuwa society are not only contrasted by their social roles, such as ritual life, hunting and nurturing, such as can be found in other Aboriginal communities, but also explicitly by the use of different dialects by male and female speakers."[10] Sprache wird hier zum offensichtlichen Ausdruck der sozialen Ordnung und spiegelt deutlich die zugrundeliegende Annahme der Unterschiedlichkeit von Männern und Frauen wider.

Wie oben bereits genannt, scheint dieses Phänomen zweier gender-exclusiv funktionierender Dialekt einmalig auf der Welt zu sein. Gerade vor diesem Hintergrund

---

[9] vgl. Bradley, John: „Yanyuwa: 'Men speak one way, women speak another'", S. „'I was only a new initiated man, and I asked my mother where Douglas [male cousin] was. I spoke like a woman and she yelled at me, „Hey! you are a man, you have foreskin, why do you talk like a woman? Speak like a man, you are not a small child!" I was shamed, it was not easy to get the men's words right straight away! (D. M. 1986)"

[10] Bradley, John: „Yanyuwa: 'Men speak one way, women speak another'", S. 13.

scheint es jedoch interessant, weniger deutlich restringierte Unterschiede in anderen Kulturen genauer zu beleuchten und die Frage zu stellen, welche soziale und gesellschaftliche Funktion ihnen zukommt und inwieweit man auch in anderen Sprachgemeinschaften von einer Stabilisierungsfunktion der Sprachnormen sprechen kann. Als Beispiel für eine solche Form der gesellschaftlichen Stabilisierung soll im Folgenden Japan dienen.

3.2 Japan

Die Funktion der Sprache in Japan ist in sofern interessant, als sich hier deutlich beobachten lässt, dass Sprache nicht nur Ausdruck gesellschaftlicher Strukturen ist, sondern ihrerseits auf diese einwirkt. Während die Yanyuwa-Sprache offensichtlich die strikte Rollenverteilung der Gemeinschaft spiegelt, sehen sich Japaner, und hier insbesondere japanische Frauen, vor die Schwierigkeit gestellt, dass die traditionellen Sprachnormen der heutigen gesellschaftlichen Ordnung widersprechen: „As shown in Reynolds (1985), language us reflects Japanese society of the past, in which women were viewed as the inferior, weaker sex and were expected to talk accordingly. Women may perceive themselves as equals of men but women's language calls up the older image of women.“ [11] In der neuen Konstitution nach dem zweiten Weltkrieg wurden die Frauen in Japan zum ersten Mal den Männern gleichgestellt. Die traditionell an das Haus, das heißt an die Rolle der Ehefrau, Mutter oder Schwiegermutter gebundene japanische Frau, der der Weg ins öffentliche Leben bis zu diesem Zeitpunkt praktisch völlig versperrt war, steht heute der Weg in eine soziale Gleichberechtigung offen. Indem die Frauen heute Zugang zu vielen Berufssparten haben, hat sich die Anzahl der zwischengeschlechtlichen Interaktionen beträchtlich erhöht, fanden doch solche bis dato beinahe ausschließlich zwischen Ehepartnern statt. Die japanische Frau steht somit heute immer öfter in Interaktion mit sozial bzw. beruflich gleichgestellten oder untergebenen Männern. Diese Interaktionen stellen die japanische Frau vor zum Teil unüberwindlich scheinende Schwierigkeiten, da das Sprechen der Frauen noch immer die traditionelle Rollenverteilung widerspiegelt. Bis zum Ende des zweiten Weltkrieges war die Rolle der Frauen sehr stark von ihrer Abhängigkeit gegenüber den Männern geprägt. Diese soziale Hierarchie der Geschlechter spiegelt sich noch heute deutlich im Sprachgebrauch wider. So beinhaltet das Sprachrepertoire der Japanerinnen z. B. eine Verzicht auf behauptende Äußerungen und eine Umgehen von Imperativformen. Solche starken Meinungsäußerungen oder Befehlsformen waren ihrer Rolle als Untergebene nicht angemessen. Viele dieser Sprachkonventionen haben sich bis heute nicht geändert. Auch wenn man im Japanischen keine mit dem Yanyuwa vergleichbar strikten Regeln für geschlechterspezifisches Sprechen finden kann, so existiert dennoch bis heute ein deutlicher gesellschaftlicher Konsens darüber, dass Frauen

[11] Reynolds, Katsue Akiba: „Female Speakers of Japanese in Transition“, S. 299.

starke sprachliche Ausdrucksformen wie Befehle und feste Behauptungen vermeiden sollten, wohingegen diese für Männer als angemessen gelten. Die Tatsache, dass diese Normen auch nach der politischen und sozialen Gleichberechtigung von Frauen noch Gültigkeit besitzen, bringt die japanische Frauen immer wieder in Konfliktsituationen. Reynolds verweist darauf, dass gerade in einer stark harmonie-orientierten Kultur wie der japanischen ein Übertreten der gesellschaftlichen Normen oft unmöglich ist: „The role of society in this process is crucial, especially in Japan, where the desire for harmony is so deep rooted in the culture that deviating from the cultural norm – destroying the harmony – is almost suicidal.“ [12] Im Gespräch mit untergebenen Männern hat die japanische Frau also in der Regel nicht die Möglichkeit sich eines autoritären, bestimmten Sprachgebrauches zu bedienen, da dieser gesellschaftlich für sie als Frau nicht angemessen ist: „In order to be accepted as a 'good' woman, a female speaker of Japanese must choose to talk nonassertively, indirectly, politely, deferentially: but in order to function as a supervisor, administrator, teacher, lawyer, doctor etc. or as a colleague or associate, she must be able to talk with assurance.“ [13]

Sicherlich stellt sich die Frage, warum die traditionellen Sprachnormen über einen so langen Zeitraum Gültigkeit behalten haben und warum japanische Frauen im Zuge der Gleichberechtigung sich nicht ebenso massiv gegen diese gewehrt haben wie beispielsweise gegen die Pflicht der männlichen Kollegen, Tee zubereiten zu müssen. Ein Faktor hierbei ist zweifellos der hohe Stellenwert der Harmonie in der japanischen Kultur. Reynolds verweist darauf, dass das Individuum sein Sprachverhalten in der Regel nicht reflektiert: „But decisions as to what linguistic style to use must often, on the other hand, be made subconsciously by individuals. It is characteristic of linguistic conflict that subjects are seldom aware of it.“ [14] Tatsächlich haben Befragungen gezeigt, dass japanische Frauen die auftretenden Konflikte zwischen sprachlichen und gesellschaftlichen Normen nicht bewusst wahrnehmen.[15]

Dass solche Konflikte dennoch auftreten, lässt sich am Beispiel der Lehrer-Schüler-Beziehung sowie der Beziehung zwischen weiblichen und männlichen Schülern recht deutlich ablesen. Lehrerinnen sehen sich mehr noch als viele andere berufstätige Japanerinnen gezwungen, auf traditionell männliche Sprachstrukturen zurückzugreifen, um der an sie gestellten Anforderung, sowohl Autorität als auch Solidarität zu vermitteln, gerecht werden zu können. Stellungnahmen von Schuldirektoren wie auch von Eltern der Schüler zeigen deutlich, dass eine solches Zurückgreifen auf männliche Sprachstrukturen geschieht und von der Gesellschaft durchaus als unangemessen empfunden wird: „All the female principals that I interviewed criticized female teacher's language one way or another, although most

[12] Reynolds, Katsue Akiba: „Female Speakers of Japanese in Transition“, S. 303.
[13] Reynolds, Katsue Akiba: „Female Speakers of Japanese in Transition“, S. 302.
[14] Reynolds, Katsue Akiba: „Female Speakers of Japanese in Transition“, S. 302.
[15] vgl. Reynolds, Katsue Akiba: „Female Speakers of Japanese in Transition“, S. 303.

of them admit that female teachers cannot be like 'normal' women."[16]; „In the discussion on female speech held during a three-day seminar on women's studies at the National Women's Education Center (Kokuritu Huzin Kyooiku kaikan) a participant expressed concern about her daughter's language, which she thought was too rough for a girl, 'perhaps, because of her (female) teacher's influence'."[17] Anhand dieser Aussagen zeigt sich, dass das Sprachverhalten, obwohl es vom Sprecher meist nicht bewusst reflektiert wird, von Adressaten sowohl bewusst wahrgenommen als auch beurteilt wird. Wenngleich die Schwierigkeiten, vor die sich weibliches Lehrpersonal gestellt sieht, erkannt werden und somit die Dysfunktionalität weiblicher Sprachkonventionen offensichtlich eingestanden wird, scheint jedoch die an japanische Frauen gestellte Erwartung darüber, wie sie zu sprechen haben, außer Frage. Der Lehrerin mag keine andere Möglichkeit offenstehen, dennoch aber muss sie dafür Sorge tragen, dass ihre weiblichen Schüler lernen, sich angemessen auszudrücken, das heißt, traditionell weibliche Ausdrucksweisen zu verwenden.

Wie stark die soziale Erwartungshaltung (und Sanktionierung) tatsächlich ist, zeigt sich außerdem in der öffentlichen Beurteilung des Sprachverhaltens von Schülerinnen. In einigen Fällen ist beobachtet worden, dass Schülerinnen, die in der Schule mit männlichen Mitschülern konkurrieren mussten, im Umfeld Schule ihr weibliches Sprachverhalten durch das ausdrucksstärkere männliche ersetzten. Tatsächlich aber führt dies meist nicht zu gesellschaftlichen Sanktionierungen. „What we see here is a case of conflict behavior consciously initiated by a large group of female speakers who are fully aware of the disadvantage of female speech in school situations where they are expected to compete with boys for good grades and choose to ignore traditions openly. [...] However, since they know that *boku*-language [die Sprache der Männer] is not acceptable in the society outside schools, they use *watasi*-language [die Sprache der Frauen] in talking to 'members of the society'. In other words, as school girls they are bilinguals who have two distinct codes, *boku*-language and *watasi*-language. They select a code according to the situation."[18] In diesem Fall handelt es sich also um eine offensichtlich bewusste Codewahl der weiblichen Sprecher. Im Gegensatz zu der oben zitierten besorgten Äußerung einer Mutter über das Sprechen ihrer Tochter führt eine solche Form der Rebellion gegen traditionelle Strukturen nicht zu gesellschaftlicher Sanktionierung, da sie ausschließlich innerhalb der Institution Schule stattfindet und sich nicht auf das gesellschaftliche Leben auswirkt. Mit dem Verlassen der Schule wird der Großteil aller Schülerinnen wieder ausschließlich so sprechen, wie es sich für Frauen gehört.

Obwohl man sicherlich nicht von zwei japanischen Dialekten sprechen kann, sind gewisse Ähnlichkeiten zum Sprachgebrauch der Yanyuwa unübersehbar, werden

---

[16] vgl. Reynolds, Katsue Akiba: „Female Speakers of Japanese in Transition", S. 304.
[17] Reynolds, Katsue Akiba: „Female Speakers of Japanese in Transition", S. 305.
[18] Reynolds, Katsue Akiba: „Female Speakers of Japanese in Transition", S. 306.

doch auch hier Nicht-Beachtungen der geschlechterspezifischen Sprachnormen gesellschaftlich sanktioniert. Offensichtlich spiegelten die für männliche und weibliche Mitglieder der Gesellschaft gültigen Sprechkonventionen auch in Japan die soziale Rollenverteilung wider. Am Beispiel der aus der entstandenen Divergenz zwischen Sprachkonventionen und gesellschaftlicher Realität entspringenden Konflikte wird augenscheinlich, welche immense Bedeutung der Sprache bei der Konstruktion von Selbst- und Weltbildern zukommt. Die traditionellen Sprachnormen führen auch in der heutigen japanischen Gesellschaft dazu, dass es den Frauen Schwierigkeiten macht, die gesetzlich festgelegte Gleichberechtigung gegenüber den Männern im Alltag umzusetzen „The examples of conflict processes that we have seen show that female speech plays a crucial role in keeping Japanese women in traditional roles.“ [19] Um nicht Gefahr zu laufen, ihr soziales Ansehen zu verlieren, sind sie gezwungen auch heute noch höflich, nicht fordernd, nicht bestimmend und nicht dominant zu sprechen. In sozialen Situationen dürfen sie sich deshalb als schwach und autoritätsärmer Präsentieren. Wann immer sie auf dominanteres Sprachverhalten zurückgreifen, setzen sie tendenziell ihre gesellschaftliche Identität als Frau aufs Spiel.

3.3 Oberwart / Österreich

Spricht man über die immense gesellschaftliche Bedeutung von Sprache, scheint es wichtig, nicht allein darauf zu verweisen, dass Sprache die Funktion haben kann, verlangsamend auf gesellschaftlichen Wandel zu wirken, sondern auch darauf, dass sie auf diesen durchaus beschleunigend zu wirken vermag. Begibt man sich nämlich auf die Ebene geschlechterspezifischer Sprachkonventionen, welche nicht gender-exclusive sondern gender-referentiell funktionieren, so haben Angehörige beider Geschlechter offensichtlich die Wahl, welcher Sprachstrukturen sie sich bedienen. Eine solche Wahl ist kulturspezifisch oft ähnlich eng an Rollenverteilungen gebunden wie im Falle gender-exclusive Merkmale und kann zum Teil nicht nur die tatsächliche Zugehörigkeit zu einer speziellen gesellschaftlichen Gruppe, sondern auch die angestrebte Zugehörigkeit zu einer solchen symbolisieren und fördern. Dies zeigt das folgende Beispiel:

In Oberwart, einem kleinen Dorf in der Provinz Burgenland in Österreich, einer lange Zeit bilingualen Sprachgemeinschaft, lässt sich in den letzten Jahren ein Wechsel von einer bilingualen (Deutsch und Ungarisch) zu einer monolingualen (Deutsch) Kultur beobachten. Dieser Sprachwandel ist zum einen in der massiven Zuwanderung von monolingual deutschsprachigen Österreichern begründet, spiegelt zum anderen aber offensichtlich auch den begonnenen gesellschaftlichen und kulturellen Wandel innerhalb der Gesellschaft wider. Das ursprünglich agrarwirtschaftlich dominierte Dorf bietet der Bevölkerung heute eine Vielzahl anderer

[19] Reynolds, Katsue Akiba: „Female Speakers of Japanese in Transition“, S. 306.

städtischer Erwerbsmöglichkeiten. Dieser Prozess der Urbanisierung und Industrialisierung zog einen deutlichen Prestigeverlust der Landwirtschaft mit sich. Der zu beobachtende Sprachwandel ist eng an diesen Prestigeverlust geknüpft, und in der Betrachtung der geschlechterspezifischen und soziokulturellen Unterschiede im Gebrauch der beiden Sprachen Deutsch und Ungarisch wird deutlich, welche Erwartungen an die beiden Sprachen gestellt werden. Ungarisch gilt heute als die Sprache der Landbevölkerung, während Deutsch als die Sprache derjenigen gilt, welche in städtischen Industrien arbeiten. Statistisch lässt sich belegen, dass die jungen Frauen des Dorfes beinahe ausschließlich Deutsch sprechen, während der Sprachgebrauch der jungen Männer sehr stark dadurch bedingt ist, welcher Art ihr persönliches Umfeld ist. Männer, die überwiegend mit der ungarisch sprechenden Landbevölkerung in Kontakt kommen, verwenden häufiger Ungarisch als Deutsch. Ein solcher kausaler Zusammenhang ist für die jungen Frauen nicht auszumachen. „Young women with peasant networks use Hungarian style as rarely as young women with nonpeasant networks. Recall that for all the men, including the youngest, peasentness of network did make a difference since it was associated with more use of H [Hungarian]“ [20] Daraus lässt sich schließen, dass die beiden Sprachen für Männer und Frauen unterschiedliche Bedeutungen tragen. Offensichtlich ist die deutsche Sprache ein Symbol der Urbanisierung. Vergleicht man das Sprachverhalten von Männern und Frauen des Dorfes, so ist anzunehmen, dass dieser Prozess der Urbanisierung für die Frauen begrüßenswerter ist als für den männlichen Teil der Bevölkerung: „The women of the community are more willing to participate in social change and in the linguistic change which symbolizes it because the are less committed than the men to the traditionally male-dominated system of subsistence agriculture and because they have more to gain than men in embracing the newly available statuses of worker and worker's wife.“ [21] Interessant ist hierbei nicht so sehr die Tatsache, dass die bereits in den städtischen Gebieten lebenden Frauen sehr schnell bereit sind die „Sprache der Stadt“, also Deutsch, als Symbol des bereits für sie zur Realität gewordenen sozialen Aufstiegs zu sprechen, sondern vielmehr die Tatsache, dass auch die auf dem Land lebenden Frauen häufiger Deutsch als Ungarisch sprechen. Der durch die Sprache symbolisierte Statusgewinn ist für diese noch nicht Wirklichkeit geworden, indem sie aber bewusst die Sprache der ländlichen Bevölkerung vermeiden, scheinen sie zu hoffen, am sozialen Wandel teilnehmen zu können. Das Ungarische abzulehnen bedeutet gleichzeitig, das Landleben abzulehnen. Deutsch zu sprechen wird hier auch zum Symbol für die Suche nach einem Ehemann der städtischen Arbeiterklasse.

Vergleicht man die Sprechkonventionen dieses Dorfes mit denen, die sich in der japanischen Kultur beobachten lassen, wird offensichtlich, dass der Sprache in bei-

[20] Gal, Susan: „Peasant Men Can't Get Wifes: Language Change and Sex Roles in a Bilingual Community“, S. 154.

[21] Gal, Susan: „Peasant Men Can't Get Wifes“, S. 148.

den Fällen eine gegensätzliche Funktion im sozialen und gesellschaftlichen Wandel der Sprachgemeinschaft zukommt. Während die japanischen Frauen durch die strengen Sprachkonventionen wenigstens teilweise in ihrer Rolle als untergebene Frau gefangen bleiben, die Sprache also die innergesellschaftliche Entwicklung noch nicht zur Kenntnis genommen hat und sie damit hemmt, wird Sprache in dem beschriebenen österreichischen Dorf zum Symbol einer gesellschaftlichen Entwicklung, die die Frauen, bewusst oder unbewusst, durch ihren Sprachgebrauch zu fördern versuchen.

Die Sprache von Frauen

Eine Vielzahl von Studien scheint zu belegen, dass sich das Sprechen und der Sprachgebrauch von Männern und Frauen signifikant unterscheiden. Bei solcher Art von gefundenen Unterschieden handelt es sich in den meisten Fällen um sogenannte Gender-preferentielle Divergenzen, das heißt, spezielle Sprachstrukturen werden in der Regel überwiegend von Frauen bzw. von Männern verwendet. Viele der beobachteten Merkmale im Sprechen von Männern und Frauen scheinen tatsächlich eher geschlechterspezifisch als kulturspezifisch zu sein.

Im Folgenden sollen einiger dieser spezifisch scheinenden Merkmale genauer beleuchtet werden um sowohl die Frage nach ihrer Funktion als auch nach möglichen Interpretationen zu stellen.

Immer wieder wird darauf verwiesen, dass Männer und Frauen grundsätzlich verschiedene Schwerpunkte sowohl im Hinblick auf den Zweck als auch auf das Ziel von Kommunikation legen. So findet sich in der Forschung häufig der Ansatz, dass Frauen durch Gespräche vorwiegend versuchten, Solidarität zu schaffen oder zu unterstreichen, während Männer in Kommunikation ein Mittel sähen, ihren Status und ihre Machtstellung auszuweiten.[22] Unter anderem Maltz und Tannen vertreten die Ansicht, dass dieser Unterschied seinen Ursprung darin hat, dass die Sozialisation von Männer und Frauen in zwei voneinander getrennten Subkulturen erfolgt, in denen zum Teil sehr verschiedenartige Sprachkompetenzen erworben werden[23]. Indem Menschen einen Großteil von Interaktionskompetenzen im Umgang mit gleichaltrigen, meist gleichgeschlechtlichen Partnern in den sogenannten Peer-groups erwerben, entwickeln sie im Alter von 5 bis 15 Jahren Vorstellungen darüber, zu welchem Zweck Interaktion dient und welche Arten der Sprachverwendung in be-

[22] vgl. Holmes, Janet: „Women's Talk: Sociolinguistic Universals“, S. 472: „Women tend to interact in ways which will maintain and increase solidarity, while (especially in formal context) men tend to interact in ways which will maintain and increase their power and status.“

[23] vgl. Maltz, vgl. Maltz, Daniel N. u. Ruth A. Borker: „A Cultural Approach to Male-Female Miscommunication“, S. 417: „We prefer to think of the difficulties in both cross-sex and cross-ethnic communication as two examples of the same larger phenomenon: cultural difference and miscommunication.“

stimmten Kontexten angemessen ist[24]. Nach Maltz und Tannen werden in diesem Spracherwerb im Jugendalter grundlegende Kommunikationsregeln für die Interaktion mit gleichberechtigten Partner erworben, die auch in Erwachsenen-Interaktionen Gültigkeit behalten. Indem aber Mädchenfreundschaften sich essentiell von Jungenfreundschaften unterscheiden, kommt Sprache und Interaktion in den verschiedenen Peer-Groups eine sehr unterschiedliche Funktion zu. Während Mädchengruppen generell horizontal organisiert sind und praktisch keiner hierarchischen Ordnung bedürfen, zeichnen sich Jungengruppen häufig durch eine in ständiger Dynamik befindliche Hierarchiestruktur aus. Während es demzufolge für Mädchen entscheidend ist, die Gleichstellung aller Gruppenmitglieder sprachlich zu kommunizieren, findet in der Interaktion von männlichen Jugendlichen oftmals ein Kampf um eine stärkere Position statt. Diese Konstellation hat zur Folge, dass dominierende Sprachstrukturen in Mädchengruppen seltener zu finden sind, während sie den Grundton der Kommunikation zwischen Jungen bestimmen: „Boys play in larger more hierarchically organize groups than do girls. Relative status in this ever-fluctuation hierarchy is the main thing boys learn to manipulate in their interaction with their peers. Nondominant boys are rarely excluded from plays but are made to feel the inferiority of their status position in no uncertain terms.“[25] Diese unterschiedliche innere Struktur der Gruppen scheint die Interaktion der Mitglieder in nicht unerheblichem Maß zu beeinflussen. Mädchenfreundschaften zeichnen sich weniger durch gemeinsame Aktivität, als vielmehr durch Interaktion, durch das Mitteilen von Erlebnissen und Gefühlen sowie durch das Anvertrauen der intimsten Geheimnisse aus. Sprache ist hier zweifellos ein Instrument zur Errichtung und Aufrechterhaltung von sozialer Bindung. Im Gegensatz dazu sind männliche Peer-Groups häufig eher aktionsorientiert. Auch hier findet Interaktion statt, weniger aber in Form von Gefühls- oder Gedankenaustausch als vielmehr in Form von erzählten Anekdoten oder Witzen.

Diese Grundstrukturen lassen sich scheinbar auch in der Erwachsenen-Kommunikation beobachten. In ihrer Analyse von Gesprächen einer Frauengruppe zeigt Coates Merkmale auf, die sehr deutlich mit den oben genannten zusammenzufallen scheinen. So zeichnet sich die Konversation von Frauen ebenso wie von Mädchen grundlegend dadurch aus, dass sie der Stabilisation emotionaler Bindung dient: „All-woman conversation, like most informal interaction between equal, has its chief goal in the maintenance of good social relationship“[26] Charakteristisch für diese Art der Gespräche scheint zu sein, dass sie gemeinsam von allen Gesprächs-

[24] vgl. Maltz, Daniel N. u. Ruth A. Borker: „A Cultural Approach to Male-Female Miscommunication“, S. 422: „Finally, we have rules for friendly interaction, for carrying on friendly conversation. What is striking about these last rules is that they were learned not from adults but from peers, and that they were learned during precisely that time of period, approximately age 5 to 15 when boys and girls interact socially primarily with members of their own sex.“

[25] Maltz, N. u. Ruth A. Borker: „A Cultural Approach to Male-Female Miscommunication“, S. 426.

[26] Coates, Jennifer: „Gossip Revisited: Language in All-Female Groups“, S. 229.

partnern entwickelt werden. Pilkington konnte ebenso wie Coates beobachten, dass längere Monologe in solchen Interaktionen eher selten waren, dass es häufig zu gleichzeitigen Äußerungen kam und die Gesprächspartner einander häufig durch Fragen „unterbrachen“[27]. Tatsächlich schienen solche Formen des Dazwischenredens jedoch keinesfalls dazu zu dienen, den Redefluss der Sprecherin zu stören, sondern erwiesen sich vielmehr als Mittel, Interesse zu bekunden und die Sprecherin zu ermuntern weiterzureden. Zu diesem Zweck verwendeten sie vor allem sogenannte „minimal responses“ („mh“) oder Fragen bzw. Sprachstrukturen, deren häufiges Auftreten allgemein als typisch für weibliches Sprechen gelten. Insgesamt lässt sich beobachten, dass Frauen in Interaktionen dazu zu neigen scheinen, den Schwerpunkt auf Gemeinsamkeit zu legen. Gesprächsthemen werden gemeinsam entwickelt und fortgeführt, es ist von entscheidender Bedeutung, dass alle Gesprächspartner an der Konversation teilnehmen können und dass die bzw. der jeweils Sprechende dauernde Rückmeldung darüber erfährt, dass die anderen ihrer bzw. seiner Ausführung folgen. Besonders die so häufig als hervorstechendes Charakteristikum weiblichen Sprechens bezeichneten „minimal responses“ dienen Frauen als Indikator für aktives Zuhören. Frauenfreundschaften dieser Art scheinen sich ebenso wie Mädchenfreundschaften auf dem Konsens der Gleichberechtigung aller Partner zu gründen. Kommunikation hat einen sehr hohen Stellenwert und dient auch erwachsenen Frauen als Mittel, ihre soziale Bindung zu stärken.

Einen weiteren charakteristischen Unterschied im Sprechen von Frauen und Männern sehen viele Soziolinguisten in der Tatsache, dass Frauen der affektiven Komponente des Gesprochenen mehr Aufmerksamkeit schenkten, während Männer ihre Wahrnehmung stärker auf die vermittelten Fakten richteten. Vergleicht man die oben beschriebenen Merkmale der Peer-groups, scheint eine solche Vermutung durchaus naheliegend. Ist doch die Struktur vom Mädchenfreundschaften sehr stark bestimmt durch die Mitteilung von Gefühlen und Gedanken. Tannen geht ebenso wie Maltz davon aus, dass gerade diese Divergenz in der Wahrnehmung von Äußerungen häufig zu Missverständnissen in der Kommunikation zwischen Männern und Frauen führen könne: „Men, [...], tend to hear women, and other men, who present them with problems, as making explicit requests for solutions.“[28] Während Frauen dagegen weniger eine praktische Hilfestellung suchten als vielmehr die Bekundung von Verständnis: „Frauen sind enttäuscht, wenn [die] Bestätigung

---

[27] vgl. Pilkington, Jane: „'Don't try to make out that I'm nice!' The Different Strategies Women and Men Use when Gossiping“, S. 257: „One clrar feature of the interaction of female groups was the large degree of positively oriented involvement that the different speakers had in eych conversation. Instead of finding that one speaker spoke for a time while others listened, and then another person spoke while everybody else listened, I found that while one speaker might be taking the central role, the other participants were continuously contributing. It was rare for a speaker to talk alone for more than about 30–35 words.“

[28] Maltz, Daniel N. u. Ruth A. Borker: „A Cultural Approach to Male-Female Miscommunication“, S. 430.

[von Verständnis] ausbleibt, und sie im Gegenteil den Eindruck gewinnen, dass man sich von ihnen distanziert, indem man ihnen Ratschläge gibt, [...]“[29]. Maltz geht davon aus, dass auch dieser geschlechterspezifische Unterschied aus der inneren Struktur der Peer-groups erklärt werden kann. Wie bereits genannt, ist das Mitteilen von intimsten Gedanken oder dem größten Geheimnis eine Basis, auf der sich Mädchenfreundschaften gründen. Indem ein solches „Sich Preisgeben“ für die Mädchen immer auch mit der Gefahr verbunden ist verraten zu werden, sind die Mädchen gezwungen, ein großes Maß an Sensibilität für ihr Gegenüber zu entwikkeln: „Girls must become increasingly sophisticated in reading the motives of others, in determining when closeness is real, when conventional, and when false, and to respond appropriately. They must learn, who to confide in, what to confide and who not to approach.“[30] Meta-Botschaften zu erkennen und korrekt zu interpretieren sichert demnach den Mädchen und später den Frauen das Überleben in der sozialen Gruppe, während dies in der Struktur von Jungen-Peer-groups eher zweitrangig ist.

Immer wieder findet sich in der Forschung außerdem die Feststellung, dass Frauen häufiger Standardsprachformen verwenden als Männer.[31] Tatsächlich zeigt Trudgills in Norwich durchgeführte Studie eindrucksvoll, dass ein großer Prozentsatz der befragten Männer (54%), als sie ihren eigenen Sprachgebrauch charakterisieren sollten, angaben mehr non-standard forms zu verwenden, als sie es Beobachtungen zu Folge tatsächlich taten, während der Großteil der Frauen angab, überwiegend Standardsprache zu sprechen, selbst wenn sie offensichtlich überwiegend lokale oder soziale Varianten der Sprache verwendeten. In dieser Selbsteinschätzung der Sprecher in Norwich, deren Ergebnisse von anderen Studien durchaus belegt werden, scheint sich zu zeigen, dass es dem weiblichen Selbstbild eher entspricht, Standard-Sprachformen zu verwenden, während sich Männer als Sprecher dialektgefärbter Sprache präsentieren wollen. Das standard-orientierte Sprechen von Frauen ist häufig als Versuch gewertet worden, den ihnen auf anderen Ebenen des sozialen bzw. gesellschaftlichen Lebens versagten Status auf dieser Ebene gewinnen zu können. Holmes dagegen interpretiert das beobachtete Sprechen der Frauen im Hinblick auf deren größere sprachliche Flexibilität sowie deren Sensibilität für angemessene Sprachverwendung: „There is little doubt that in a formal interview with a person they did not know well they would use a relatively high percentage of standard forms. The fact that women use more standard forms than men in such contexts could, then, be interpreted as evidence of their greater sensivity to their addressee's patterns of use.“[32] Obwohl Holmes hier sicherlich eine neuen

[29] Tannen, Deborah: „Du kannst mich einfach nicht verstehen“, S. 52.

[30] Maltz, Daniel N. u. Ruth A. Borker: „A Cultural Approach to Male-Female Miscommunication“, S. 425.

[31] vgl. z. B. Fasold, S. 92: „Male speakers are often found to use socially disfavored variants of sociolingustic variables while women tend to avoid these in favor of socially more favored variants.“

[32] Holmes, Janet: „Women's Talk: The Question of Sociolinguistic Universals“, S. 474.

Faktor mit in die Interpretation einbezieht, die Tatsache nämlich, dass der Großteil der Ergebnisse auf Interviews beruht und somit nicht unbedingt den alltäglichen Sprachgebrauch der Interviewten darzustellen vermag, bietet sie keinerlei Interpretation für das Phänomen der offensichtlich fehlerhaften Selbstdarstellungen der Befragten. Warum Frauen sich selbst als Sprecher der Standardsprache betrachten, obwohl ihre Sprache sowohl phonologisch als auch lexikalisch dialektal gefärbt ist, bleibt in diesem Ansatz ungeklärt.

Kritische Stimmen

Aufgrund der Tatsache, dass das soziolinguistische Interesse am Verhältnis von Sprache und Geschlechterrollen seinen Ursprung in der emanzipatorischen Frauenbewegung hat, findet sich vor allem in weniger aktuellen Studien oft der Versuch, die angenommene globale gesellschaftliche Benachteiligung von Frauen anhand geschlechterspezifischer Sprachphänomene zu belegen.[33]

Wie am Beispiel der Sprachsituation in Japan gezeigt, können Sprechkonventionen tatsächlich einen erheblichen Einfluss auf die innere Ordnung einer Kultur ausüben. Viele der Studien scheinen dies auch für westliche Sprachgemeinschaften zu belegen. Eine große Anzahl von Untersuchungen gelangt zu dem Ergebnis, dass Gespräche zwischen Männern und Frauen sich kulturübergreifend durch bestimmte Merkmale auszeichnen: So scheinen Männer häufiger den Gesprächsverlauf zu dominieren als Frauen, indem sie sowohl das Thema der Interaktion festlegen als auch darüber entscheiden, wann Konversation erwünscht ist.[34]

Die oben beschriebenen Annahmen über die Charakteristika des Sprechens von Frauen im Gegensatz zu dem von Männern, die sich in einer Fülle von Untersuchungen finden und nach Holmes tatsächlich eine Form von „sociolinguistic universals" darstellen, scheinen auf den ersten Blick zu belegen, dass Sprache nicht nur in Japan, sondern auch in unseren westlichen Sprachgemeinschaften als Instrument zur Aufrechterhaltung der traditionellen Geschlechterrollen dient. Den Studien zu Folge sind weibliche Angehörige aller Kulturen bereits durch die von ihnen erworbene, auf Solidarität und Gleichstellung ausgerichtete Sprachkompetenz ihren männlichen, an Macht und Status orientierten Gesprächspartnern unterlegen und werden immer wieder, sowohl in privaten als auch in professionellen Interaktionen, von ihnen dominiert und unterdrückt werden.

Gerade in neueren Studien finden sich jedoch vermehrt kritische Stimmen zu solcher Art generalisierender Darstellungen. So scheint es, als versperrten die Ge-

[33] vgl. Fasold, S. 89: „Since the mid-1970s research on language and sex has concentrated on the role plays in the location and maintenance of women in a disadvantageous position in society".

[34] vgl. Fishman, Pamela: S. 420: „The preliminary data suggest that the men are more likely than the women to control conversation." u. ders., S. 425: „Men much more often discourage interaction initiated by women than vice-versa".

schlechterstereotypen selbst oftmals einen objektiveren Blick auf die beobachteten Sprachphänomene: „More importantly, I think, it is often the stereotype itself that underpins analytic judgements that a certain form is cooperative rather than competitive, or that people are seeking status rather than connection in their talk. As I observed about Deborah Tannen's vignettes, many instances of behaviour will support either interpretation, or both; we use the speaker's gender, and our beliefs about what sort of behaviour makes sense for a member of that gender, to rule some interpretations in and others out."[35]

Tatsächlich sind viele der Studien auf den zweiten Blick nicht mehr eindeutig und die gefundenen Ergebnisse scheinen oftmals stark durch zugrundegelegte Annahmen über Männer und Frauen beeinflusst zu sein. Cameron verweist deutlich darauf, dass Stereotypisierung oft zur Folge haben kann, dass gewisse Merkmale im Sprechen von Männern und Frauen nicht oder verzerrt wahrgenommen werden: „A woman may gain status by displaying the correct degree of concern for others, and lose status by displaying too little concern for others and too much for herself. Arguably, it is gender-stereotyping that causes us to miss or minimize the status-seeking element in women friend's talk, and the connection-making dimension of men's."[36] Indem der Beobachtung bereits die Annahme zugrunde liegt, dass Frauen in der Regel weniger status-orientiert denken und handeln, wird ihr Sprechen dahingehend interpretiert. Die Gefahr einer solchen verengten Sichtweise ist offensichtlich und scheint auch in anderen Fällen zu durchaus fraglichen Interpretationen geführt zu haben.

Bei der Betrachtung geschlechterspezifischer Sprachmerkmale scheint es daher wichtig, sich immer wieder vor Augen zu führen, dass Sprache als Medium der Selbstdarstellung zu verstehen ist und dem Individuum dazu dient, sich selbst als einer bestimmten sozialen Gruppe zugehörig zu repräsentieren.[37] Es kann davon ausgegangen werden, dass Kinder bereits in frühem Alter lernen, sich gemäß der gesellschaftlichen Konventionen und somit auch gemäß der an die Geschlechter gestellten Rollenerwartungen zu verhalten: „In general, children's early learning of social conventions can hardly be doubted. In the learning of sex-trait stereotypes, for example, Williams, Giles and Edwards (1977) have shown that children as young as five years of age may be quite aware of socially determined stereotypes concerning characteristics of men and women, [...]"[38] Gleichzeitig mit der Sprache

[35] Cameron, Deborah: „Performing Gender Identity: Young Men's Talk and the Construction of Heterosexual Masculinity", S. 276.

[36] Cameron, Deborah: „Performing Gender Identity: Young Men's Talk and the Construction of Heterosexual Masculinity", S. 280.

[37] vgl. Gal, Susan: „Peasant Men Can't Get Wifes: Language Change and Sex Roles in a Bilingual Community", S. 149: „It has been pointed out that the speaker's choice of code in a particular situation is part of that speaker's linguistic presentation of self. The speaker makes the choice as part of a verbal strategy to identify herself or himself with the social categories or activities the code symbolizes."

[38] Edwards, S. 285.

erwerben sie die Fähigkeit, sie zur Konstitution des Selbst als geschlechterspezifisches Subjekt einzusetzen.[39] Indem aber Sprache ebenso wie Geschlechterrollen-Stereotype sich von Kultur zu Kultur mehr oder weniger stark unterscheiden, muss auch die erworbene Sprachkompetenz divergieren. Versteht man die Geschlechterrolle, das Gender, tatsächlich als ein soziales Geschlecht im Unterschied zum biologischen Geschlecht[40], so scheint es derart an die Sozialisation in eine bestimmte Kultur gebunden, dass ein Auffinden von für alle Kulturen und zu allen Zeiten gültigen geschlechterspezifischen Sprach- bzw. Sprechmerkmalen problematisch sein muss. Studien zum Verhältnis von Sprache und Geschlecht können daher nur dann zu fundierten Ergebnissen gelangen, wenn sie das sozio-kulturelle Umfeld der beobachteten Geschlechterrollen-Präsentation berücksichtigen. Es scheint bestimmte Tendenzen im Sprechen von Frauen zu geben, die sich deutlich vom männlichen Sprachgebrauch unterscheiden. Jede Form der Generalisierung sollte jedoch mit Vorsicht betrachtet werden. Geschlechterrollen können nicht völlig von anderen Aspekten der Identität losgelöst werden, die Funktion bestimmter Sprachphänomene kann deshalb letztendlich immer nur aus dem Kontext ihres Auftretens interpretiert werden.[41]

Indem Sprache als Medium der geschlechtlichen Selbstdarstellung fungiert, werden Frauen und Männer sich unterschiedlicher Sprachstrukturen bedienen, um ihre Zugehörigkeit zu dem einen oder anderen Geschlecht zu repräsentieren: „Logically, it might be that there are ways of speaking which men use to emphasize their masculinity and other forms women use to symbolize feminity, [...][42]". Tatsächlich finden sich sicherlich Tendenzen, die den beschriebenen entsprechen. Möglicherweise stellen diese sogar, wie von Holmes angenommen, soziolinguistische Universalia, also für alle Zeit und für alle Kulturen gültige Charakteristika weiblichen und männlichen Sprechens dar. Dabei ist es jedoch von entscheidender Bedeutung immer wieder die Frage zu stellen, welche Funktionen diese Charakteristika in einer speziellen Kommunikationssituation ausüben, und sich des weiteren vor Augen zu führen, dass es sich keinesfalls um monolithische Konstrukte handelt.

[39] vgl. Cameron, Deborah: „Performing Gender Identity: Young Men's Talk and the Construction of Heterosexual Masculinity", S. 280: „What is important in gendering talk is the 'performative gender work' the talk is doing; its role in constituting people as gendered subjects."

[40] Vgl. Eckert, Penelope: „The Whole Woman", S. 213: „Like age, sex is a biological category that serves as a fundamental basis for the differentiation of roles, norms, and expectations in all societies. It is these roles, norms, and expectations that constitute gender, the social construction of sex."

[41] vgl. Eckert, S. 66: „Gender is commonly thought of, therefore, as independent of other aspects of identity as well so that being male or female is commonly thought to have the same effect on people's behavior, identities, etc. regardless of age, ethnicity, social class etx. But [...] gender practices differ considerably from culture to culture, from place to place, from group to group, living at the intersection of all other aspects of social identity."

[42] Fasold, S. 99.

„Even the individual who is most unambiguosly commited to traditional notions of gender has a range of possible gender identities to draw on.“[43]

Es gibt in den meisten bekannten Sprachgemeinschaften keine klare Trennung im Sprechen von Frauen und Männern. Und so werden sich sowohl weibliche als auch männliche Sprecher immer wieder daran orientieren, was sie als angemessene Kommunikationsmittel empfinden.

Gerade im Zuge der sozialen Gleichberechtigung wird das immer wieder bedeuten, dass Frauen sich „typisch männlicher“ Sprachstrukturen bedienen, um ihren gleichberechtigten Platz einzufordern, während es Männern zunehmend unmöglich sein wird, ausschließlich traditionell männliche Sprachmuster zu verwenden. Indem sich die Geschlechterrollen wandeln, wandeln sich mit ihnen nach und nach auch die Sprachkonventionen. Wie am Beispiel Japans gezeigt, kann dieser Prozess durchaus zeitversetzt erfolgen. Geht man jedoch mit Hoffmann davon aus, dass die Emanzipationsbewegung eine Androgynisierung der westlichen Kulturen bewirkt hat, scheint es außer Frage, dass sich die Sozialisationsbedingungen und damit eben auch die Bedingungen für die sprachliche Sozialisation der Geschlechter verändert hat und weiterhin verändern wird. „Denn die erwachsenen Männer und Frauen, auf die Kinder und Jugendliche in allen Sozialisationsinstanzen treffen, besitzen bereits eine androgyne Geschlechtsidentität. Und nicht nur das: Darüber hinaus treffen heutige Kinder und Jugendliche auf feminisierte Väter und maskulinisierte Mütter. Das heißt: Sie müssen sich mit androgynen Eltern auseinandersetzen, um zu Geschlechtsidentität zu gelangen.“[44] Auf die sprachliche Sozialisation bezogen, folgte daraus, dass Mädchen und Jungen, indem sie auf androgyne Elternteile treffen, bereits im Elternhaus erfahren, wie breitgefächert die mögliche sprachliche Repräsentation von Männlichkeit oder Weiblichkeit ist.

Literaturverzeichnis

Bing, Janet M.; Victoria L. Bergvall: „The Question of Questions: Beyond Binary Thinking“. In: Coates, Jennifer (ed.): Language and Gender: A Reader, Oxford and Massachusetts [1]1998, S. 495–510

Bradley, John: „Yanyuwa: ‘Men speak one way, women speak another’“. In: Coates, Jennifer (ed.): Language and Gender: A Reader, Oxford and Massachusetts [1]1998, S. 13–20

Cameron, Deborah: „Performing Gender Identity: Young Men's Talk and the Construction of Heterosexual Masculinity“. In: Coates, Jennifer (ed.): Language and Gender: A Reader, Oxford and Massachusetts [1]1998, S. 270–284

Coates, Jennifer: „Introduction“. In: Coates, Jennifer (ed.): Language and Gender: A Reader, Oxford and Massachusetts [1]1998, S. 7–12

Coupland, Nikolas: Sociolinguistics: A Reader and Coursebook, Basingstoke. Hampshire 1997

[43] Cameron, Deborah: „Performing Gender Identity: Young Men's Talk and the Construction of Heterosexual Masculinity, S. 281.

[44] Hoffmann, Berno: „Das sozialisierte Geschlecht“, S. 205.

Eckert, Penelope: The Whole Woman: Sex and Gender Differences in Variation. In: Coupland, Nikolas u. Adam Jaworski (Hrsg.): Sociolinguistics – An Reader and Coursebook. London 1997, S. 212–228

Fasold, Ralph: The Sociolinguistics of Language. Oxford / Cambridge [6]1999

Fishman, Pamela: Interaction: The Work Woman do. In: Coupland, Nikolas u. Adam Jaworski (Hrsg): Sociolinguistics – An Reader and Coursebook, London 1997, S. 416–438

Gal, Susan: „Peasant Men Can't Get Wifes: Language Change and Sex Roles in a Bilingual Community". In: Coates, Jennifer (ed.): Language and Gender: A Reader, Oxford and Massachusetts [1]1998, S. 147–160

McElhinny, Bonnie S.: „'I don't smile much anymore': Affect, Gender and the Discourse of Pitsburgh Police Officers", in: Coates, Jennifer (ed.): Language and Gender: A Reader. Oxford and Massachusetts [1]1998, S. 309–327

Reynolds, Katsue Akiba: „Female Speakers of Japanese in Transition". In: Coates, Jennifer (ed.): Language and Gender: A Reader. Oxford and Massachusetts [1]1998, S. 299–308

Tannen, Deborah: Du kannst mich einfach nicht verstehen. Warum Männer und Frauen aneinander vorbeireden. München 1993

NESRIN TASKIRAN

Initiation in „kalten“ Kulturen

Konstruktion von Männlichkeit / Weiblichkeit im interkulturellen Vergleich

Zur Unterscheidung von kalten und heißen Kulturen

Für Menschen aus unserer Gesellschaft ist es schwer, sich ein Leben in einem Kulturraum vorzustellen, dessen aus der Tradition begründete festgelegte Gesetze als unabänderliche Lebensgrundlage gesehen werden. Levi-Strauss nennt Kulturen, die mechanisch funktionieren, „kalte Kulturen“. Während unsere „heiße“ Kultur von Gier nach Veränderung regelrecht angetrieben wird, herrscht in eingefrorenen Gesellschaften eine andere Zeitauffassung. Es wird nach dem Vorbild der Ahnen und ihren Gesetzen gelebt und Traditionen werden in ihrer ‘Urform’ belassen. Folglich sind kalte Gesellschaftsformen bereit, gegen „jede Veränderung ihrer Struktur, die ein Eindringen der Geschichte ermöglichen würde, verzweifelt Widerstand zu leisten.“ (Levi-Strauss 1960, zit.n. Erdheim 1990, S. 288).

Mario Erdheim vergleicht diesen Lebensrhythmus mit einem Zyklus (Erdheim 1990, S. 288). Die Menschen bewegen sich kreisförmig, immer wieder zum Ausgangspunkt zurückkehrend. Man könnte sich das in etwa so vorstellen: Jeder Mensch lebt genau das, was ihm von seinen „Ältesten“ übermittelt worden ist. Ein wichtiger Teil des Übermittelten ist das Verbot, gegen die Gesetze der Ahnen und Traditionsbewussten zu verstoßen. Gesetzt den Fall, es würde sich jeder an diese Gesetze halten, würde das heißen, dass sich mit jeder Generation (einschließlich der jüngsten Generation) eigentlich nichts verändern würde. Kalte Kulturen bedienen sich nicht wie heiße Kulturen an dem geschichtlichen Fortschritt, sondern leben in Wiederholungen der Geschichte (ebd., S. 187). Die heißen Gesellschaften können mit Dampfmaschinen verglichen werden. Sie funktionieren nur im Zusammenhang mit Fortschritt und Entwicklung in einem thermodynamischen Prinzip: „Um zu funktionieren, brauchen sie nämlich ein potentielles Gefälle, das durch verschiedene Formen sozialer Hierarchie entsteht, handle es sich nun um Sklaverei, Leibeigenschaft oder Klassenunterschiede.“ (Levi-Strauss 1969, zit.n. Erdheim 1990, S. 187).

Aus ökonomischer Perspektive betrachtet sind kalte Kulturen autark, sie versorgen sich selbständig. Das aber auch nur, weil jedes arbeitsfähige Mitglied in den gesellschaftlichen Prozess mit einbezogen wird. Jedem Mitglied wird ein Land zugeteilt, deren Ressourcen untereinander aufgeteilt und für den Eigenbedarf genutzt werden.

In Kulturen, die nach solch einem Muster verfahren, sichern sich die Ältesten, nach deren Gesetzen gelebt wird, die Machtverteilung, indem sie die Jugendlichen aus der „Politik“ heraushalten und bewusst im landwirtschaftlichen Bereich einsetzen. Sie geben den jungen Menschen feste Positionen in dieser Gesellschaft, die sie einhalten müssen. Meillasoux spricht hier von zwei Machtquellen der Ältesten, die zur Kontrolle der Heranwachsenden dient (Meillasoux 1960, zit.n. Erdheim 1990, S. 289):

1. Die Heiratsordnung legt fest, wer von wem geheiratet werden darf. Da sie in solchen Gesellschaften immer mit Gütern ausgehandelt wird, ist es um so wichtiger für die Ältesten, diese Güter in ihrem Besitz zu sichern, um weiterhin in der Machtposition zu bleiben. Es entsteht daher ein Abhängigkeitsverhältnis zwischen der Ältesten und der noch zu verheirateten Generation, die ohne diese Güter keine Befugnis zur Heirat bekommen und ohne diese Heirat nicht an den Gütern der anderen Gruppe beteiligt werden.
2. Als zweites machtsicherndes Instrument nennt Meillasoux das Wissen um Sitten und Tradition. Hierbei gilt nicht nur das grobe Wissen um diese, denn auch Frauen besitzen Wissen über Traditionen, und dass in solchen Gesellschaftsformen der Frau keine Machtposition vermittelt wird, ist offenkundig. Sondern es geht bei dieser Art von Wissen um die Übermittlung von solchen Mythen und Gebräuche (z. B. Ausübung von Initiationsriten), die Macht vermitteln. Es ist die Macht gemeint, die den Ältesten gegeben ist und zur Erhaltung der Kultur weitervermittelt werden muss. Hierbei ist es für die Fortdauer dieser Gesellschaft wichtig, die Individuen an ihr Wissen um die Tradition zu binden. Diese Bindung wird oftmals durch Initiationen zu erreichen versucht. In welchen Kulturräumen Initiationen durchgeführt werden, wie und zu welchem Zweck sie dienen, wird im dritten Teil dargestellt.

Im folgenden wird die Frage nach möglichen Gründen für Initiationsriten untersucht: Was möchte man mit Initiationsriten bewirken? Welche Antriebskraft ist so gefährdend, sowohl für kalte als auch heiße Kulturen, dass sie zu Maßnahmen wie der Initiation greifen?

Adoleszenz in kalten und heißen Kulturen

Die Kräfte und Ideen der jungen Generation, die für die Entwicklung einer Kultur nicht wegzudenken sind, bleiben in kalten Kulturen ungenutzt und häufig genug unterdrückt und manipuliert. Unter vielen anderen Gesichtspunkten ist dies einer der Gründe dafür, dass kalte Kulturen auch kalt bleiben, weil sie den Kulturwandel nicht zulassen können. Daher muss die Antriebskraft der Adoleszenten minimiert oder kanalisiert werden. Der Lebensabschnitt, in dem solche Kräfte und neue Wünsche zum Vorschein kommen, ist die Phase zwischen einsetzender Pubertät und Erwachsenenalter, in der das Selbstbewusstsein und der Charakter gefestigt werden. In psychischer Hinsicht werden die Erscheinungsformen der Pubertät allmählich im Sinne einer Persönlichkeitsfestigung abgebaut. Symptomatisch für diese Phase der Entwicklung ist das Streben nach Freiheit, verbunden mit zunehmendem Selbstbewusstsein und Selbstvertrauen. Das Individuum muss sich in kalten wie in heißen Kulturen, seiner sexuellen Erfahrungen in der Pubertät und des situationsbedingten Reifungsprozesses wegen, von seinen Eltern trennen. Dies hat zur Folge, dass es sich in einem Krisenraum aufhält, denn es ist verunsichert und sucht nach neuen sinnstiftenden Inhalten. Diese Verunsicherung spiegelt sich im ständigen Oszillieren des Verhaltens wider, was oft als Labilität der Jugendlichen gedeutet wird. Das Individuum schwankt zwischen seiner „neuen“ und der gewohnten, von den Erwachsenen festgelegten Welt.

Erdheim nennt diese Suche eine Experimentierphase und geht davon aus, dass der Antrieb dafür einmal in der *Aggression* der Adoleszenten liegt, die durch die Trennung der Eltern gewachsen ist, und als zweites in den für diese Phase typischen *Größen- und Allmachtsphantasien* zu suchen ist (Erdheim 1990, S. 284). „Die Verflüssigung der in der Latenzzeit gebildeten Strukturen zusammen mit der Relativierung des Realitätsprinzips sind die Voraussetzung für das Wiederauftauchen der Größen und Allmachtsphantasien, die – an die geschwächten Ich-Funktionen geheftet – ein neues Bild der Realität entwerfen“ (ebd. S. 306).

Das Kennzeichen einer „guten Jugend“ ist für Ernst Bloch, „dass sie glaubt Flügel zu haben und alles Rechte auf ihre herbrausende Ankunft warte“ (Bloch 1959, zit.n. Erdheim 1990, S. 284). Diese Aufbruchsstimmung wird auf den in dieser Phase sehr stark ausgeprägten *Narzissmus* zurückgeführt, der eine Art Antrieb zur Entwicklung darstellt. Dies bezieht sich nicht nur auf den Autoerotismus, sondern auch – und vor allem – auf die Energie, die dabei freigesetzt und auf entsprechende Ziele ausgerichtet wird (Erdheim 1990, S. 301). Eine klassische Erscheinungsform des Narzissmus ist „die Infragestellung der äußeren Welt“ (Erdheim 1990, S. 305). Das Individuum nimmt die äußere Welt nur in starker Verbindung mit seiner inneren Welt wahr. Alles, was beobachtet wird, ist einzigartig: „Niemand hat je so gefühlt wie ich! Niemand sieht die Welt so wie ich“ (Erdheim 1990, S. 305). Daraus ergibt sich eine neue Form der Realitätswahrnehmung. Der Jugendliche ist sich seiner Kräfte sicher und denkt, dass er alle Probleme und Aufgaben lösen kann. Er fängt an, alles in Frage zu stellen, weil er sich weigert, etwas als selbstverständlich zu sehen. Alles wird hinterfragt (Erdheim 1990, S. 306), – und genau das darf in kalten Kulturen nicht passieren.

Im Zusammenspiel mit der Realität ergibt sich ein neues Weltbild für den Adoleszenten. Wenn die Realität mit den Allmachtphantasien in Beziehung gebracht werden kann, entsteht eine Art ausgeprägter Kreativität. Nur dadurch sind sie in der Lage, ihre Wünsche mit der realen Welt in Einklang zu bringen, um ihre Vorstellungen zu realisieren. Mit dem Ende der Adoleszenz ist meistens auch dieser Kreativitätsphase ein Ende gesetzt. Das häufige Schwanken der Gefühle zwingt die Jugendlichen dazu ihre Erwartungen zu festigen. Blos erklärt dies durch die „Einrichtung fester Grenzen zwischen Selbst- und Objektrepräsentanz“ (Blos 1962, zit.n. Erdheim 1990, S. 306). Bereits 1923 machte Bernfeld auf die Bedeutung der Adoleszenz für die Dynamik einer Kultur aufmerksam und bemerkt: „Sie erhebt Forderungen, vertritt Inhalte, Anschauungen, die denen der jeweiligen Erwachsenen widersprechen, also relativ neu sind“ (zit.n. Erdheim 1990, S. 296).

Daraus lässt sich schließen, dass kultureller Wandel möglich wird, indem neue Perspektiven, Wahrnehmungen und Ansichten aufgefangen und für den kulturellen Fortschritt genutzt werden. Kalte Kulturen versuchen ihre festgelegten Traditionen und Werte so weit wie möglich zu behalten, daher werden die oben beschriebenen Verhaltensmuster der Adoleszenten unterdrückt und die dadurch freigesetzten Energien für die Erhaltung der Kultur genutzt: „Die Initiation ist der Versuch, diese adoleszente Dynamik aufzufangen“ (Erdheim 1990, S. 285).

Doch was geschieht, wenn die Orientierung an kulturellen Wertmaßstäben bzw. an ihren Riten fehlt? Diese Situation wäre mit der in heißen Gesellschaften zu vergleichen. Institutionen wie die Schule, das Militär, die Arbeit oder die Religion könnten ein Ersatz für Initiationsriten darstellen. Da jedoch die Bedeutung der angeführten Institutionen nachlässt, schaffen sich viele junge Menschen ihre eigenen Mutproben. Es wäre nicht weit hergeholt, wenn man behaupten würde, dass z. B. Horrorfilme eine gute Möglichkeit dazu bieten die adoleszente Angstlust zu befriedigen, den „thrill“ spüren lassen. Es ist eine Situation der Angst, die, wenn sie bewältigt wird, ein Gefühl der Stärke hervorruft. Es ließen sich viele solcher Beispiele aufführen (vgl. Mutproben), die als Ersatzrituale moderner Gesellschaften gedeutet werden können.

Initiationsriten in Afrika

Durch rituelle Feierlichkeiten wird der Beginn eines neuen Lebensabschnittes, z. B. beim Übergang in die Erwachsenenwelt, gefeiert. Die Initiation ist immer ein gesellschaftliches Ereignis. In vielen kalten Kulturen ist es stark verbreitet Traditionen mittels Zwang zu festigen. Dieser Zwang kann in Form von verschiedenen Initiationsriten auftauchen. Auch die Formen der Initiation sind sehr unterschiedlich, ihre häufigste Erscheinungsform ist die Beschneidung.

Die heute noch (z. B. in viele Teilen Afrikas) praktizierte Beschneidung der Mädchen oder Frauen ist nicht ganz so stark verbreitet wie die der Jungen. Das weibliche Geschlecht wird häufig sogar ausgeschlossen von den Initiationszeremonien für den werdenden Mann.

In Sierra Leone bei den Mende, beschreibt R. Schäfer, werden beide Geschlechter initiiert. Es gibt zwei geschlechtsspezifische Bünde, für Männer den Sande- und für Frauen den Poro-Bund. Erstaunlich bei diesen Bünden ist, dass sie als Grundprinzip die Gleichwertigkeit beider Geschlechter hervorheben. „Alte Frauen und Männer gelten gemeinsam als Vermittler zur Ahnenwelt.“ (Schäfer 1997, S. 79). Hier gilt weniger das Geschlecht, sondern der Status in der Gemeinschaft. In beiden Bünden gibt es klare Machtverteilungen und Führungspositionen unter den Geschlechter.

Der erste Schritt zur gesellschaftlich notwendigen Akzeptanz sind die Initiationen, ohne die Mädchen und Jungen nicht zu vollwertigen Mitglieder der Gemeinschaft werden. Solange die Jugendlichen nicht beschnitten sind, werden sie von den übrigen Mitgliedern wie Kinder gesehen und auch so behandelt. Dies äußert sich unter anderem darin, dass die Mädchen und Jungen erst nach den Initiation heiraten dürfen. Als Erklärung wird die mangelnde Kenntnis über Traditionen und Zeremonien vorgebracht. Ohne das kulturelle Wissen sind sie nicht in der Lage die Traditionen weiterzugeben, was überlebenswichtig ist für solche Kulturen. Wer einmal initiiert ist, ist lebenslanges Mitglied bei den Mende und kann sich nach den Initiationen als „höheres“ Mitglied beweisen und in der Hierarchie des Bundes aufsteigen. Das Wissen um die Mythen, was während oder parallel zu den Initiationen vermittelt wird, muss als Geheimnis gewahrt werden. Weder das andere Geschlecht noch Außenstehende dürfen etwas über die Zeremonien wissen. Bei Missachtung droht für Männer die Impotenz und für Frauen die Unfruchtbarkeit durch die Macht der Mende-Geister.

Die Initiationsrituale für die Männer findet alle drei Jahre statt und alle vier Jahre für die Frauen. Die Initiationen werden an separaten Orten durchgeführt und damit institutionalisiert. Die Mitglieder des Bundes bauen einige Kilometer weit vom Dorf entfernt ein Lager auf, in den die Initianden mehrere Monate leben und das sie als vollwertge Mitglieder verlassen. Meistens werden die Lager in entgegengesetzten Richtungen des Dorfes aufgerichtet. Die Initianden sind im Durchschnitt zwischen zehn und fünfzehn Jahre alt, unter Berücksichtigung der körperlichen und geistigen Entwicklung. Um schon vorher eine Loslösung von den Eltern zu bewirken, werden die Kinder schon mit sechs Jahren an Verwandte gegeben, die respektiert werden müssen. Somit lernen die Mädchen und Jungen schon im kindlichen Alter das Gefühl der Unterordnung.

Die Mende benutzen während des Lageraufenthalts Masken, die die Geister der Ahnenwelt darstellen sollen und die Zeremonien die ganze Dauer über bewachen und zwischen den beiden Welten eine Vermittlerposition annehmen sollen. Die Initiationen werden von dem Sande-Leiter durchgeführt. Zu Beginn der Initiationen bittet der Leiter den Häuptling um Erlaubnis und verlangt für ihre Vorbereitungsdienste eine Gebühr von den Familien der Initianden. Zu Anfang des Rituals treten Maskenträger auf, die den Beginn symbolisieren und die Zeremonie begleiten. Die Initianden werden in die Lager begleitet. Nun beginnt für beide Geschlechter eine schmerzvolle Zeit. Die Klitoridektomie wird bereits in den ersten Tagen des Lageraufenthaltes durchgeführt. Als Begründung für weibliche Beschneidungen wird genannt, dass die Klitoris ein männliches Körperteil sei und somit die Frau zur 'pure women' geformt werde. Im Hinblick auf die Geburt sollen die Initiandinnen lernen, „Schmerzen zu ertragen, um damit den Herausforderungen und möglichen leidvollen Erfahrungen des Lebens gewachsen zu sein" (Schäfer 1997, S. 81). Dazu vermerkt Erdheim: „Es scheint ein uralter pädagogischer Glaube zu sein, dass man nur das im Kopf behält, was man unter Schmerzen gelernt hat." (Erdheim 1990, S. 287).

Der Zusammenhalt und das Gemeinschaftsgefühl steigt in solchen Lagern extrem an. Dies könnte man mit den zu ertragenden schmerzlichen Erfahrungen in Verbindung bringen. Auch das Gefühl der Gleichheit lässt sich damit begründen. Während der Initiationen sind die Jungen und Mädchen bei vollem Bewusstsein. Zur Linderung der Schmerzen wird nach den Zeremonien eine Medizin aufgetragen, die aber nur einen sehr geringen Teil der Schmerzen lindert. Die Initianden müssen jedoch nicht nur die körperlichen Schmerzen erleiden, sondern werden etwa mit der Vortäuschung von Tierangriffen oder ähnlichem verschreckt und geängstigt. Die Heilung der Initiationen dauert einige Tage. Danach müssen die Initianden auf den Feldern der Leiter arbeiten um ihren Dank für die Einweihung zu verdeutlichen. Während der Arbeit werden die Initianden in wesentliche von der Gesellschaft für notwendig gehaltene Verhaltensweisen eingeweiht, die sie von nun an kennen sollten.

Heute lassen einige Mende-Mitglieder ihre Kinder in Kliniken beschneiden. Dies hat mehrere Gründe: Der Lageraufenthalt ist für schulpflichtige Kinder meistens auch nicht im Rahmen der Ferien zu erfüllen. Es könnte jedoch auch die Gefahr von Infektionen gesehen werden bzw. die Bereitschaft der Mende sich an westlichen Heilmethoden zu orientieren und sie zu nutzen (Schäfer 1997, S. 84).

Ein weiteres Beispiel für die Vergesellschaftung durch Initiationsriten sind die Tshokwe in Angola. Für die Tshowke gibt es zwei wesentliche Männerinstitutionen, die mit Initiationsriten verbunden sind. Ziel beider Riten ist es, verantwortungsvolle und reife Männer zu schaffen. Der Ursprung der Riten wird darin gesehen, dass ein Ahne sich an einem scharfkantigen Gras geschnitten / beschnitten hat und fand, dass es ihm sehr gut getan hat. Seitdem wird die Beschneidung zu Anfang der Pubertät vollzogen.

„Mukanda" ist die erste Hürde, die von den Jungen zu überschreiten ist. Dieser Begriff steht für die Initiation, die in Form von Beschneidung durchgeführt wird, und ist gleichzeitig die Bezeichnung für den Ort der Durchführung, an dem die Initiierten für die Dauer der Zeremonie leben. Die Beschnittenen werden tundandji genannt (Singl.kandandji) und die Unbeschnittenen yikima. Sein „Tod" als Junge und seine „Geburt" in die Welt der Erwachsenen wird gefeiert. „Der Ablauf der Initiation wird besonders, aber nicht nur, in Pflanzengesellschaften als Tod und Wiedergeburt aufgefaßt: die Initianden müssen sterben, um als vollwertige Stammesmitglieder wiederaufzustehen" (Erdheim 1990, S. 286).

Um die Wiedergeburt zu verdeutlichen, werden den Initierten auch deshalb neue Namen gegeben, als erstes Zeichen für ein neues Leben und dafür, dass sich Rechte und Pflichten mit der Einweihung enorm ändern. Zum Beispiel werden nicht Beschnittene (yikima) von wichtigen Gemeinschaftsversammlungen ausgeschlossen und bitten deswegen selber darum initiiert zu werden. Sie provozieren den Beschneider symbolisch mit einer Pfeilspitze. Dieser zeigt seine Zustimmung, indem er die Pfeilspitze in ein besonderes Etui legt. Nun werden rituelle Masken (akishi/ singl. Mukishi) hergestellt und Maisbier zubereitet. Die zu beschneidenden Jungen bekommen einen bestimmten Kopfschmuck. Die „Aufpasser“ kleiden sich so, dass ihr ganzer Körper bedeckt ist und man sie nicht erkennen kann. Sie stehen als „Naturgeist“, der beschützen und ängstigen soll. Sie regeln den Ablauf der Riten und erfüllen verschiedene Aufgaben. Herr der mukanda ist die Person die als Heuschrecke (cikunza) verkleidet und bemalt ist, die Fruchtbarkeit und Jagd symbolisiert. Er gilt als Ahnengeist (hamba). Kalelwa (Wolke) ist der zweite Helfer, mit gefiederter Kopfbedeckung bringt er die Initianden zum Beschneidungsort und wieder zurück. Die anderen Helfer (akishi) sorgen für dir Nahrung der Kinder während des Aufenthaltes. Sie holen die Speisen von den Müttern, begleitet von Gehilfen. Jeder Junge hat einen „Paten“, der die ganze Zeit auf den Jungen aufpasst. Der Lagerplatz liegt stets im Osten und ist jeweils zwei bis drei Kilometer vom Heimatort entfernt. Die Paten der Jungen errichten dieses Lager. Irgendwo zwischen dem Dorf und dem Lager roden die Dorfbewohner einen Zeremonieplatz, an dem die Initiation später durchgeführt wird. Alle Mitglieder dieser Gemeinschaft sind irgendwie an der Zeremonie oder an ihrer Vor- und Nachbereitung beteiligt.

Am Vortag der Beschneidung sind die Vorbereitungen voll in Gang und in der Nacht wird ein zeremonieller Tanz getanzt und die Opfertiere geschlachtet, mit deren Blut die Initianden eingerieben werden, um sie zu schützen. Kurz vor der Zeremonie bekommen die Jungen eine Medizin, mit deren Hilfe sie die ganze vergangene Zeit als yikima vergessen sollen.

Der gegen Unheil und Angst bemalte Mediziner beschneidet die Jungen, während dessen bekommen die Initianden ein Holzstückchen in den Mund, damit sie vor Schmerzen nicht schreien oder sich in die Zunge beißen. Den Jungen wird eine kleine Astgabel gegeben, um ihren Penis in der Heilungszeit darauf zu stützen. Nach der Initiation tanzt der Mediziner in zeremonieller Art und die Jungen werden zu ihrem Lager geführt. Die Narbenbildung dauert etwa einen Monat. In dieser Zeit dürfen die Eltern der Beschnittenen keinen Sex haben. Während der zweiten Zeremonie, der Seklusion, lernen die Jungen zu jagen und andere ruhmreiche Dinge.

Das zweite Initiationsritual (mungange) ist für Erwachsene. Ziel dieses Rituals ist es, die Beziehung zwischen den Lebenden und den Toten zu harmonisieren, zu erleichtern und zu erlernen. Der Ursprung dieser Zeremonie für Erwachsene wird in Lunda, nördlich von Shaba in Zaire vermutet. Lunda liegt nördlich von Shaba in

Zaire. Während der Zeremonie müssen die Männer mehrere Mutproben durchstehen. Diese bestehen meist aus Situationen, in denen den Initianden Angst eingejagt werden soll um in dieser Lage ihre Stärke zu beweisen. Während der Zeremonie des mungange werden die Initianden teilweise nächtelang gefoltert um ihre Stärke und den Respekt gegenüber den Älteren zu zeigen. Die Vorbereitungen ähneln denen der Beschneidung (mukanda), bloß werden nun auch Trommeln hinzugenommen um die Schmerzens- und Angstschreie zu übertönen. Am nächsten Morgen werden sie zum Baden geschickt um ihre Blutspuren zu entfernen. Danach folgen noch einige Prüfungen, die ebenfalls mit Folter und Mißhandlung verbunden sind.

Nun kehren die Initianden ins Dorf zurück. Nach einigen Tagen müssen die Initiierten beweisen, dass sie alles gelernt haben. Erst jetzt hat der Initiierte das Recht „kayanda" zu schwören. Dies verpflichtet die übrigen Mitglieder dazu, ihm von nun an jedes Wort zu glauben. Er darf jetzt an allen Zeremonien teilhaben und ist somit mit den Kräften des Universums und denen der Götter verbunden.

In einem Erlebnisbericht eines achtjährigen Jungen aus Nordafrika wird deutlich, wie ein Betroffener selbst die Initiationsriten wahrnimmt. Die Zeremonien sind sich im wesentlichen sehr ähnlich, mit Ausnahme einiger regionsspezifischer Unterschiede. Auch hier dürfen die Frauen nichts von den Geschehnissen in den Lagern erfahren. Die Methoden um den Initianden Angst einzujagen sind nur unwesentlich anders. Ein Löwengebrüll wird simuliert und die Jungen dürfen die ganze Nacht weder vor Schmerzen noch vor Angst schreien. Dem, der schreit, droht angeblich der Tod.

> „Ich wälzte mich vor Angst auf der Erde umher. Andere Knaben – wir waren sehr viele – rissen den Dornenverhau weg und eilten davon. Eine Alte griff sie wieder." (Renner / Seidenfaden 1997, S. 140).

Sinn der Beschneidung ist hier ebenfalls den Widerstand zu brechen bzw. ihm vorzubeugen und den Gehorsam zu stärken. Extreme Misshandlungen werden geschildert. Eine Namensänderung nach der Initiation erfolgt auch hier.

In einem weiten Beispiel aus diesem Buch erzählt ein Junge aus Südafrika, wie er geflüchtet ist vor der Initiation. Er erzählt von einer „Bergschule" bzw. einer Beschneidungsschule in bewaldeten Gebieten weit entfernt von den Dörfern. In diesen Schulen werden die Jungen in Rituale eingeführt und müssen in der Hauptzeremonie eine Art Mannbarkeitsprüfung überstehen, indem sie ohne Betäubung beschnitten werden. Der Vater des Jungen besteht unbedingt auf den Besuch der Schule, obwohl die Mutter der Meinung ist, dass er noch zu schwach wäre und auch seine Prüfungen in der staatlichen Schule bald abzugeben habe: „Dies ist das wichtigste Examen seines Lebens" (ebd. S. 210). In dieser Schule ihre Männlichkeit unter Beweis zu stellen, ist mehr Wert als die Prüfungen der staatlichen Schulen. Dieser Junge hat es geschafft wegzulaufen und sich vor der Initiation zu retten. Der

Junge kam nach zwei Wochen Flucht zurück nach Hause, und es wurde nie wieder über Beschneidungen geredet.

Stabilisierung kollektiver Identität kalter Kulturen in heißen Gesellschaften

Menschen wandern auf der Suche nach einem besseren Leben. Ihr Wanderungsentschluss ist meist ökonomisch motiviert, daneben verstärken familiäre beziehungsweise private Gründe die Wanderungsbereitschaft. Im Wandern begegnen sich zwei Gesellschaften: die Herkunfts- und die Aufnahmegesellschaft. Sie werden mit einem Zusammenprall unterschiedlicher Denk- und Handlungstraditionen konfrontiert. Die Mitglieder der „kalten“ Zuwandererkulturen müssen trotz aller Spannungen eine relativ stabile Identität aufrechterhalten und sind vor die Aufgabe gestellt, ein eigenständiges Wirklichkeitskonstrukt zu erstellen, um sie selbst zu bleiben. Diese soziale Distanz, die sie einnehmen um sich vor „Vermischung“ zu schützen, verstärkt den Gruppenzusammenhalt, bietet Schutz vor Konflikten mit der Außenwelt und ermöglicht ihnen ihre Kultur weiter zu leben. Damit stellen sich jedoch mehrere Fragen, z. B.:

- Welche Mittel werden zu diesem Zweck eingesetzt und welche Traditionen müssen gefestigt werden, um die Stabilität der kollektiven Identität zu wahren?
- Was passiert mit den nachfolgenden Generation der Zuwanderer?
- Wie können diese ihre kulturelle Identität weiterhin wahren und trotzdem an dem gesellschaftlichen Wandel des Aufnahmelandes teilnehmen?
- Unterzieht sich die heiße Kultur dem „Kühlsystem“ der Einwanderer oder nimmt sie bestimmte Elemente mit in ihren Kulturwandel auf?

Die Mitglieder der kalten Kultur befinden sich unter dem Schock der Entfremdung: Zum einen ist die neue Kultur nicht ihre wirkliche, und zum anderen wird ihnen ihre „wirkliche“ Kultur immer fremder, weil sie in ihrem breiten Umfeld meistens keine Akzeptanz für das Leben ihrer Kultur bekommen. Diese Entfremdung stellt sie vor neue Herausforderungen:

Entweder leben sie nebeneinander her und es findet kein gemeinsames Leben statt oder sie werden zur Anpassung an die Mehrheitsgesellschaft gezwungen. Der Ursprung dieses Zwanges liegt in der adoleszenten Kraft der jüngeren Generation, die oftmals einen engeren Kontakt zur heißen Kultur hat. Die Adoleszenten befinden sich durch den Traditionserhaltungszwang der ersten Generation, die an ihrer Herkunftskultur festhalten, in einem Krisenraum. Dies ruft in den meisten Fällen Unzufriedenheit hervor, die sich in Kriminalität und Selbstzerstörung (Suizidgefahr!) widerspiegeln kann. Es kann aber auch zur Verflüssigung von Über-Ich-Strukturen (vgl. Verwahrlosung) kommen, die bislang über selbstverständlich akzeptierte Autoritäten vermittelt worden sind. Solche Entwicklungen können allerdings nur bei Individuen auftreten, denen es möglich ist, ihre adoleszenten Kräfte in die „Infragestellungen“ des Gewohnten und Festgelegtem einzusetzen. Ihnen ist ein rationales Durchdringen der Lebenswelt bzw. der heißen Kultur möglich, d. h. sie können sich von emotionalen Verstrickungen vorerst lösen und sich rational mit ihrer Umwelt befassen. In der Konsequenz ist dann eine ausgeprägte Persönlichkeitsentwicklung zu beobachten, – mit klaren narzisstischen Zielsetzungen. Diese Situation kann allerdings nur eintreten, wenn den Jugendlichen die Loslösung von ihrer „kalten“ Kultur ermöglicht wird. Für Kalpaka und Räthzel ist dies „als ein lebenslang andauernder Prozess der Definierung und Neu-Definierung von sich selbst und von den anderen zu verstehen“ (Kalpaka / Räthzel 1986, S. 65).

Aus eigenen Erfahrungen kann ich behaupten, dass fast alle Anstrengungen der jungen Generation, die einen Kulturwandel ermöglichen würden, von einzelnen Gruppen dieser Kulturen aufgehalten werden. Meistens sind es die Älteren, die diesen Versuch betreiben, um ihre Kultur zu wahren. Dieser krampfhafte Versuch den Wandel der Kultur und das Verschmelzen der beiden Kulturen aufzuhalten, ist ein offensichtliches Zeichen dafür, dass der Wandel, der durch die Dynamik der Adoleszenz angetrieben wird, als eine große Gefahr für festsitzende, veraltete und entwicklungshemmende Ansichten wahrgenommen wird.

Um den Zusammenhalt einer ethnischen Gruppe zu erhalten, wird dabei nicht selten mit Mitteln der Isolierung und Abgrenzung vorgegangen, wobei nicht nur die „abweichlerische“ Adoleszenten, sondern auch deren Familienangehörige stigmatisiert werden. Diese Dynamik bewirkt einen verstärkten Druck der Eltern auf ihre „rebellischen“ Kinder, um nicht selbst aus der Gruppe ausgeschlossen zu werden. Konkret heißt dies etwa, dass man sich jeder gesellschaftlichen Veränderung verschließt und sich etwa nur an den Orten aufhält, die von vielen anderen Gruppenmitgliedern akzeptiert und besucht werden. Man verschließt sich dem Kontakt mit Menschen anderer Kulturen, indem man versucht „nur in den eigenen Reihen zu tanzen“. Die Ursache und die Folge von solchem Verhalten ist das typische Ghettoleben. Kein Kontakt zu anderen Kulturen, weder räumlich noch persönlich.

Aus der Perspektive einer interkulturellen Pädagogik wäre zu fordern, dass Jugendlichen mit Migrationshintergrund eine Auseinandersetzung unter und mit den „anderen“ Lebensbedingungen ermöglicht wird. Denn eigentlich passen sich Menschen nicht nur an die äußere Umwelt, sondern auch an sozial überlieferte Traditionen an. Es sollten mehr Kontakte gefördert werden, um Isolationstendenzen entgegenzuwirken. In beiden Kulturen sollte darauf geachtet werden, dass junge Menschen die Möglichkeit haben, sich „selektiv“ aus beiden Kulturen das für sie Nützliche zu nehmen. Jedoch bedarf es hierzu einer Unterstützung von außen.

Literatur

Erdheim, M.: Die gesellschaftliche Produktion von Unbewusstheit. Eine Einführung in den ethnopsychoanalytischen Prozess (3. Aufl. [1984]). Frankfurt 1990

Kalpaka, A.; Räthzel N.: Wirkungsweisen von Rassismus und Ethnozentrismus. In: dies. (Hrsg.)., Die Schwierigkeit, nicht rassistisch zu sein. Berlin 1986, S. 32–91

Renner, E.; Seidenfaden, F. (Hrsg.): Kindsein in fremden Kulturen. Selbstzeugnisse Bd. 1: Afrikanische Welt, asiatische Welt. Weinheim 1997

Schäfer, R.: Initiation in den Sande- und Poro-Bund bei den Mende, Sierra Leone. In: Gisela Völger (Hrsg.), Sie und Er. Frauen macht und Männerherrschaft im Kulturvergleich, Köln (Rautenstrauch-Joest-Museum), 1997, S. 77–84

EDWIN STILLER

Fremd – beziehungsweise – anders. Erziehung zwischen den Kulturen

Interkulturelles Lernen mit dem 'Kleinen Phoenix'

Einleitung

Seit dem Schuljahr 1997/98 liegen für das Unterrichtsfach Erziehungswissenschaft in der Sekundarstufe I des Gymnasiums in NRW Richtlinien vor und der Status des Versuchsstadiums ist überwunden.

Damit die Etablierung des Faches voranschreitet, hat sich das Phoenix-Team: Heinz Dorlöchter, Gudrun Maciejewski, Edwin Stiller, erweitert um Bernd Kahlbau, Gabriele Krafeld, Christel Schrieverhoff, Martina Sander und Frank Wittig entschlossen, ein Schulbuch für den Differenzierungsbereich zu erarbeiten.

Das Kapitel „Fremd beziehungsweise anders . . ." ist das Kapitel im 'Kleinen Phoenix', welches dem Team am längsten Kopfzerbrechen gemacht hat. Alle Kapitel sind arbeitsteilig von einzelnen Autorinnen und Autoren konzipiert und ausgearbeitet worden, dann aber intensiv im Gesamtteam diskutiert, verändert und verabschiedet worden.

Anliegen des Gesamtteams war es, die interkulturelle Perspektive

- stufengemäß motivierend;
- mit neuem Zuschnitt (z.B. keine Überschneidungen mit Phoenix Band 1);
- dem Stand der Diskussion um die Thematisierung interkultureller Aspekte im Pädagogikunterricht entsprechend (vgl. Holzbrecher 1997);
- mit fachspezifischem Schwerpunkt (also nicht primär politische Bildung);
- auf 20 bis 25 Seiten aufzubereiten.

Zunächst wurden im Team drei unterschiedliche Varianten diskutiert:

1. Der Vergleich frühkindlicher Erziehung in unterschiedlichen Kulturen. Hier wurden die Gefahr der Exotisierung, die schwierige Quellenlage und das Problem, unterschiedlichen Kulturen auf knappem Raum gerecht zu werden gesehen.

2. Erziehung im politisch-kulturellen Wandel, z.B. in Südafrika. Auch hier schreckten wir vor dem hohen Anspruch zurück, den hochkomplexen und differenzierten epochalen Wandlungsprozeß für die Zielgruppe der Klassen 9 und 10 angemessen aufzubereiten. Außerdem hätten hier historisch-gesellschaftliche Aspekte einen sehr breiten Raum eingenommen.

3. Erziehung von Migrantenkindern in der BRD. Das hierzu vorgelegte Konzept stellte, wie viele Unterrichtsmodelle in diesem Bereich, Ausländerfeindlichkeit, die Vorurteilsproblematik und die 'Fremdenfurcht' in den Mittelpunkt. Dies schien uns nach längerer Diskussion eher eine Einheit für den Politikunterricht zu sein, außerdem wurde es als 'negatives' Konzept eingeschätzt, welches die Gefahr mit sich bringt negative Voreinstellungen (Ausländer als Problem) eher zu verstärken.

Nachdem die genannten drei Varianten verworfen wurden, brachte die Auseinandersetzung mit zwei neuen Veröffentlichungen die konstruktive Wende und die Entscheidung für ein 'positives' Kapitelkonzept.

Das Münchener Stadtjugendamt veröffentlichte, gesponsert durch die BMW AG, das Projekt „Bilder von Jugend", in dem biografische Portraits von 100 Jugendlichen publiziert wurden. Die Jugendlichen, darunter auch ausländische Jugendliche (dem Anteil der ausländischen Wohnbevölkerung Münchens entsprechend), erhielten hier die Möglichkeit, sich selbst mit unterschiedlichen Mitteln darzustellen. Die ausländischen Jugendlichen präsentierten sich in ihrer Gleichheit – Jugendliche zu sein in München – und in ihrer Differenz – mit ihrem Fremdheitsstatus, der ihnen tagtäglich zugeschrieben wird, aber auch mit ihrem unterschiedlichen kulturellen Hintergrund, den sie selbst sehr unterschiedlich für ihre Selbstdefinition nutzen.

Ein weiterer Denkanstoß war für das Phoenix-Team der Beitrag von Alfred Holzbrecher zum Band 2 der Dialogischen Fachdidaktik Pädagogik, in dem er seine fachdidaktische Perspektive auf den Umgang mit Gleichheit und Differenz im Pädagogikunterricht (vgl. Holzbrecher 1999) darstellt.

Material und didaktische Perspektive zusammengedacht, gab mir die Möglichkeit, das endgültige Kapitelkonzept zu entwickeln, welches im folgenden vorgestellt und beispielhaft dokumentiert werden soll.

1. Fremd – beziehungsweise – anders. Erziehung zwischen den Kulturen. Fachliche und fachdidaktische Sondierungen

Selbst	Anderes
Eigenes	Fremdes

Ein Diskussionspunkt im Anschluss an das Referat von Alfred Holzbrecher auf dem Pädagogiklehrertag (vgl. Holzbrecher in diesem Band) war die Frage, ob Fremd-Sein eine Steigerungsform von Anders-Sein darstelle?

Der Sozialphilosoph Kurt Röttgers (vgl. Röttgers 1998) betont den prinzipiellen Unterschied zwischen Anders-Sein und Fremd-Sein, indem er das eine als Alteritätsproblem kennzeichnet und das andere als xenologisches Problem.

Der Unterschied zwischen dem Selbst und dem Anderen ist durch die Innen-Außen-Relation, die Differenz zwischen mir und allen anderen unaufhebbar anthropologisch vorgegeben. Fremdheit ist hingegen eine Konstruktion, die durch sehr unterschiedliche Abgrenzungsmerkmale eng oder weit gezogen sein kann. Das Fremde kann attraktiv oder bedrohend sein, der/die Fremde Feind oder Gast. Fremdes kann ich mir zu eigen machen, indem ich an meiner Beziehung zu ihm arbeite. Andererseits benötige ich das Fremde für die Definition meiner Eigenheit. Daher ist Fremdheit auch nur begrenzt aufhebbar.

Schließlich macht die Psychoanalyse darauf aufmerksam, dass das Selbst auch Anteile von Fremdheit aufweist, die nicht aufhebbar sind.

Im Band 1 der Dialogischen Fachdidaktik Pädagogik (vgl. Stiller 1997, S. 39ff.) habe ich das Begriffspaar „Gleichheit und Differenz" aus dem Kontext der Pädagogik der Vielfalt für den Pädagogikunterricht begründet: „Genau wie jeder Mensch immer in einer dialektischen Subjekt / Objekt-Spannung lebt, ist die Spannung von Gleichheit und Differenz konstitutiv für jedes Individuum und sein Verhältnis zu den anderen. Jeder Mensch weist eine innerpsychische Heterogenität auf und gleichzeitig ein Quantum an Gleichheit – hieran wird der Begriff Identität festgemacht. ... Der Andere ist per se die Verkörperung der Differenz. Jeder Mensch ist aber zugleich Träger universeller Menschenrechte und somit ein Gleicher." (ebd.)

Was hier für das Verhältnis Selbst – Andere formuliert wurde – und was für das pädagogische Verhältnis im Besonderen gilt –, ist auch für das Verhältnis zwischen Eigenem und Fremden anwendbar. Den Fremden wahrzunehmen, einerseits in seiner Differenz und damit auch in seiner Funktion als Inspirator von Eigenheit sowie andererseits in seiner Gleichheit, dies wäre ein zentrales, anzustrebendes Ziel von Pädagogikunterricht. Die Anerkennung des Fremden wäre eine ethische Grundorientierung des Unterrichts, wie sie Goethe schon in seinen Maximen und Reflexionen zum Ausdruck brachte („Toleranz sollte eigentlich nur eine vorübergehende Gesinnung sein, sie muss zur Anerkennung führen." (vgl. auch Fellsches 1998, S. 82f.) und wie sie heute in der sozialen und philosophischen Theorie der Anerkennung (vgl. Honeth 1994 u. Gaitanides 1999) zum Ausdruck kommt.

Mit der Formulierung „Erziehung zwischen den Kulturen" soll zum Ausdruck gebracht werden, dass – und dies wird in den biografischen Portraits des Kapitels sehr gut deutlich – Erziehung immer in kulturellen Kontexten zu verorten ist und Kultur heute, unter Bedingungen der Globalisierung und nach neueren kulturanthropologischen Erkenntnissen immer schon, als Kulturmelange anzusehen ist. Kultur existiert innen wie außen immer nur im Plural, in Widersprüchlichkeiten und in Bewegung (vgl. Breidenbach / Zukrigl 1998). Daher definieren wir Kultur im Glossar des Schulbuchs folgendermaßen:

„Kultur
Gesamtheit der Arten und Weisen, wie Menschen ihr Leben betrachten und gestalten (z. B. in Sprache, Kunst, Lebensart, Werten ...). In unserer Zeit ist Kultur immer vielfältig (viele Kulturen und Teilkulturen existieren parallel), widersprüchlich (von einer Kultur haben unterschiedliche Menschen unterschiedliche Vorstellungen) und im ständigen Wandel begriffen."

Enkulturation durch Erziehung ist gemäß unserem Verständnis von Erziehung kein Übertragungsvorgang, der vom Erzogenen passiv ertragen wird. Erziehung definieren wir im Glossar so:

Erziehung
Alle Maßnahmen, mit denen auf die Persönlichkeitsentwicklung eines anderen Menschen Einfluss genommen werden soll, fallen unter den Begriff „Erziehung". An Erziehung sind immer mindestens zwei Menschen beteiligt: der Erzieher / die Erzieherin und die zu erziehende Person. Erziehung findet somit immer als Interaktion statt, wobei sich beide Beteiligte wechselseitig in ihrem Verhalten beeinflussen, d. h. auch die zu erziehende Person hat Einfluss auf das Verhalten des Erziehers / der Erzieherin. Wünschenswert ist, dass die erziehende Person die zu erziehende Person als handelndes Subjekt und nicht als passives Objekt betrachtet.

Kulturelle Einflüsse als Bestandteile von Erziehung werden also immer aktiv verarbeitet, übernommen oder modifiziert (zum Erziehungsbegriff vgl. Stiller 1999 a).

Anliegen des Schulbuch-Kapitels ist es daher, die Komplexität, Pluralität und Vielschichtigkeit von Kulturen nachvollziehbar zu machen; dies sowohl für *die deutsche Kultur* (das Befremdliche an der eigenen Kultur, die Pluralität und Widersprüchlichkeit von Teilkulturen ...) wie auch für die vielen Entsendekulturen, die in sich ebenso heterogen und widersprüchlich sind und die von Migrantenkindern höchst unterschiedlich verarbeitet werden. Zwischen den Kulturen zu stehen heißt also sowohl im Herkunftsland wie auch in Deutschland mit kultureller Pluralität und Widersprüchlichkeit aktiv umgehen zu müssen. Eine Erfahrung, die deutsche Jugendliche in gewissem Umfang auch machen, da sie multikulturelle Einflüsse unter globalisierten Bedingungen verarbeiten müssen und auch ihre *deutsche Kultur* sehr ambivalent und widersprüchlich betrachten: „Typisch deutsch ist, nicht typisch deutsch sein zu wollen." (Max Jugendstudie, zitiert im 'Kleinen Phoenix', S. 127)

2. Fremdverstehen und Selbsterkenntnis. Biografisches Lernen und interkulturelle Erziehung

„Fremdverstehen und Selbsterkenntnis sind somit als zwei Dimensionen desselben Lernprozesses zu verstehen, in dessen Verlauf sich das Subjekt ein jeweils neues Bild von sich selbst, vom Anderen und vor allem von der eigenen Stellung im lebensweltlichen bzw. gesellschaftlichen Kontext erarbeitet." (Holzbrecher 1999, S. 219)

Interkulturelles Lernen (vgl. Auernheimer 1997) kann also als eine Pendelbewegung zunehmenden Verstehens eigener und fremder Identitäten in ihren wechselseitigen Bezügen verstanden werden. Holzbrecher (1999) schlägt dazu vor:

- Fremdes in authentischen Selbstaussagen als Ausgangspunkt zu wählen.
- Dieses dann als Anlass zu nehmen, über die eigene Rezeption des Fremden zu reflektieren: Was wird als befremdend oder faszinierend wahrgenommen? Was sagt das über die eigene Befindlichkeit aus? In welchen Kontexten sind diese Wahrnehmungs- und Bewertungsmuster entstanden?
- Den Versuch zu unternehmen, durch einen Perspektivwechsel sich selbst vom anderen her zu denken.
- Schließlich die festgestellte Gleichheit und Verschiedenheit für gemeinsames Lernen und Leben zu nutzen.

Für dieses Anliegen ist es hilfreich, auf der Ebene der Gleichaltrigen anzusetzen – also im günstigsten Fall im *Hier und Jetzt* der eigenen Kursgruppe oder der regionalen Jugendszene, damit der Pendelprozess einen authentischen Bezugspunkt hat. Es gilt also zunächst das Fremde und Eigene der eigenen Lebenswelt aufzuspüren und für Erkundungsprozesse zu nutzen, bevor man Fremdes in der globalen Dimension aufsucht.

Methodisch bieten sich hier viele Formen des biografischen Lernens an (vgl. Stiller 1997, S. 80f., 86ff. und Stiller 1999b). Unter biografischem Lernen verstehe ich die bewusste Reflexion der eigenen Biografie (Biografiearbeit) sowie die Analyse fremder Biografien (Biografieforschung). Beide Formen sind dialektisch aufeinander bezogen.

Da die Wahrnehmung von Fremdheit eine individuelle sowie eine soziale Konstruktion darstellt, ist es in interkulturellen Trainingskonzepten inzwischen selbstverständlich, mit Methoden biografischen Lernens zu arbeiten (vgl. Johann u.a. 1998).

Auch in der anthropologischen Forschung bedient man sich immer mehr der erziehungswissenschaftlichen Biografieforschung. Renner und Seidenfaden sehen in biografischen Quellentexten einen Spiegel der Kulturen, der zudem Aussagen über die individuellen Verarbeitungsweisen kultureller Kontexte zuläßt (vgl. Renner / Seidenfaden 1997, S. 11ff.).

3. Verständnis gewinnen über Identifikation. Ein „positives" Schulbuch-Konzept

Vorbild für das Schulbuchkapitel war in gewissem Sinne das Projekt des Anne Frank-Hauses in Amsterdam „Das sind Wir" (vgl. Anne Frank-Haus Amsterdam 1995). Lutz van Dijk und seine Mitarbeiterinnen und Mitarbeiter entwickelten Unterrichtsideen für die Klassen 4 bis 6 aller Schularten.

Zentrale Ausgangspunkte ihrer Überlegungen waren:

- Jedes Kind, welches in Deutschland lebt, hat unabhängig von seiner Nationalität das Recht, in Deutschland zu leben.
- Sowohl die Individualität der Kinder wie auch ihre Gemeinsamkeiten sollen erfahrbar gemacht werden.
- Jedes Kind soll selbst bestimmen, welche kulturellen Anteile es für seine Selbstdefinition heranzieht.
- Kinder müssen auf ihrer Suche nach einer positiven Identität unterstützt werden.

Bestandteile dieses Projektes waren ein Handbuch mit Anregungen für den Unterricht, ein Lesebuch mit biografischen Portraits von Kindern aus allen Teilen dieser Welt sowie ein Videofilm, der Erfahrungen der konkreten pädagogischen Arbeit mit diesem Projekt dokumentiert.

Es handelt sich bei diesem Projekt um ein „positives" Unterrichtskonzept, was nicht die Probleme multikulturellen Zusammenlebens in den Mittelpunkt rückt, sondern das Entdecken von Gemeinsamkeiten, die Stärkung von Individualität, die Zulassung neuer Wahrnehmungen und die positive Lösung von Konflikten, die nicht ausgeblendet, aber in ihrem Stellenwert doch relativiert werden.

In diesem Sinne will auch das Kapitel im 'Kleinen Phoenix' neue Formen der Selbst- und Fremdwahrnehmungen ermöglichen und nachvollziehbar machen, wie das Eigene und das Fremde dialektisch verknüpft sind. Jugendliche sollen sich zunächst einmal in ihrer Gleichheit wahrnehmen, um dann Differenzen in ihrer Komplexität und Widersprüchlichkeit aufspüren zu wollen und zu können.

Dabei sollen aktuelle Probleme des multikulturellen Zusammenlebens nicht ausgespart werden. Sie treten in den biografischen Portraits in Erscheinung und werden am Ende des Kapitels durch Umfrageergebnisse und einem Streitgespräch über „Fremdenfurcht" einbezogen. An dieser Stelle drängen sie sich aber nicht in den Vordergrund, sondern können vor dem Hintergrund geleisteter Arbeit kritisch eingeschätzt werden.

All dies soll dazu beitragen, eine positive eigene Identität aufzubauen, ohne fremde Identitätskonzepte abwerten zu müssen.

Anhang: **(Repräsentative Auszüge, im Original farbig)**

- 1 Aufmacherseite
- 2 Übungen zum biografischen Lernen
- 3 Orientierung und Planung
- 4 Methodenseite „Biografisches Lernen"
- 5 Zwei biografische Portraits
- 6 Identität I und II

9/2 2. Fremd – beziehungsweise – anders: Erziehung zwischen den Kulturen

United Colors

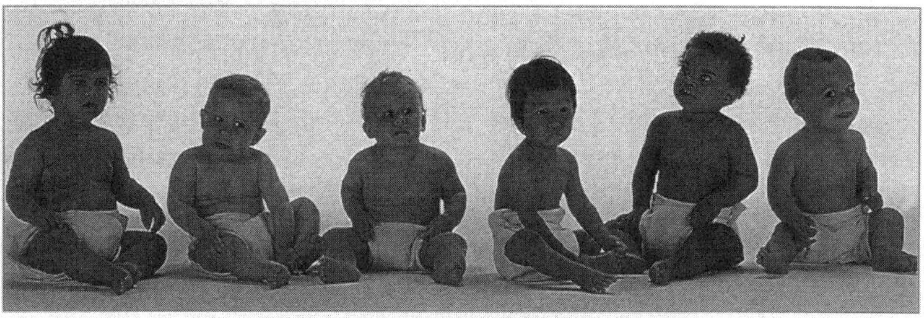

„Alle Menschen sind vor dem Gesetz gleich."

(Grundgesetz der Bundesrepublik Deutschland, Artikel 3, Absatz 1)

„Kinder aus aller Welt. Jungen und Mädchen. Jedes Kind ist anders. Bei allen Unterschieden haben sie etwas gemeinsam: die gleiche Würde und das gleiche Recht auf Leben."

(Bundesministerium des Inneren [Hrsg.], Demokratie live, Bonn 1995, S.14–15)

Wie drücken sich Gleichheit und Verschiedenheit in diesem Alter aus?

Wie in eurem Alter?

A, B oder C

A Nomen est Omen!

Erzähle eine kleine Geschichte zu deinem Namen (Vor- und/oder Nachnamen)

- Wie bin ich zu dem Namen gekommen?
- Bin ich mit meinem Namen zufrieden?
- Gibt es typische Reaktionen auf den Namen?
- Ist mir ein Spitzname lieber?

oder

B Mein Vater-Mutter-Heimat-Land?!

Ablauf: Zuerst alleine überlegen und im Heft beantworten; dann mit einem selbst gewählten Partner austauschen und zum Schluss im Plenum über die Dinge berichten, die euch wichtig erscheinen.
Da es wichtig ist, dass ihr offen und ehrlich gegenüber euch selbst seid, kann jede/jeder zu jeder Zeit selbst entscheiden, was er den anderen berichten möchte!!!

- Das Land, in dem ich geboren bin, heißt:
- Welche Begriffe fallen mir spontan zu meinem Geburtsland ein?
- Bin ich stolz auf dieses Land? Wenn ja, warum? Wenn nein, warum nicht?
- Schäme ich mich für dieses Land? Wenn ja, warum? Wenn nein, warum nicht?
- Ist das Land, in dem ich geboren bin, mein Traumland oder möchte ich lieber woanders leben?
- Eine Erziehungssituation, die mir typisch für mein Geburtsland erscheint:

oder

C Deutschland positiv – Deutschland negativ

Klebe auf die Umrisse einer Deutschlandkarte Bildsymbole (aus Illustrierten ausgeschnitten), die für dich im positiven bzw. negativen Sinne Deutschland repräsentieren.

Erziehung zwischen den Kulturen

ANITA TARAS, 15, *lebte acht Jahre in Deutschland und wurde vor sechs Wochen gemeinsam mit ihren Eltern nach Temesvar in Rumänien abgeschoben.*

Heute wäre eigentlich mein erster Schultag gewesen. Eigentlich. Aber am Freitag sagte die Rektorin zu meinem Vater und mir, dass ich erst am Dienstag kommen soll. Heute sei nur „Eröffnungstag“, an dem Reden gehalten, Klassenzimmer und Lehrer verteilt werden. All das sei für mich unwichtig, weil ich ja nur eine Art Gastschülerin bin, die keine Noten kriegt. Zumindest so lange, bis endlich alle Unterlagen und Zeugnisübersetzungen da sind. Ich habe jetzt also einen Tag länger frei, aber ich musste den ganzen Tag an die Schule denken. Werde ich jemals wieder so eine Freundin wie Tanja finden? Werde ich im Unterricht mithalten können, zum Beispiel in Englisch? Die anderen lernen das schon seit der zweiten Klasse, ich erst seit der sechsten. Werden sie mich mögen? Meine Kleider für morgen habe ich schon herausgesucht: eine weiße Jeans und ein nabelfreies schwarzes T-Shirt. Hoffentlich ziehe ich mich nicht völlig falsch an, …

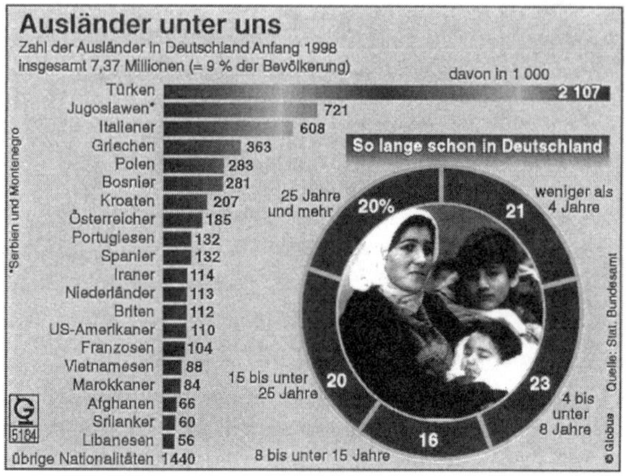

Niemand sucht aus

Man sucht sich das Land
seiner Geburt nicht aus,
und liebt doch das Land,
wo man geboren wurde.

Man sucht sich die Zeit
nicht aus, in der man die
Welt betritt, aber man
muss Spuren in seiner
Zeit hinterlassen.

Seiner Verantwortung
kann sich niemand
entziehen.

Niemand kann seine
Augen verschließen,
nicht seine Ohren,
stumm werden und sich
die Hände abschneiden.

Es ist die Pflicht von
allen, zu lieben, ein
Leben zu leben, ein
Ziel zu erreichen.

Wir suchen den Zeit-
punkt nicht aus, zu dem
wir die Welt betreten,
aber gestalten können
wir diese Welt, worin
das Samenkorn wächst,
das wir in uns tragen.

(Gioconda Belli, Wenn du mich lieben willst, übers. von Dieter Masuhr/Dagmar Ploetz/Anneliese Schwarzer, Hammer, Wuppertal 1985, S. 21)

„Jeder Freund war ein Fremder, bevor wir ihn richtig kennen gelernt haben"
(Motto einer Antirassismus-Anzeige)

„Fremdsein" hat viele Seiten:

- Viele Völker dieser Erde litten unter der „Fremdherrschaft" der Kolonialmächte.
- Der acht Monate alte Tim klammerte sich an seine Mutter, als ein Besucher das Wohnzimmer betrat – er „fremdelte".
- Bei einem Guildo-Horn-Konzert entdeckte ich „fremde Seiten" an mir. So kannte ich mich gar nicht.
- Allein in der fremden Stadt fühlte ich mich einsam und verlassen.
- Viele Aussteiger ziehen in die „Fremde", weil sie sich in der Heimat nicht mehr wohl fühlen.
- Herr Müller „geht fremd", und das ausgerechnet mit der besten Freundin seiner Frau.
- Die Müllers sind sich fremd geworden und lassen sich scheiden.
- „Ich mag keinen Jazz. Dieses Gedudel ist mir fremd."
- „Fremdarbeiter" nannte man früher ausländische Arbeitnehmer.
- „Dieses Proll-Verhalten befremdet mich", sagte der Yuppie.
- Zum Examen der Referendarin kommt ein „Fremdprüfer", weil man sich davon eine unvoreingenommene, objektive Benotung verspricht.
- Soziologen unterscheiden zwischen „Eigengruppen", denen man selbst angehört, und „Fremdgruppen", denen man nicht angehört. Eigen- und Fremdgruppe grenzen sich oft voneinander ab.

1. Worin unterscheiden sich die unterschiedlichen Formen des Fremdseins? Kann Fremdheit abgebaut werden? Wenn ja, wie? Kann sie völlig abgebaut werden? Ist dies erstrebenswert?
2. Nutzt die Beispiele für die vielen Seiten von Fremdheit für biografisches Schreiben, indem ihr eigene Erfahrungen mit „Fremdheit" aufschreibt.
3. An dieser Stelle lohnt sich auch ein Blick in andere Schulfächer. Wie wird dort „Fremdheit" aufgegriffen? (z. B. Musik, Kunst, Deutsch, Geschichte, Sozialkunde usw.)

Anregungen für die Weiterarbeit:

„Nichtdeutsche" an unserer Schule und in unserer Stadt – Was wollen wir über sie und über unser Verhältnis zu ihnen herausfinden?

Wie und warum sind sie zu uns gekommen? Konnten sie es sich aussuchen?
Welche Erfahrungen mit Erziehung bringen sie mit? Welche machen sie hier?
Wer will warum (nicht) bleiben?
Verändern sie unsere Schule/Stadt? Verändern sie uns? Verändern wir sie?
Sind sie uns fremd? Sind wir ihnen fremd?
Versucht hier eure Diskussionsergebnisse über unterschiedliche Formen des Fremdseins mit einzubeziehen. (Zur Methode Interview siehe S. 181 ff.)
Mit wem können wir Kontakt aufnehmen? Welche Medien setzen wir ein?
Was wollen wir hinterher mit unseren Erkenntnissen machen?
In einem Planungsgespräch könnt ihr mit eurer Lehrerin/eurem Lehrer Schwerpunkte setzen und entscheiden, welche Informationen ihr über das Schulbuch hinaus selbst einholen wollt. Im *Erarbeitungsteil* stellen wir euch sechs Jugendliche in eurem Alter vor, die in unterschiedlicher Weise „fremd" sind (S. 131 ff.). Im *Anwendungsteil* geht es um praktische Handlungsmöglichkeiten, z.B. um die Arbeit mit Asylbewerberkindern, wie sie Schülerinnen und Schüler aus Herten beispielhaft machen.
Im *Beurteilungsteil* werden die auf diesen beiden Seiten vorgestellten Aspekte des Fremdseins und Vertrautwerdens bzw. des Umschwungs vom Fremdsein zur Feindschaft aufgegriffen und Material für eure Meinungsbildung zur Verfügung gestellt.

Methode

BIOGRAFISCHES LERNEN

Dem „Fremden" auf der Spur

Wenn wir versuchen dem Fremden in uns selbst auf die Spur zu kommen – also uns selbst besser kennen zu lernen und uns selbst zu akzeptieren – oder das Fremde bei anderen besser nachzuvollziehen – also andere besser zu verstehen und vielleicht auch zu akzeptieren –, dann können wir auf Methoden des biografischen Lernens zurückgreifen.

Anne Frank begann ihr **Tagebuch** mit dem Satz: „Ich hoffe, dass ich dir alles anvertrauen kann, wie ich es bisher noch niemals konnte, und ich hoffe, dass du mir eine große Stütze sein wirst." (Das Tagebuch der Anne Frank, Fischer Taschenbuch Verlag 1985, S. 7) Tagebuchschreiben ist ein häufig genutztes Mittel, um im Gespräch mit sich selbst Klarheit und Kraft zu gewinnen.

Auch das **biografische Schreiben,** z. B. über euer Verhältnis zu eurem Vater-, Mutter-, Heimatland, ist eine Methode biografischen Lernens. In allen Kapiteln des „Kleinen Phoenix" findet ihr solche Arbeitsanregungen, die euch helfen sollen, der eigenen „Fremdheit" auf die Schliche zu kommen. Sehr persönliche Gedanken könnt ihr in einem Extra-Heft festhalten. Dann könnt ihr selbst entscheiden, wer es lesen oder wer dort Kommentare hineinschreiben darf.

Der **Rückblick auf die eigene Lebensgeschichte** kann für jeden Aufschluss darüber bringen, wie er geworden ist, wie er ist, und kann dazu führen, sich selbst mit allen „Macken" und Stärken besser wahr- und anzunehmen. Dies eröffnet zugleich Perspektiven für die Zukunft.

Für Pädagoginnen und Pädagogen sowie alle, die es werden wollen, ist die Auseinandersetzung mit der eigenen Biografie noch aus einem anderen Grund wichtig. Wir alle sind erzogen worden und diese Erziehung hat einen großen Einfluss auf unser Denken und Handeln. Wenn wir uns diese Einflüsse bewusst machen, schützen wir uns davor, unser eigenes Erzogen-Sein, ohne es zu merken, auf die, die wir erziehen, zu übertragen. So neigt vielleicht jemand, der in seiner Kindheit sehr streng erzogen wurde, eventuell dazu, seine Kinder zu verwöhnen oder aber genauso streng zu erziehen, nach dem Motto: Mir hat das auch nicht geschadet. In beiden Fällen merkt der Erzieher es aber oft nicht, dass seine Auffassung von Erziehung die Reaktion auf eigene Erziehungserfahrungen ist.
Ein berühmter Pädagoge, Janusz Korczak, hat einmal geschrieben: „Habe Mut zu dir selbst und suche deinen eigenen Weg. Erkenne dich selbst, bevor du Kinder zu erkennen trachtest. Leg dir Rechenschaft darüber ab, wo deine Fähigkeiten liegen, bevor du damit beginnst, Kindern den Bereich ihrer Rechte und Pflichten abzustecken. Unter ihnen allen bist du selbst ein Kind, das du zunächst einmal erkennen, erziehen und ausbilden musst."
Biografisches Lernen kann sich aber auch auf die Betrachtung von fremden Lebensgeschichten beziehen.
Bei dem Versuch, die Einzigartigkeit individuellen menschlichen Lebens zu verstehen, bedient sich die Erziehungswissenschaft immer häufiger biografischer Methoden. Lebensläufe werden nachgezeichnet, Menschen nach ihren ganz persönlichen Sichtweisen, Problemen, Erfahrungen, Ängsten und Wünschen befragt. So erhalten Wissenschaftler detaillierte Einblicke in das konkrete Leben des Einzelnen, etwas, was ihnen mit repräsentativen Befragungen oder allgemein theoretischen Erklärungen nicht gelingt.

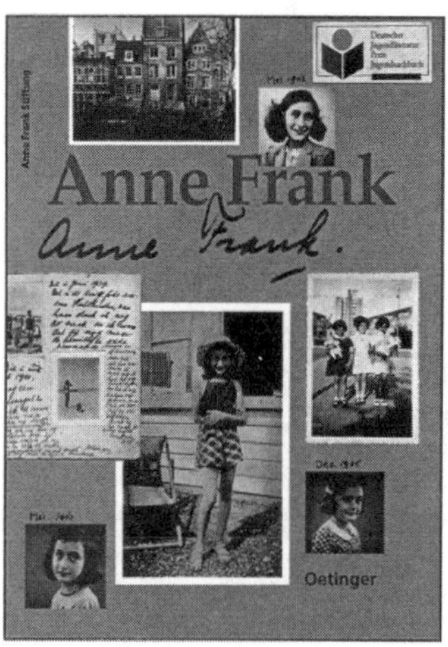

Der Einzelne, der so in den Mittelpunkt des wissenschaftlichen Interesses rückt, ist aber immer auch Spiegel der ihn umgebenden Kultur und Gesellschaft. Bei biografischen Forschungen ist es also immer auch wichtig, den Einzelnen im historischen und gesellschaftlichen Kontext zu sehen und Hintergrundinformationen hinzuzuziehen, um zu prüfen, was das Typische oder Untypische am einzelnen Fall ist.
Typische Quellen, auf die man zurückgreifen kann, sind z. B. **Tagebücher, Interviews, Bildmaterial, literarische Quellen, Geschichtsbücher, Zeitungen u.a.**
Die Anne-Frank-Stiftung hat in ihrem preisgekrönten Jugendbuch solches Material zum Schicksal der Anne

Frank zusammengestellt. Die Leserin/der Leser können auf diese Weise einen Einblick in einen einmaligen Lebensweg und gleichzeitig in die gesellschaftlichen Rahmenbedingungen des Nationalsozialismus erhalten.

Die Beschäftigung mit Fremdbiografien kann dabei helfen, durch einen Wechsel der Perspektive andere mit ihren Lebensgeschichten, Einstellungen und Handlungen besser zu verstehen und so auch andere in ihrem Anderssein besser zu akzeptieren.

Das biografische Material im folgenden Erarbeitungsteil soll euch einen Einblick in die Sichtweise von sechs Münchener Jugendlichen geben, die alle auf ihre eigene Art „fremd" sind. Gleichzeitig eröffnen sie euch Möglichkeiten, durch die Auseinandersetzung mit ihrer" Fremdheit" etwas über euch selbst zu lernen.

Erarbeitung

Jugendliche über sich

Im Auftrag und mit Unterstützung des Automobilkonzerns BMW führte das Münchner Stadtjugendamt ein Projekt „Bilder von Jugend" durch, in dem hundert repräsentativ ausgewählten Münchener Jugendlichen im Alter von 16 Jahren die Möglichkeit gegeben wurde, sich selbst darzustellen. Die Ergebnisse sind in einer Ausstellung, in Katalogen und auf einer CD ROM veröffentlicht worden (Bezugsadresse: BMW AG, Petuelring 130, 80788 München, Fax: 089/382-28017).

Zu Beginn des Katalogtextes steht ein „Satz an die Welt" von jedem Jugendlichen. Das kleine Foto zu Beginn wurde in der gleichen Weise von allen Jugendlichen gemacht. Auf dem zweiten Foto konnten die Jugendlichen sich so inszenieren, wie sie es wollten. Für den „Kleinen Phoenix" haben wir sechs Portraits von Jugendlichen aus diesen hundert ausgewählt. Wir haben solche Jugendliche ausgewählt, die nicht die deutsche Staatsbürgerschaft bzw. nicht deutsche Eltern haben oder die in einer anderen Weise zwischen den Kulturen stehen.

Zu diesen Portraits möchten wir euch folgende Arbeitsanregungen geben:

1. Wie beschreiben die Jugendlichen sich selbst?
2. Wie kommt darin das Anderssein und das Gleichsein zum Ausdruck?
3. Mit welchen Aussagen könnt ihr euch identifizieren, was befremdet euch? Wenn euch an den Aussagen etwas befremdet, überlegt, warum es euch befremdet.
4. Welche Rolle spielt die Erziehung?
5. Was ist anders, was ist gleich in ihrer Erziehung?
6. Welche Erfahrungen machen sie in Deutschland?
7. Wie würde es uns in ihrem Land gehen?
8. Ihr könnt auch von euch in der gleichen Weise Fotos machen und einen „Satz an die Welt" richten. Überlegt dann, wo ihr Unterschiede und Gemeinsamkeiten feststellt.

Evren Aydemir

Ich will, dass jeder Mensch gleich behandelt wird und jeder seine Meinung sagen kann, dass halt jeder seine Rechte hat.

Zum Beispiel?

Zum Beispiel, die Ausländer werden halt beschimpft von den Nazis – „Scheiß Ausländer" und so. Und ich mein' halt, dass die Ausländer auch normale Menschen sind, wie die Deutschen oder wie die anderen Menschen.

Wo merkst du das am deutlichsten, dass du Ausländer bist?

Ich bin halt Moslem und wenn ich zum Beispiel frage, ob das Schweinefleisch ist oder was anderes, dann wissen die anderen schon, dass ich Ausländer bin. Und ich hab' auch Schwestern und die tragen Kopftuch und wenn ich mit denen rumgeh', schaut mich jeder so an und die schauen so komisch, lachen, reden unter sich alleine leise, alles Mögliche.

Hat dich denn schon mal so jemand so richtig beschimpft?

Ja, schon. Das war sogar unser Nachbar – im Untergeschoss. Und wir waren mal ein bisschen zu laut, da geb' ich ihm sogar Recht, und dann ist er auf den Balkon rausgekommen und hat rumgeschrien „Scheiß Türken, Scheiß Ausländer – verpisst euch!", und so.

Was sagst du, wenn du so was hörst?

Ich schimpf' das Gleiche, halt „Scheiß Deutscher, halt dein Maul", und so. Ich sag' das Gleiche, was er zu mir gesagt hat.

Gibt's in der Schule manchmal Ärger?

Nur manchmal. Wenn irgendjemand sagt, Scheiß-Kurden und so, das lass ich mir nicht gefallen.

Du bist Kurde?

Halb Kurde, halb Türke. Meine Eltern sind Kurden, aber ich bin in der Türkei aufgewachsen, das ist halt meine Heimat. Und es gibt halt auch mal Ärger zwischen Kurden und Türken und da bin ich dann sozusagen dazwischen. Mal bei den Türken und mal bei den Kurden. Und es gibt halt auch Kurden, die PKK sind, und gegen die bin ich halt. Ich bin nicht von der PKK, sondern ich bin Kurde. Immer wenn die PKK irgendwas macht, heißt es halt, Scheiß-Kurden, und so. Und das will ich halt nicht. Ich hab' auch mehr türkische Freunde, mit denen ich weggehe, heute Abend zum Beispiel.

Wohin geht ihr da?

Heute geh' ich zum Cartell-Konzert. Die machen türkisch Pop, türkisch Rap.

Was hörst du sonst für Musik?

Im Türkischen hör' ich halt so Lieder, ich weiß nicht wie das heißt, so schöne halt, langsame, aber schöne – auf türkisch heißt das Arabeske, auf deutsch weiß ich nicht. Und dann ein bisschen Techno, Hip Hop. Aber meistens türkische.

Tuyen Tran

Es ist wichtig, dass jeder seine eigene Freiheit hat, dass er seine eigenen Grenzen setzt und weiß, wo er sie zu setzen hat, das heißt, dass er zwar für sich lebt, machen kann, was er will, aber er sollte auf jeden Fall an all die anderen denken.

Ich war früher ein sehr aufgewecktes Kind, war sehr lebhaft. Das war, bevor wir umgezogen sind. Weil die vielen Umzüge von so'nem Dorf bei Schweinfurt aus nach München – Großstadt und so, und dann musste ich in der Grundschule jedes Jahr die Schule wechseln, das war für mich sehr hart. Zuerst hatte ich keine Probleme, Freunde zu finden, aber danach, in der Großstadt und durch die Schulwechsel und so, dadurch hatte ich sehr große Probleme, Freunde zu finden.

Welche Zeit war das, wie alt warst du da?

Mit sieben musste ich das erste Mal die Schule wechseln, und das ging dann bis ich zwölf war. Ich habe jedes Jahr die Grundschule wechseln müssen.

Also, in München seid ihr dann noch viermal umgezogen? Warum denn?

Dreimal insgesamt, drei- oder viermal. Weil, wir sind von Vietnam nach Deutschland geflüchtet. Mein Vater hatte Jura studiert, und meine Mutter war halt – meine Oma hat ein Krankenhaus geleitet, als Oberärztin, und meine Mutter wollte das halt übernehmen. Sie hatte schon fertig studiert, mein Vater hat sein Jurastudium abgebrochen, und dann sind wir halt nach Deutschland gekommen. Hier hatten wir keine Basis, da mussten wir halt irgendwie arbeiten, von Sozialhilfe leben und sonst was alles. Mit den Wohnungen war es schwierig, wir sind ein Fünf-Personen-Haushalt. Meistens haben wir ziemlich kleine Wohnungen bekommen, aber jetzt passt es.

Und wie fühlst du dich jetzt in München?

In München könnte ich nicht sagen, dass mir etwas nicht gefällt, aber wenn ich so Deutschland anschaue oder auch anhöre, von den Nachrichten her, von wegen Ausländerhass und so, da denke ich schon darüber nach: Was ist, wenn's mir passieren würde und so. Aber in München fühl' ich mich eigentlich sicher.

Ist dir denn mal irgendwas passiert oder bist du mal blöd angeredet worden?

Das waren eigentlich nur so Kleinigkeiten.

Dass du spürst, dass du nicht akzeptiert wirst?

Das hab ich alles schon gespürt, aber solche Sachen kann ich eigentlich leicht wegstecken.

Wie machst du das?

Ich probier' es einfach, ich hör' irgendwie gar nicht hin.

Du nimmst es auch nicht persönlich?

Nee, ich nehm's auf keinen Fall persönlich, weil wenn ich's persönlich nehme, dann würde es mir weh tun, denke ich mal.

Und wie geht es deinen Eltern damit, weißt du das?

Nee, darüber haben wir eigentlich noch nie geredet. Ich weiß nicht, meine Eltern sind ziemlich komisch. Ich mein', wir leben zwar in Deutschland, sie wissen, dass sie selbst auch Ausländer sind. Aber sie würden es nie akzeptieren, wenn ich beispielsweise 'nen türkischen Freund hätte oder 'nen jugoslawischen. Und diese Einstellung hass' ich, das find' ich überhaupt nicht okay. Das habe ich ihnen auch schon öfters gesagt, und wir haben auch öfters deswegen gestritten, aber die ändern sich halt in solchen Sachen nicht.

Und wenn du einen deutschen Freund hättest, würden sie das akzeptieren?

Das würden sie akzeptieren, aber sie hätten am liebsten einen vietnamesischen. Einen Jurastudenten, der nicht raucht und nicht trinkt.[...]

Bist du ein nachdenklicher Mensch?

Ja, auf jeden Fall.

Fühlst du dich heute noch oft alleine?

Doch, eigentlich schon. Eigentlich, ich hab' eigentlich nicht mehr so oft die Zeit um so richtig nachzudenken, bin ich jetzt alleine oder nicht. Aber manchmal merke ich doch, dass es nicht sein muss, dass ich allein zu Hause sitze. Manchmal bin ich auch mit Freunden zusammen, die mir eigentlich wichtig sind, von denen ich auch sagen könnte, es sind meine besten Freunde. Trotzdem könnte ich irgendwie vom Gefühl her sagen, ich bin alleine.

Woran liegt das? Weißt du das?

Nee, da muss ich noch nachdenken. Irgendwann werd ich's wissen.

Und bist du dann traurig?

Doch, ja. Deprimiert, traurig.

Was machst du dann?

Da schreibe ich Gedichte, meistens.

Zeigst du die auch jemandem?

Ganz selten, ganz selten. Die Gedichte sind für mich schon was Wichtiges. Das waren mal meine Geheimnisse, aber jetzt hab' ich irgendwie das Gefühl, dass ich der ganzen Welt zeigen möchte, wie ich wirklich bin, und was ich wirklich fühle. Ich habe ein Bedürfnis danach. Dass alle es erfahren, weil meine besten Freunde wissen auch erst seit einem halben Jahr, dass mein Freund damals vor zwei Jahren umgekommen ist. Und erzählt habe ich es vor ihnen niemandem. Ich musste selber damit fertig werden. Er stand mir sehr nahe. Als er damals gestorben ist, war das für mich ein Schock. Ich wollte es nicht wahrhaben, ich glaubte nicht, dass ich gerade wirklich lebe. Ich glaubte immer, das wär' eine Traumwelt.

Wie ist er gestorben?

Bei einem Autounfall.

Warst du dabei?

Nein.

Wie alt war er?

Er war neunzehn. Ich war fünfzehn.

Wart ihr schon lange zusammen?

Damals waren wir ein halbes Jahr zusammen.

War er sehr wichtig für dich?

Ja, sehr wichtig.

Und du hast auch nie mit deinen Eltern darüber gesprochen?

Nein, mit denen könnte ich irgendwie gar nicht darüber reden.

Auch bis heute nicht?

Nee.

Weil die gar nicht wussten, dass du einen Freund hattest?

Nee.

Bist du mal geschlagen worden?

Von den Eltern, aber sonst – von anderen Menschen nicht.

Und von deinen Eltern richtig doll?

Doll, ja. Würde ich schon sagen.

Von beiden?

Ja. Wenn ich gesagt hätte, 5 + 5 = 9, das hat schon gereicht. Vielleicht kennst du's, da mussten die Kinder immer so die Hand herzeigen, und die Lehrer haben mit dem Lineal draufgeschlagen. Das war wirklich brutal.

Das war in der Schule?

Nein, in Vietnam war es in der Schule so, und meine Eltern haben mich nach derselben Methode erzogen. Und wenn ich mal falsch gerechnet habe, dann gab es schon Schläge.

Sie haben dich also mit dem Lineal geschlagen. Auch mit anderen Sachen?

(zögert) So mit Stäben, mit so dünnen Stäben, das war eigentlich auch ziemlich hart.

Deine Schwestern auch?

Ja.

Wie war das für dich?

(zögert) Irgendwie, wenn ich es ehrlich zugeben soll, dann würde ich sagen, dass ich sie jetzt noch dafür hasse, dass sie uns ziemlich falsch erzogen haben. Dass sie mich mit Schlägen erziehen mussten. Für mich gehört das Schlagen eben nicht zur Erziehung.

Und kommt das jetzt auch noch vor?

(zögert) Seit ungefähr vier Jahren nicht mehr, weil seitdem hab' ich angefangen, mit ihnen zu streiten und ihnen auch jedes Mal meine Meinung zu sagen. Damals hätte ich mich nicht getraut, meine Meinung zu sagen, weil vor Schlägen hab' ich immer Angst gehabt. Und irgendwann war es mir dann egal, ob ich jetzt Schläge bekomme. Das war mir echt egal, ich wollte ihnen halt die Meinung sagen ...

Und dann haben sie auch aufgehört damit?

Ja.

Hast du ihnen mal gesagt, dass du sie dafür hasst, dass sie dich schlagen?

Nein. Es ist doch noch ein gewisser Respekt vor denen da, dass ich's ihnen doch nicht sage. Aber so den wahren Respekt habe ich weniger. Habe ich inzwischen irgendwie verlernt, vor meinen Eltern Respekt zu haben.

Schlagen sie deine kleine Schwester noch?

Meine kleine Schwester haben sie eigentlich ziemlich selten geschlagen. Meine große Schwester und mich haben sie immer geschlagen.

Und war das so schlimm, dass du wirklich manchmal blaue Flecken oder Schürfwunden oder sowas hattest?

Blaue Flecken, doch.

Hast du irgendwann mal zurückgeschlagen?

Das habe ich mich niemals getraut.

Und wie ist es denn zwischen deinen Eltern?

(zögert) Ja, eigentlich nicht so gut. Ich weiß eigentlich gar nicht, weshalb wir früher gestritten haben, aber jetzt wegen der Schule, und weil ich in ihren Augen so oft weggehe. Sie erpressen mich dadurch, dass sie sagen, wenn du nicht zwei Komma nochwas im Zeugnis hast, dann darfst du auch nicht mehr weg.

Und das können die dir auch noch verbieten?

Leider schon.

Hast du vor, dort auszuziehen?

Ich hatte schon öfters vor auszuziehen, aber irgendwie hatte ich bisher nicht die Kraft. Ich konnte meine Schwester nicht zu Hause sitzen lassen, weil ich weiß, dass sie irgendwann dieselben Probleme haben wird wie ich. [...]

... Ob wir in Frieden leben, entscheidet sich dadurch, ob wir bereit sind, ein Konzept zu entwickeln, das die Zuwanderung reguliert, die Ursachen für die Migration beseitigt und dafür sorgt, dass die Menschen, die bei uns wohnen, friedlich und gleichberechtigt miteinander leben. Diese Gesamtkonzeption ist eine Aufgabe für die nächste Legislaturperiode. Unfrieden bekommen wir dann, wenn wir ein modernes Sparta akzeptieren, mit einer Dreiklassengesellschaft. Das haben wir zur Zeit.

SPIEGEL: Halten Sie die Position von Eibl-Eibesfeldt für ausländerfeindlich?

GEIßLER: Ich scheue mich zu sagen, dass er selbst ausländerfeindlich ist, aber seine falsche These von der Überbevölkerung gibt den Rechtsradikalen Futter. Sie können sich auf ihn berufen, wenn sie Leute mit anderer Hautfarbe abfackeln.

EIBL-EIBESFELDT: Meine Argumente werden auch von Demokraten gehört, auch in ihrer Partei, Herr Geißler. Es gibt ja viele gescheite Politiker. Es wird gern so getan, als propagierte ich den Kampf ums Dasein, den Kampf aller gegen alle. Das ist nicht meine Position.

SPIEGEL: Aber Sie schreiben, Xenophobie (Fremdenangst) sei angeboren. Deshalb komme es, wenn größere ethnische Gruppen in andere Länder einwandern, zu Kämpfen ums Territorium. Das unterschreibt jeder Rechtsradikale.

EIBL-EIBESFELDT: Fremdenangst ist in allen Kulturen nachzuweisen. Es geht um die Wahrnehmung von Andersheit, eine Voraussetzung für die Ausbildung von Vielfalt, nach der alles Leben drängt. In der kindlichen Fremdenscheu ist dieses Verhalten angelegt.

GEIßLER: Aber deshalb muss man sich ja nicht gegenseitig auffressen.

EIBL-EIBESFELDT: Das behaupte ich auch nicht. Ich sage nur, dass es zur Konkurrenz kommt. Wer die Wirklichkeit nicht wahrnimmt, ist schon an ihr gescheitert, hat der Verhaltensbiologie Hubert Markl einmal gesagt.

GEIßLER: Sie sagen, es gilt das Territorialprinzip. Ich sage, es gilt der kategorische Imperativ. Der Mensch ist in der Regel weder eine Graugans noch ein Waschbär. Er kann lernen, ist kreativ, hat Fantasie und Bewusstsein. Die Xenophobie des Säuglings muss doch nicht dazu führen, dass er als Erwachsener unfähig wird, mit Menschen anderer Hautfarbe zusammenzuleben.

(DER SPIEGEL Nr. 14/1998, S.48ff. [Auszüge]; Irenäus Eibl-Eibesfeldt ist Zoologe und Verhaltensforscher, Heiner Geißler ist stellvertretender Vorsitzender der CDU/CSU im Bundestag)

1. Welchen Argumenten könnt ihr euch anschließen?
2. Schreibt einen Leserbrief, in dem ihr zu den Positionen Stellung nehmt und eure eigene Position begründet.
3. Welche Schlussfolgerungen pädagogischer und politischer Art lassen sich aus den Positionen ziehen?

„Papa, was ist Rassismus?"

„Rassismus ist ein ziemlich verbreitetes Verhalten, das es in jedem Land gibt und das in manchen Ländern leider so alltäglich geworden ist, dass es vielen gar nicht mehr auffällt. Rassistisches Verhalten besteht darin, anderen Menschen zu misstrauen, sie ungerecht zu behandeln, und zwar nicht, weil sie uns etwas Schlimmes

angetan hätten, sondern einzig und allein, weil sie anders aussehen oder aus einer anderen Kultur stammen als wir." […]

„Glaubst du, ich könnte so werden?"

„Das hängt von deiner Erziehung ab. Von Natur aus ist kein Kind fremdenfeindlich, denn niemand wird als Rassist geboren. Und wenn deine Eltern, deine Familie oder deine Lehrer dir keine fremdenfeindlichen Ideen in den Kopf setzen, wirst du auch nicht fremdenfeindlich werden."

(Tahar Ben Jelloun, Papa, was ist ein Fremder?, zit. in: Süddeutsche Zeitung – Magazin vom 26. 3. 1999, S. 24)

Identität I

Woher ich komme?
Meine Mutter kam aus dem Schwarzwald nach Schaumburg,
nach Hamburg, nach Tübingen.
Mein Vater kam aus Schanghai nach Taiwan, nach Hong-
kong, nach Tübingen.
Dort kamen beide zu mir.
Ich kam nach Köln – und dort zur Welt,
kam nach Berlin und in die Schule,
kam aus der Schule – und bin noch hier.
Und nun kommst du und fragst, woher ich komme.

Identität II

Was ich bin?
Mein Vater ist Asiat, seine Wurzeln in Korea.
Seine Sprache – hat er eine? Er hat viele.
Meine Mutter ist deutsch, deutsch ihre Ahnen,
Deutsch ihre Sprache.
Deutsch ist mein Pass, Deutsch meine Sprache.
Deutsch ist mein Wesen – doch ist es nur deutsch?
Deutsch empfinde ich mich – doch wie empfinden
mich die Deutschen?
Nie wirklich diskriminiert – aber nicht doch ein bisschen Bastard, Rassenschande?
„Ich bin ein Berliner", – sagte ein Präsident der USA.
Ich sage es auch, und ich lebe hier.

(Carl Chung, Identität I und II, in: Norbert Ney [Hg.], Sie haben mich zu einem Ausländer gemacht… Ich bin einer geworden. Ausländer schreiben vom Leben bei uns, rororo rotfuchs, Rowohlt Taschenbuch Verlag, Reinbek 1984, S. 40; Carl Chung, geboren 1963, ist in West-Berlin aufgewachsen und hat dort Abitur gemacht; sein Vater ist Koreaner.)

1. Wie sollen Erzieherinnen und Erzieher, Lehrerinnen und Lehrer auf Kinder und Jugendliche wie Carl Chung eingehen? Welche Ziele sollte die Erziehung eurer Ansicht nach haben?
2. Sollte sich auch für die deutschen Kinder etwas in ihrer Erziehung und Bildung ändern? Wie könnten solche Änderungen aussehen?
3. Johann Wolfgang von Goethe schrieb in seinen „Maximen und Reflexionen" (1832–42 aus dem Nachlass herausgegeben): „Toleranz sollte eigentlich nur eine vorübergehende Gesinnung sein, sie muss zur Anerkennung führen."
   Welchen Unterschied gibt es zwischen Toleranz und Anerkennung?
   Was heißt das für unsere Zeit und für die Erziehung von Kindern und Jugendlichen?

Literatur

Anne Frank-Haus Amsterdam (Hrsg.): Handbuch Das Sind Wir. Interkulturelle Unterrichtsideen für Klasse 4–6 aller Schularten: Anregungen für den Unterricht. Weinheim: Beltz 1995

Auerheimer, Georg: Interkulturelle Pädagogik. In: Bernhard, A., Rothermel, L. (Hrsg.); Handbuch kritische Pädagogik. Weinheim: Beltz / DSV 1997, S. 344 ff.

Breidenbach, Joana; Zukrigl, Ina; Tanz der Kulturen. Kulturelle Identität in einer globalsierten Welt. München: Kunstmann 1998

BMW AG (Hrsg.): Bilder von Jugend – Katalog. München 1996

Dorlöchter, Heinz; Kahlbau, Bernd; Krafeld, Gabriele; Maciejewski, Gudrun; Sander, Martina; Schrieverhoff, Christel; Stiller, Edwin; Wittig, Frank: Der kleine Phoenix. Der etwas andere Weg zur Pädagogik. Ein Arbeitsbuch für den Differenzierungsbereich 9/10 des Gymnasiums. Paderborn: Schöningh 1999

Fellsches, Josef: „Toleranz sollte eigentlich nur eine vorübergehende Gesinnung sein ...“ Überlegungen in pädagogischer Absicht. In: Fellsches, J.; Hohmann, W. L. (Hrsg.); Toleranz. Das Fremde ... Macht ... Identität, Vorträge aus dem VI. Verlagskolloquium 1997 in Essen. Essen: Die Blaue Eule 1998, S. 75 ff.

Gaitanides, Stefan: Identitätsprobleme von Migrantenjugendlichen und Gefährdungslagen. In: Thema Jugend 1/1999, S. 2 ff.

Holzbrecher, Alfred: Vielfalt als Herausforderung. Wider den monokulturellen Blick in der Fachdidaktik, in: PädagogikUnterricht 4/1997, S. 2 ff. und 1/98, S. 2 ff.

Holzbrecher, Alfred: Vielfalt als Herausforderung, in diesem Band

Holzbrecher, Alfred: Gleichheit und Differenz. Interkulturelle Bildung im Pädagogik-Unterricht. In: Stiller, E. (Hrsg.); Dialogische Fachdidaktik Band 2. Paderborn: Schöningh 1999, S. 210 ff.

Honeth, Axel: Der Kampf um Anerkennung. Zur moralischen Grammatik sozialer Konflikte. Frankfurt: Suhrkamp 1994

Johann, Ellen; Michely, H.; Springer, M.: Interkulturelle Pädagogik. Methodenhandbuch für sozialpädagogische Berufe, Berlin: Cornelsen 1998

Ministerium für Schule und Weiterbildung; Richtlinien und Lehrpläne für die Sekundarstufe I – Gymnasium in Nordrhein-Westfalen. Erziehungswissenschaft. Frechen: Ritterbach 1997

Renner, Erich; Seidenfaden, Fritz (Hrsg.): Kindsein in fremden Kulturen. Selbstzeugnisse Band 1: Afrikanische Welt, asiatische Welt. Weinheim: DSV 1997

Röttgers, Kurt: Die Seele und der Fremde als Selbstdistanzierungskonzept. In: Fellsches; Hohmann, a. a. O., S. 61 ff.

Stiller, Edwin: Dialogische Fachdidaktik Pädagogik. Paderborn: Schöningh 1997

Stiller, Edwin (Hrsg.): Dialogische Fachdidaktik Pädagogik Band 2. Paderborn: Schöningh 1999

Stiller, E.: Erziehender Pädagogikunterricht – zur Neubestimmung eines „didaktischen Sonderfalls“. In: Stiller, E. (Hrsg.); a. a. O. Paderborn: Schöningh 1999 a, S. 9 ff.

Stiller, Edwin: Biografisches Lernen im Pädagogikunterricht. In: Stiller, E. (Hrsg.); a. a. O. Paderborn: Schöningh 1999 b, S. 185 ff.

HANS-JOSEF LÖHNENBACH

Selbstbild – Fremdbild: Das ANDERE Lernen

Begegnung mit dem Fremden in der Sekundarstufe I

1. Begegnung statt Beschreibung

> „Wenn wir uns auf Begegnungen
> nicht mehr einlassen, verlieren wir einen
> entscheidenden Bestandteil unseres Lebens.
> Es ist so, als würden wir aufhören zu atmen."
> (M. Buber)

Dieses Zitat umschreibt die zentrale Prämisse des Kapitels *„Das ANDERE Lernen – Ich bin auch ein Fremder"* aus C. Storck, D. Paland, H.-J. Löhnenbach, Menschen-Kinder – Menschenskinder Bd. 1, Hohengehren, 1998, S. 146–160, auf das ich mich beziehen werde.

Meine eigene unterrichtliche Auseinandersetzung mit „dem Anderen" und fremden Kulturen im Pädagogikunterricht der Sekundarstufe I läßt sich als eine mehrphasige Entwicklung beschreiben: Begonnen mit „Ausländer in Deutschland", fortgesetzt durch „Integration ausländischer Jugendlicher – von den Möglichkeiten interkultureller Erziehung" über „Vergleich der Identitätsentwicklung deutscher und ausländischer Jugendlicher" bis zum vorläufig letzten Abschnitt: „Das ANDERE Lernen – Ich bin auch ein Fremder".

Die Schülerinnen und Schüler haben die Versuche sehr unterschiedlich kommentiert und hinterfragt. Immer wieder tauchten Aussagen der folgenden Art auf:

- „Integration ist ein Thema, das vor allem Ausländer angeht"
- „In meinem Wohnort leben nur ganz wenige Ausländer, wir kommen ganz gut miteinander klar, weil die sich weitgehend angepasst haben".
- „Mehr über Schule, Bräuche, Sitten und Religion von Minderheiten zu wissen, ist wohl spannend, aber bringt nichts oder nur wenig für mich und das Zusammenleben mit anderen"

aber auch:

- „Wie mögen Ausländer mich sehen?"
- „Ich bin ja auch ein Ausländer, wenn ich in ein fremdes Land reise".
- „Manchmal bin ich mir selbst fremd".

Die bisher vorliegenden Bücher für den Pädagogikunterricht der Sekundarstufe I und II sowie die mir bekannten Unterrichtsbücher für den Politikunterricht der Sekundarstufe I konzentrieren sich vor allem auf Probleme „von Fremden", exemplarisch für Gruppen von Minderheiten und die soziokulturelle Entwicklung von

Kindern und Jugendlichen im Kulturvergleich. Überwiegend werden Differenzen meist so dargestellt, dass Möglichkeiten und Grenzen einer kulturellen Integration einsichtig werden (vgl. dazu auch die differenzierte Untersuchung von Schulbüchern von Holzbrecher (1997/1998).

Diese Zugriffe reichen nicht aus, um „das Fremde" als Gegenstand für den Pädagogikunterricht allgemein und im besonderen in der Sekundarstufe I zu legitimieren, weil sowohl Schüler als auch die unterrichtenden Lehrer nicht dazu veranlasst werden, persönliche Haltungen wahrzunehmen und innere Distanzen aufzuweichen. Unter dieser Voraussetzung werden die Heranwachsenden übernomme „Bilder", sowohl anderer als auch ihrer selbst, eher unreflektiert verfestigen als sich auf eine neugierige Spurensuche zu begeben.

Diese Spurensuche ist jedoch im Sinne biografischen Lernens eine unbedingte Voraussetzung: Ausgehend von den Modellen von Piaget und Kegan, die die Entfaltung der Persönlichkeit als einen spiralartig verlaufenden Prozess ansehen, muss einer Phase, in der der Mensch Sicherheit und Halt aus seiner Umwelt erfährt und sich selbst stabilisiert, nach einiger Zeit eine Herausforderung und Widerspruch folgen, um eine Weiterentwicklung in Gang zu bringen. Diese führt idealtypisch nach einer zeitweisen Verunsicherung zu einem Wiedergewinn des Gleichgewichts mit einer Konsolidierung des Selbstkonzeptes. Dabei muss der Pädagogiklehrer davon ausgehen, dass eine Weiterentwicklung sowohl auf die Überwindung von inneren und äußeren Widerständen ausgerichtet werden muss.

2. Dialog mit den Kulturen

„Der 'Kampf der Kulturen' ist keine Naturgewalt, sondern von Menschen gemacht und von ihnen auch zu überwinden." (Müller 1998, S. 16) In seiner Antwort auf die Thesen von S. P. Huntington stellt H. Müller die „Globalisierung" als den zentralen Prozess dar, der nicht nur zu einem weltweiten Verkehr, globaler Kommunikation und weiträumiger Migration geführt hat, sondern auch einen häufigeren und intensiven Kontakt mit fremden Wertsystemen provoziert. Als Folge werden Selbstverständlichkeiten übernommener Lebensbilder und eigener Interaktion hinterfragt. „Souverän die eigenen Lebensaufgaben zu bewältigen fällt um so schwerer, wenn zugleich die eigene Identität ins Wanken gerät und die materielle Lebensgrundlage in Frage steht. In einer solchen Situation liegt es nahe, nach Orientierungen zu suchen, die holzschnittartig möglich machen, sich in dieser unbegreifbaren und gefährlichen Welt zurechtzufinden". (Müller 1998, S. 18)

Was leistet die Besinnung auf die „eigene Kultur"?

Wenn „normale" Lebensführung und gewohnte Praxis stark in Frage gestellt werden, hat dies Folgen: Individuelle Lebensläufe, Wertigkeit und Gültigkeit von

Kultur und der Zusammenhalt des gesellschaftlichen Ganzen werden als bedroht empfunden. Viele Menschen sehen sich in dieser Situation wie ein in die Enge getriebenes Tier, dessen körperliche Fähigkeiten keinen Ausweg mehr zulassen.

Idealtypisch können *Reaktionsweisen* unterschieden werden, die eine „Lösung" darstellen:

(a) Totale Anpassung an das Neue. Diese Verhaltensoption steht nur einer Minderheit zur Verfügung, die über ein Höchstmaß an individueller Flexibilität verfügen. „Neue" Gewohnheiten und Verhaltensweisen werden oft so demonstrativ zur Schau gestellt, dass diese als abnorm definiert werden.

(b) Kompromiss als Synthese zwischen dem Neuen und der Tradition. Dieser Kompromiss steht in der Gefahr als intellektuelles Konstrukt zu verkümmern, wenn es nicht gelingt, ihn so „volkstümlich" zu gestalten, dass er politisch wirksam werden kann.

(c) Unsichere und eher unwillige Übernahme einer Mischung aus „alter" und „neuer" Kultur unter dem Druck von Sachzwängen. Das Identitätsgefühl bleibt instabil, so dass bei plötzlichen Veränderungen die Gefahr besteht, radikale Positionen zu übernehmen, welche die Sicherheit der tradierten Kultur hochschätzen.

(d) Vergewisserung des Althergebrachten. Das eigene kulturelle Erbe wird zum Schutzschild gegen das Fremde und solange als möglich verteidigt: Ungeprüft bleibt, inwiefern nicht gerade dieses „Kulturelle" die Veränderungen provoziert hat und gleichzeitig eine konstruktive Bewältigung verhindert.

(e) Aggressive Ausgrenzung des Fremden. Die Herausforderung, der die eigene kulturelle Identität ausgesetzt ist, wird als individuelle Bedrohung gedeutet und auf einen „Außenfeind" projiziert: „Der Osten", „die Weißen", der Jude, der „Neue in der Klasse" ... Das „Ursprüngliche" wird überhöht, derjenige aus der Ingroup, der um Reflexion damit und um Auseinandersetzung mit dem „Neuen" bemüht ist, wird als „krank" oder als „verräterisch" stigmatisiert.

Allen Reaktionsmöglichkeiten ist jedoch *gemeinsam*: sie werden hervorgerufen durch die Konfrontation des „Ursprünglichen" mit dem „Fremden" oder „Neuen". In dieser Bedingung ist auch ein zentraler Ausgangspunkt für didaktische Überlegungen zu sehen.

Was kann im Unterricht der Sek. I zum „Neuen" oder zum „Fremden" werden?

Den Schülern begegnet das „Fremde" zuallererst in dem/den „Anderen". In welcher Weise sie selbst den Anderen erst dazu machen können und welchen Beitrag der Andere zur Entfaltung eigener Identität leisten könnte, bleibt zunächst unreflektiert. Andererseits stehen Jugendliche gleichzeitig in sehr festen, aber auch häufig wechselnden Beziehungen. Die Lösung von festen Bezugspersonen und die damit verbundene Etablierung eines konsistenten Selbstbildes verlangt von den Heranwachsenden Mut und Entscheidungskompetenzen. Über die Auseinandersetzung mit dem „*Anderen*“ können die Schüler erkennen, dass die Sprache, die sie sprechen und die Formeln, die sie übernehmen, dass Ideale und Idole, die sie schätzen oder ihnen vorgesetzt werden, eine Konstruktion von Welt darstellen, die sie in eine bestimmte Richtung führen und andere Perspektiven unwichtig erscheinen lassen.

Die Herausbildung von Selbst- und Fremdbild zu verstehen und ihre aktuelle wie auch zukünftige Bedeutung für die Bewältigung von Interaktionssituationen zu erkennen, soll zentrales Anliegen des Unterrichtsbausteins sein.

In exemplarischer Weise werden Materialien zur Sachinformation und Arrangements zum biografischen Lernen so eingesetzt, dass sie integriert als Hilfen für eine zunehmende Selbstreflexion und -steuerung von den Schülern genutzt werden können. Dadurch können die Schüler auch eine Parallelität zwischen individueller und gesellschaftlicher bzw. globaler Entwicklung von Kultur erkennen: „Kulturen sind in einem ständigen Fluss, sie entwickeln sich und ändern – zumeist sehr allmählich und gelegentlich auch sprunghaft – die Ausprägung ihrer Merkmale; sie können als Struktur *und* als Prozess verstanden werden. Aus diesem Grund ist es unzulässig, unterschiedliche Kulturen starr gegeneinanderzusetzen und ihre Konfrontation vorauszusagen.“ (Müller 1998, S. 34)

Im folgenden ordne ich **für diesen** Unterrichtsbaustein in einer Matrix Kompetenzen und diese Bezugsebenen einander zu, damit unterschiedliche Schnittfelder transparenter werden (vgl. Langefeld / Dück 1989). Die Spiralität kann durch diese Form der Darstellung leider nicht verdeutlicht werden, ist jedoch unterlegt.

Das *ANDERE* **Lernen** – *Ich bin auch ein Fremder*: **Bezugsebenen und Kompetenzen**

Bezugsebenen	intellektuelle Kompetenzen	Selbstkompetenz	Sozialkompetenz
ICH	Kenntnisse über Entstehung, Herausbildung und Veränderung von Selbstbildern in früher Kindheit und Jugend	-sich als Person annehmen: -so wie ich geworden bin - was ich an mir wahrnehme oder nicht wahrnehmen möchte sich gestalten: verfremden lernen	- sich von eigener "Begrenzung" distanzieren - neue soziale Einstellung zu anderen im Nahbereich gewinnen
DU	Kenntnisse über die Komplementarität von Fremd- und Selbstbildern	- sich durch und in Kommunikation mit dem anderen entwickeln - Zuhören entwickeln	- in den Anderen einfühlen - Beziehungen zum Anderen gestalten
WIR	Kenntnisse über die Reaktionsmöglichkeiten von In -und Outgroup je nach individueller Reaktion auf kulturelle Veränderungen	- sich Gruppen mit unterschiedlichen kulturellen Orientierungen öffnen	- sich in (multikulturellen) Gruppen engagieren - sich aus stigmatisierenden Gruppen lösen
REGION	Kenntnisse über die kulturellen Traditionen am Heimatort erlangen und mit denen der "Neueinwohner" vergleichen	sich der stabiliserenden und beschränkenden Funktion der "Wohnortkultur" bewusst werden	Stellungnahme(n) zur Förderung der Integration verfassen und veröffentlichen
GESELL-SCHAFT	Kenntnisse über Wirkungen unterschiedlicher Präsentationsformen von "Ausländern" in Medien	sich als Teil einer multikulturellen Gesellschaft verstehen	integrationshemmende und -fördernde Bedingungen erörtern und dazu öffentlich Stellung nehmen

In mehrfacher Hinsicht zeigen sich Überschneidungen zu dem didaktischen Konzept von A. Holzbrecher (1997), der sich u. a. auf das Konzept einer *„Person als sich selbst organisierendes System"* (vgl. Jürg Willi) bezieht. Charakteristikum dieses Systems ist der ständige Austausch mit der Außenwelt; seine relative Stabilität wird über sein *„Fließgleichgewicht"* erhalten.

3. Konzeption des Unterrichtsbausteins in „Menschenskinder“

3.1 Übersicht: Kapitel 9: Das ANDERE Lernen – Ich bin auch ein Fremder

In: Christoph Storck (Hrsg.) Menschen Kinder Menschenskinder, Hohengehren 1998, S. 146–160

Inhalt	*Arbeits-Unterrichts-form*	*Medien/Material*	*Didaktisch-methodische Funktion*
1 Expeditionen in die Wahrnehmung des Anderen	Partnerarbeit	Übung	Einstieg: Individuelle Wahrnehmung (interkulturell)
	Einzel-, Gruppenarbeit	Fotomontage / Standbild	individuelle Wahrnehmung (historisch)
2 Eigenes und Fremdes	Gruppe	Collage	interindividuelle Wahrnehmung konkret
3 Fremdheit	Einzelarbeit	Text	begriffliche Abgrenzung
4 Unbewusste Muster: Der Asylantentest Befragung und Interview	Einzel-, Partnerarbeit Exkursion	Testbogen	- Vergleich: Selbst- und Fremderfahrung - Begriffsbestimmung: Asylant - polit. Flüchtling - Wirkungen von "Bildern"
5 Unbewusste Muster: So sind die	Einzelarbeit	Erzählgeschichte	Identifikation mit Personen in unterschiedlichen Rollen und zu verschiedenen Zeiten; Wirkungen
6 Entstehung und Festigung von "Begriffen und Bildern": - Gastarbeiter in der Presse - Zeitungsuntersuchung	Einzelarbeit	Sachtext Tabelle, Schaubild	Lenkung individueller Wahrnehmung durch Darstellungen von "Fremden" in Zeitungen
7 Entstehung und Festigung von "Begriffen und Bildern": Der Fremde ...als Konstruktion des Subjekts	Einzelarbeit	Sachtext	Steuerung individueller Wahrnehmung aufgrund unbewusster (angstbesetzter) Anteile
8 Möglichkeiten einer Veränderung: Die Titanic	arbeitsteilige Gruppenarbeit	Fish-bowl-Übung	Bewusstmachen persönlicher Standpunkte in der Auseinandersetzung mit dem Fremden
9 Möglichkeiten einer Veränderung: Andere befremden	Gruppe	"Experiment" / Exkursion	Ausdruck persönlicher Widerstände und Abwehrhaltungen
10 Möglichkeiten einer Veränderung: Die Taubheit des Odysseus	Einzelarbeit	Sachtext	Reflexion von Voraussetzungen zur Herausbildung pädagogischer Haltungen am Beispiel: "Inter - esse"
11 Schwierigkeiten möglicher Veränderungen: Was ist mein Vaterland?	Einzelarbeit	Gedichte	Reflexion: ethische / anthropologische Dimension

4. Reflexion von Unterrichtspraxis: Mit Unterschieden leben

Ich versuche anhand der Übung *„Andere befremden durch meine persönliche Note“* aufzuzeigen, welche Bedeutung der Einsatz von verhaltensreflektierenden Übungen haben kann.

4.1 Präsentation der Übung im Unterrichtsbuch

Sehen – Hören – Verstehen – muß das Andere fremd bleiben?

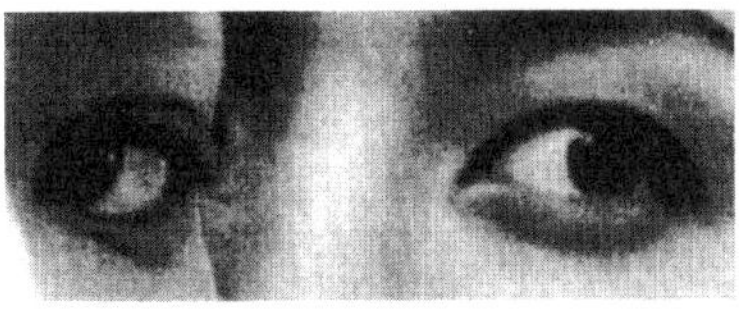

Wenn wir uns auf Begegnungen nicht mehr einlassen, verlieren wir einen entscheidenden Bestandteil unseres Lebens. Er ist so, als würden wir aufhören zu atmen.

(Martin Buber)

Wir (die Autoren) sind der Meinung, daß die Begegnung mit dem Anderen immer auch eine Auseinandersetzung mit uns selbst ist. Deshalb empfehlen wir die folgende Übung.

Andere befremden durch meine „persönliche Note“

Material/Vorbereitung:

Im Vorbereitungsgespräch die Gruppenmitglieder auf mögliche Reaktionen vorbereiten; auffordern, die eigene Wahrnehmung und die Reaktionen der anderen bewußt zu registrieren; mit Theaterschminke (Pinsel) sich einen roten Punkt auf die Nase oder (noch besser:) eine „persönliche Note“ – Viertel-, Achtelnote, punktiert ... evtl. mehrere Noten (= Melodie) in verschiedenen Farben – ins Gesicht malen

Durchführung:

Die Gruppenmitglieder gehen über den Schulhof bzw. durch die Fußgängerzone ... mit Pinsel und einigen Farben des Schminkkastens, fragen andere, ob sie „auch eine persönliche Note bräuchten ...“ und malen eine solche entsprechend deren Wünschen ins Gesicht.

Es versteht sich von selbst, daß die Wirkung der Aktion z. B. auf einem Schulfest oder bei einer Projektwoche anders ist als in der Fußgängerzone: In eingrenzbaren Räumen kann die Situation eintreten, daß irgendwann die Zahl der „Bemalten“ größer wird als derjenigen, die gegen eine „persönliche Note“ Widerstand und Abwehr zeigten.

Variation:

Statt mit „persönlichen Noten“ geht man mit skurrilen Masken über den Schulhof, durch die Fußgängerzone ...; eine „Kontrollgruppe“ registriert Reaktionen des Publikums, evtl. Befragung, Tonbandinterview, u. U. können Passanten zur Stellungnahme aufgefordert werden, indem man über diesen „unmöglichen Aufzug“ schimpft (vgl. Technik des „Versteckten Theaters“ v. Augusto Boal (1979).

(aus Storck 1998, S. 158; Übung aus: Holzbrecher 1997, S. 258)

4.2 Auswertung und Reflexion

Ich habe diese Übung ausgewählt, um folgende Aspekte zu erörtern:
- Worin zeigt sich ein Lernzuwachs der Schüler?
- Respektiert diese Übung die Grenze von Distanz und Nähe?
- Was lernen Lehrer bei der Arbeit mit diesen Baustein?

Worin zeigt sich ein Lernzuwachs der Schüler?

Die Schüler wählten als Exkursionsorte den eigenen Schulhof, den Schulhof einer benachbarten Schule und einen ihnen bekannten Platz am Heimatort.

Nach der Gruppenbildung überlegten die einzelnen Arbeitsgruppen, welche „persönliche Note" sie sich geben wollten. Die Entscheidungen wurden schnell getroffen. Schwierigkeiten bereitete die Aufgabenverteilung innerhalb der Gruppe, insbesondere die Besetzung der Rolle des Bemalten. Alle Mitglieder äußerten eine z. T. große Unsicherheit aufgrund der nicht „berechenbaren" Reaktionen der Anderen. In Absprache mit den Schülern habe ich vereinbart, diese nicht zu begleiten oder aus der Distanz zu beobachten.

Nach der Durchführung berichteten die Schüler u. a., dass
- sich nur wenige Schüler oder Passanten anmalen ließen
- diejenigen, die sich nicht anmalen ließen, dies mit „zu wenig Zeit", „gar nicht wahrgenommen", „es ist doch kein Karneval" begründeten
- diejenigen, die sich anmalen ließen, zunächst eher zurückhaltend reagierten, später die Bemalung „interessant und lustig" fanden, die Idee als eher ungewöhnlich einschätzten.

Der Einsatz dieser Übung hat die Erwartungen voll erfüllt. Bei einer möglichen Neudurchführung werde ich jedoch mehrere Bedingungen verändern, um die Wahrnehmungsbedingungen präziser festhalten zu können.
- Die Aufträge innerhalb der „Kontrollgruppe" sollten standardisiert werden, indem eine Aufgabenverteilung verbindlich festgelegt wird: ein Beobachter aus der Distanz (versteckte Kamera), kurze schriftliche Befragung und Interview.
- Auswahl des Aktionsortes: Es sollte ein Durchgang oder ein Weg, aber kein Platz gewählt werden. Die Interviewer sollten in nicht störender Distanz die Befragung durchführen können.
- Die Schüler sollten einen zweiten Durchgang mit denselben Aufgabenverteilungen als „Kontrollversuch" durchführen.
- Der „Bemalte" sollte jeweils befragt werden und zusätzlich seine Eindrücke als Tagebuchtext niederschreiben.

Aus meiner Sicht ist die wichtigste Erkenntnis: Schüler können lernen, dass multikulturelle Erziehung mehr bedeutet als die abstrakte Auseinandersetzung z. B. mit Integrationsproblemen von Ausländern, Familienstrukturen, Bräuchen usw. ...

Sie können erspüren und auch sprachlich oder symbolisch darstellen, welche hohen Anforderungen das Leben mit Unterschieden an sie stellt. In diesem Sinne formuliert H. v. Hentig „An der neuen Schule erfahren die Schüler die wichtigsten Merkmale unserer Gesellschaft – diejenigen, die sie hat, und diejenigen, die sie haben will. Unsere Gesellschaft schützt die Freiheit der Person; sie bejaht die Vielheit der Meinungen, der Lebensziele und Lebensformen- sie ist 'pluralistisch'; sie achtet die Würde des einzelnen. Dies macht den Reichtum unseres Lebens aus, aber auch einen Teil seiner Probleme." (v.Hentig 1993, S. 219). Dieser Baustein scheint dazu geeignet, eine persönliche Standortbestimmung zumindest in der Hinsicht zu provozieren, dass die Jugendlichen ihre eigenen Sicherheiten und Unsicherheiten als „normale" Störung anerkennen. Diese zu nutzen im Hinblick auf die Begründung und die Entfaltung einer Haltung, die auf ein Zusammenleben von Kulturen angelegt ist, dazu scheint die Kombination verhaltensreflektierender Arbeitsformen und abstrahierender Materialien allerdings notwendig.

Respektiert diese Übung die Grenze von Distanz und Nähe?

Die Konzeption dieses Bausteins *„Das ANDERE Lernen"* ist so angelegt, dass die Schüler im Sinne von „Selbsterziehung" erziehungspraktisch tätig werden können und dies auch sollen. Die *Übung „Andere befremden durch meine persönliche Note"* fordert die Schüler dazu auf, im vertrauten oder auch unbekannten Nahbereich persönliche Widerstände und Abwehrhaltungen bei sich selbst und anderen wahrzunehmen. Die Aufgabenstellungen zur Auswertung sind zunächst darauf ausgerichtet, zunächst die je persönliche Art von Selbst- und Fremdwahrnehmung zu erspüren, um diese als Voraussetzung für eine selbstkritische Bestandsaufnahme der individuellen Kompetenzen (s. o.) und eine Akzeptanz persönlicher Widerstände und Abwehrhaltungen zu begründen. Diese Einschätzung soll dazu überleiten eine Haltung grundzulegen, die das Interesse am Anderen untrennbar an eine persönlichen Spurensuche gebunden sieht. Diese Haltung wird in dem folgenden Material theoretisch begründet und elaboriert.

In didaktisch-methodischer Hinsicht finde ich in dieser Übung wie auch dem gesamten Baustein bestätigt, was A. Holzbrecher zur Begründung seines didaktischen Entwurfs anführt. Er zitiert zunächst Heinrichs (1992): „Jede Form unserer Zu- und Abwendung einem Anderen gegenüber ist eine Form der Auseinandersetzung mit uns selbst, mit unserem Selbstbild und der Dynamik, die zwischen dem sozial verfestigten und psychisch manifesten Selbstbild ständig in uns arbeitet. Wir brauchen den Anderen und die Reibung an seiner Gleichheit und Andersheit, um das Gleiche und Andere an uns selbst zu erkennen, wobei wir aber in einem nie endenden Kampf mit unseren illusionären, scheinhaften Bildern und Selbsteinschätzungen liegen. Diese können wir jedoch nur von „innen" heraus auflösen, was aber niemals auf direktem Weg, sondern nur über das „Außen" möglich ist". Weiter schlägt Holzbrecher vor, „Beziehungsfähigkeit könnte zu einem Leitbegriff in diesem Weltbild werden: Der Kontakt und der Umgang mit Fremdheit eigener Gefühlswelten bedingt die Fähigkeit, mit dem Anderen sensibel und kreativ umzugehen." (Holzbrecher 1997, S. 146)

Der Baustein veranlasst die Schüler wie den Lehrer dazu, den Weg der Auseinandersetzung mit uns selbst behutsam zu gehen, da die Schüler durch ein variables methodisches Arrangement, differenzierte Arbeitsaufträge wie auch Rollen in den Übungen über ihr persönliches Maß von „Nähe und Distanz" entscheiden können.

Was lernen Lehrer bei der Arbeit mit diesen Baustein?

Lehrer können erfahren, dass Unterricht, wenn er dazu anregt, *durch unmittelbare Erfahrungen Belehrung zu ergänzen,* eine hervorragende Möglichkeit hat, den Umgang von Menschen zu Menschen zu reflektieren und zu verbessern. An mehreren Stellen habe ich gespürt, wie dieser Baustein auch mich bei der Planung und Durchführung des Unterrichtes dazu zwingt persönliche Wahrnehmungen, eigenes Verhalten und dessen Wirkung zu reflektieren. Darin sehe ich allerdings auch die unabdingbare Voraussetzung, um so weit als möglich zu verhindern, dass Schüler funktionalisiert werden. Der vorliegende Baustein verpflichtet den unterrichtenden Lehrer deshalb wohl auch mehr als andere Bausteine auf eine sehr sorgsame didaktisch-methodische Planung. Eine solche wird dann aber auch für Schüler und Lehrer Klarheit und Sicherheit über Leistungsanforderungen und Leistungsbewertung bieten.

5. Perspektive

„Wer weiß, daß alles schwimmt,
dem wachsen Flossen" (Sten Nadolny)

Zunächst eine These:

Wir können Fremdbild und Selbstbild nicht vollständig erfassen, „wie es ist", sondern uns immer nur annähern.

Zumindest drei Gründe sollen zur Erläuterung in sehr komprimierter Form angeführt werden.

a) In einer direkten Begegnung tritt der Andere uns als eine Person gegenüber, die aus sehr unterschiedlichen Gründen bestimmte Gefühlsäußerungen auslöst. Diese Äußerungen können Indikatoren für Werte und Haltungen sein, die selbst wiederum die Wahrnehmung des Anderen wie auch die Selbstwahrnehmung bestimmen.

b) Wird diese Begegnung indirekt vermittelt (Tagebuch, Bericht ...), ist es in der Regel sehr schwierig und z. T. nur als Vermutung möglich, die Perspektive des Autors und sein spezifisches Interesse zu erfassen.

c) Schließlich wird die Wahrnehmung des Anderen auch von individuellen wie auch von kollektiven Wahrnehmungs- und Erkenntnisinteressen bestimmt.

Für Schüler wie Lehrer können sich aufgrund dieses Dilemmas Resignation und Skepsis ergeben. Für einen konfliktorientierten Pädagogikunterricht in der Sekundarstufe I sehe ich gerade dieses Dilemma, gleichzeitig aber die Chance, für die „Haltung des Inter-esse" (Thürmer-Rohr 1994) zu werben und diese auch grundzulegen. Darunter verstehe ich ein grundlegende Aufmerksamkeitshaltung der Welt und den anderen gegenüber. Dies widerspricht einem monologischen Bewusstsein und fordert zur Überwindung eines gleichgültigen oder gelähmten Verhaltens auf.

Wenngleich dies eine fachübergreifende didaktische Zielperspektive ist, können (vielleicht gerade) im Pädagogikunterricht spezifische Fähigkeiten und Bedingungen entwickelt werden. Dafür scheint mir ein Unterricht, der auf eine Kombination von direkter Begegnung, sinnlicher Erfahrung und kognitiver Durchdringung ausgerichtet ist, besonders geeignet.

Es könnte sich eine Struktur ergeben, die stets auch Prozess impliziert. Ein Pädagogikunterricht in der Sekundarstufe I, der **„Das ANDERE Lernen"** ernstnimmt, ist meiner Ansicht nach dazu aufgefordert, seine didaktische Struktur an den folgenden Bezügen zu orientieren.

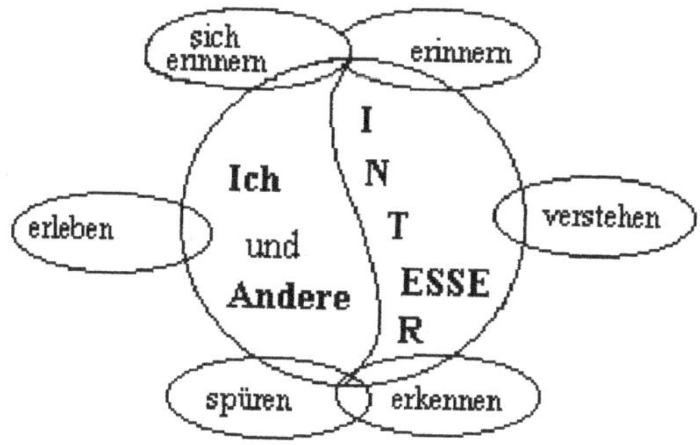

Literaturangaben

Gudjons, H.; Pieper, M.; Wagner, B.: Auf meinen Spuren. Hamburg 1992

Hentig, H. v.: Die Schule neu denken. München 1993

Holzbrecher, A.: Wahrnehmung des Anderen. Opladen 1997

Holzbrecher, A.:Vielfalt als Herausforderung. Wider den monokulturellen Blick in der Fachdidaktik. In: Pädagogik-Unterricht. Zeitschrift des Verbandes der Pädagogiklehrer/innen e. V. (Wesel) 17 (1997) H. 4 (Nov.), S. 2–15 und 18 (1998) H. 1 (Febr.), S. 2–12

Langefeld, J.; Dück, S.: Auf dem Wege zum Selbst. Wuppertal 1989

Müller, H.: Das Zusammenleben der Kulturen. Frankfurt a. M. 1998

Storck, Christoph (Hrsg.): Menschen-Kinder Menschenskinder. Hohengehren 1998

Thürmer-Rohr, C.: Die Taubheit des Odysseus. In: die tageszeitung 1.7.1994

RENATE NESTVOGEL

Zum Umgang mit Selbst- und Fremdbildern

– eine interkulturelle Übung

Es gehört zur Natur des Menschen, sich die Welt über die Bildung von Kategorien zu erschließen, die kognitive und affektive Komponenten enthalten. Solche kognitiv-affektiven Schemata bilden die Grundlage für Verstehen und Orientierung in der Welt. Welche Kategorien ein Individuum in seinem Lebenslauf herausbildet, hängt von dem Zusammenspiel der jeweils gegebenen biografischen und gesellschaftlichen Faktoren ab.[1] In diesem kontinuierlichen Prozess der wechselseitigen Verknüpfung von bereits erworbenen Konzepten mit der Wahrnehmung der äußeren sozialen und materiellen Welt entstehen innere Bilder von der Welt, Selbst- und Fremdbilder, durch die neue Informationen gefiltert werden und die sich in diesem Prozeß gleichzeitig (mehr oder weniger) verändern. Innere Bilder werden selten bewusst reflektiert; sie leben vor allem unterschwellig in uns weiter und finden oft nur einen indirekten Ausdruck in Meinungen, Einstellungen oder selektiven Wahrnehmungen unserer materiellen und sozialen Umwelt oder in Träumen. Das liegt auch daran, dass äußere Bilder in unserer heutigen Lebenswelt einen breiten Raum einnehmen. Die Bedeutung von Fernsehen, Video, Computerbildern ist innerhalb einer Generation so immens gewachsen, dass eine Welt ohne die Fülle virtueller Realitäten kaum noch vorstellbar ist.

Häufig hinterlässt die Bilderflut, die täglich durch konkrete Erfahrungen in unserer Umwelt oder durch die Medien auf uns einwirkt, unbegriffene „innere Modelle der Außenwelt". Denn dem Wahrnehmen, Verarbeiten und kreativen Veräußern" dieser inneren Bilder wird sehr viel weniger Raum gelassen, obwohl gerade

[1] Diesen Prozess beschreibt der Systemtheoretiker Helmut Willke (1990, 39f.) wie folgt: „Im 'Normalfall' durchlaufen die selegierten Daten komplizierte und komplexe Prozesse der kognitiven Verarbeitung und Aufbereitung. Sie werden nach systemspezifischen Gesichtspunkten zusammengefasst ..., symbolisch repräsentiert und manipuliert. In dem Maße, wie psychische und soziale Systeme komplex sind, d.h. aufgrund funktionaler Binnendifferenzierung und der Fähigkeit zum Aufbau innerer Modelle der Außenwelt... eine Eigenkomplexität entwickeln, sind sie in der Lage, die aus der Umwelt selegierten Daten mit systemeigenen Daten, Beziehungen und Möglichkeiten anzureichern, neu zu verknüpfen, kurz: aufzubereiten. In systemtheoretischer Perspektive ist dies eine extrem wichtige, evolutionär bedeutsame Fähigkeit. Der Sprung aus dem Reich notwendiger Reiz-Reaktions-Verknüpfung in den Bereich erhöhter Freiheits- und Kontingentsgrade markiert eine Schwelle der Evolution, die mit den Begriffen Sinn, Identität, Reflexion, Selbstverständnis und Selbst-Thematisierung verbunden ist. ... Festzuhalten ist, dass komplexe Systeme aufgrund eben dieser Eigenschaft der Eigenkomplexität nicht nur die Funktion und die Fähigkeit haben, Umweltkomplexität zu reduzieren. Vielmehr haben sie ebenso die Funktion und Fähigkeit, intern Komplexität zu produzieren. Das, was man beim Menschen etwa Kreativität, Phantasie oder einfach Denken und geistige Produktivität nennt, ist nichts anderes als die Produktion neuer Komplexität."

Formen einer „symbolisch gesteuerten Auseinandersetzung mit der Wirklichkeit" (Duncker 1994, 459) schöpferische Potentiale freisetzen und menschliche Lern-, Erkenntnis- und Entfaltungsmöglichkeiten fördern können.

In diesem Beitrag sollen exemplarisch anhand einer Übung (siehe Kasten) Anregungen gegeben werden, wie verinnerlichte Selbst- und Fremdbilder zum Ausdruck gebracht und darüber eine Sensibilisierung für interkulturelle Prozesse gefördert werden können. Bevor näher auf Ziele, konkrete Erfahrungen und ggf. Widerstand beim Einsatz von Übungen eingegangen wird, soll der Umgang mit äußeren und inneren Bildern kurz in einen kulturgeschichtlich-gesellschaftlichen Zusammenhang gestellt werden, um daraus die Bedeutung der Bearbeitung innerer Bilder abzuleiten.

2. Merkmale heutiger Bildungssozialisation

Die Art, wie Menschen lernen und was sie lernen, hat mit der jeweiligen Gesellschaft zu tun, in der sie leben. Wie unterschiedlich Lernen gestaltet sein kann, wird besonders deutlich, wenn man sich mit fremden Kulturen befasst oder in die Geschichte der eigenen Gesellschaft eintaucht, die sich auch als eine sehr fremde Kultur erweisen kann. Mitteleuropäische Bildungsvorstellungen beruhen auf einem Verständnis von Wissenschaftlichkeit (im Sinne aufklärerisch-abendländischer Kulturvorstellungen), das einer bestimmten rationalen, objektivierbaren Art der Erkenntnisgewinnung den Vorzug gibt. Vor allem drückt sich darin die Vorstellung von der Höherwertigkeit des Geistes aus, der über Körper und Seele (Empfinden) zu herrschen hat. Für unsere heutige Gesellschaft gilt des weiteren, dass sie im Zuge der Industrialisierung eine hoch spezialisierte Arbeitsteilung entwickelt hat. Viele Aufgaben, die vormals innerhalb des ganzen Hauses übernommen wurden, wurden nach dessen Auflösung ausdifferenziert und in den Bereich der Öffentlichkeit ausgelagert, wie etwa die Erziehung und Bildung der Kinder, die Pflege von Kranken und Alten sowie die Produktion von Gebrauchsgegenständen und Nahrungsmitteln. In diesem Rahmen entstand auch eine Massenbildung (incl. elitärer Varianten), die mit ihren Qualifikations-, Selektions- und Legitimationsfunktionen überwiegend disziplinierend und kognitiv ausgerichtet ist. Ganzheitlichere Lernformen führen dagegen in der Praxis oft ein Nischendasein, obgleich die Bildungsgeschichte viele reformpädagogische Ansätze aufweist, die bis heute Beachtung finden und weiterentwickelt werden.

Neben einer aus den Schulen selbst erwachsenen Kritik beurteilen Wirtschaftsverbände die in Schulen und Hochschulen vorherrschende Konkurrenzorientierung als dysfunktional und fordern eine Qualifizierung zu Kooperation. Zwar sollen soziale, ethische und kommunikative Kompetenzen neben Fachkompetenzen auch in Schulen als Schlüsselqualifikationen eingeübt werden, aber oft werden sie nur wenig über angemessene Methoden vermittelt, weil weder Lehrer noch Hochschullehrer sie kennen, geschweige denn praktizieren. In der Wirtschaft hat man sich dagegen längst auf die Suche nach Korrekturen für die kognitive Vereinseitigung in Schulen und Universitäten begeben. Ein großer Teil von Management-Kursen hat z.B. Introspektion zum Ziel, d.h. eine differenzierte Selbstwahrnehmung und Selbstreflexionsbereitschaft. Solche Fähigkeiten können nicht über Vorträge (Frontalunterricht) oder andere einseitig kognitive Prozesse der Wissensaneignung erworben werden. So heißt es in einem Prospekt der „Schule der Manager" RKW/NRW zu Trainingselementen eines Gesprächs- und Verhandlungstrainings, dass die TeilnehmerInnen

„- Die Gelegenheit erhalten, verschiedene Kommunikationsverhalten zu praktizieren und daraufhin von den anderen Teilnehmerinnen zu erfahren, welche intellektuellen und emotionalen Reaktionen diese Verhaltensweisen bei anderen auslösen;
- die subjektive Bedingtheit von Wahrnehmungen und Beobachtungen erleben; den Verlauf von gemeinsamen Problemlösungen ohne gegenseitiges Dominieren erleben und analysieren;
- Hilfe zur Selbsteinschätzung ... erhalten".

Bei einem gruppendynamischen Führungstraining wird explizit die Bereitschaft gefordert, sich und das eigene Verhalten in Frage zu stellen: „Die Teilnehmerinnen gestalten das Seminar mit, indem sie ihre eigenen Erfahrungen ... einbringen und den sich daraus ergebenden Prozess am eigenen Leibe erleben. Ein passives 'Sich-nur-mal-Ansehen' ist deshalb kaum möglich." Als weitere Methoden werden Fallstudien, Videotraining und Rollenspiele genannt, d.h. aktive, handlungsorientierte und selbstreflexive Methoden, die LehrerInnen oder andere Erwachsene häufig als „Kinderspiele" abtun.

2. Bedeutung und Ziele des Einsatzes kreativer Übungen

Vor dem hier skizzierten Hintergrund bietet die Übung[2] einen Weg, eine Methode an, um in Kontakt mit den eigenen „inneren Bildern" zu kommen, die sich als Selbst und als Fremdbilder ausdrücken können.

---

[2] Ich verdanke diese Übung Alex Lürmann, der sie in einem ganz anderen Kontext eingesetzt hat: Mithilfe dieser Übung sollten wir in einem Theorieseminar im Rahmen einer Gestalttherapeuten-Ausbildung unsere Sicht des Verhältnisses von Therapie und Gesellschaft, die beide als Tiere zu symbolisieren waren, klären.

Die Übung „Ich-Tier – Fremd-Tier"

Man / frau denke sich ein Tier aus, das die eigene Person symbolisiert. Wenn dies geschehen ist, denke man / frau sich ein Tier aus, das den / die / das Fremde/n symbolisiert. Je nach Situation, Kontext und Ziel der Übung kann das „Fremde" durch „Ausländer", „Franzose", „Türke", bzw. die jeweiligen weiblichen Formen ersetzt werden. Die TeilnehmerInnen werden anschließend aufgefordert, es sich so bequem wie möglich auf ihren Sitzen zu machen und sich – über eine Entspannungsübung – auf sich, ihren Körper und die folgenden Anleitungen zu konzentrieren. Sie können, müssen aber nicht, die Augen dabei schließen. Sie werden gebeten sich vorzustellen, dass sie in einem Theater sitzen, der Bühnenvorhang ist geschlossen, er öffnet sich, und von links betritt das „Ich-Tier" die Bühne: Was macht es dort, wie bewegt es sich, wie sieht es aus, wie fühlt es sich etc.? Nach einer Weile betritt von der rechten Seite kommend das „Fremd-Tier" die Bühne. Was macht es dort ...? Die „Tiere" begegnen sich ... Wie gehen sie miteinander um ...? Was können sie miteinander anfangen ...? Wie empfinden Sie das Schauspiel auf der Bühne? Nach einer Weile schließt sich der Vorhang wieder, das Licht im Theatersaal geht an, Sie gehen hinaus ... und kommen allmählich in diesen Raum zurück ... Sie rekken und strecken sich ... Welche Begegnungen sind Ihnen im Gedächtnis geblieben? Eine besonders prägnante Szene wird anschließend gemalt. Zusätzlich werden die TeilnehmerInnen gebeten zu markieren, welches das „Ich-Tier" und welches das „Fremd-Tier" ist, und sich Gedanken über Gemeinsamkeiten und Unterschiede zwischen ihren beiden „Tieren" sowie über deren Beziehung zueinander zu machen. Nach dem Malen erfolgt je nach vorhandener Zeit und TeilnehmerInnenzahl ein Austausch in der Gesamtgruppe oder in Kleingruppen von 4–5 Personen, wobei jede Person zunächst ihr Bild den anderen vorstellt und die anderen erst dann mit Fragen und Kommentaren anschließen.

Die Bedeutung dieser inneren Bilder liegt darin, dass sie Handlungsstrategien leiten und in Handlungsoptionen münden können. Ein sehr vereinfachtes Beispiel: Wenn ich einen Flüchtling als armen, bemitleidenswerten Menschen betrachte (inneres Bild), werde ich solche Handlungsstrategien befürworten, die sein Leben schützen und mich evtl. für Handlungsoptionen wie z. B. Geld zu spenden, Kleidung ins Flüchtlingsheim zu bringen oder direkten Kontakt zu ihm aufzunehmen entscheiden. Habe ich das Bild von Flüchtlingen als gefährliche oder kriminelle Menschen, werde ich Handlungsstrategien wie Ausgrenzung, Abschiebung etc. befürworten und ggf. entsprechend aktiv werden. Halte ich sein Anliegen für politisch gerechtfertigt, werde ich mich möglicherweise politisch für seinen Verbleib engagieren. Der Zusammenhang zwischen Wahrnehmung, Deutung und Verhalten ist zwar nicht monokausal determiniert, aber gleichwohl vorhanden. Daher ist es wichtig, sich innere Bilder bewusst zu machen und damit die Prämissen zu klären, auf denen das eigene Handeln beruht.

Die Arbeit mit Übungen ist eine Möglichkeit, Erkenntnisse zu gewinnen, die sich über rein kognitive Vorgehensweisen nicht gewinnen lassen. Es handelt sich um zusätzliche Möglichkeiten der Erkenntnisgewinnung, die in unserem herkömmlichen, stark kognitiv ausgerichteten Bildungssystem zu kurz kommen und daher unterentwickelt sind gemessen an Bildungskonzepten, die „Kopf, Herz und Hand" ansprechen sollen, d. h. den Menschen in seiner Erkenntnisgewinnung eher ganzheitlich begreifen.

Ziele von Übungen wie der oben skizzierten sind folgende:

- kreative Methoden ausprobieren lernen,
- Selbsterkenntnis über nicht kognitiv gesteuerte Wege erwerben,
- in Kontakt kommen mit inneren Bildern
- innere Bilder ausdrücken
- Aspekte der eigenen Selbst- und Fremdbilder erkennen,
- neben kognitiven die affektiven Dimensionen von Fremd- und Sebstbildern genauer erkennen
- über das Spiel auf der Bühne die Dynamik in der Beziehung zwischen Selbst- und Fremdbildern genauer nachvollziehen können
- die eigenen Einsichts- und Ausdrucksfähigkeiten vergrößern,
- ganzheitliche Lern- und Erkenntnisfähigkeiten erwerben,
- eine Synthese zwischen kognitiv-rationalem Lernen und emotionalem, erfahrungsorientiertem Erleben erreichen.

3. Einige Erfahrungen mit dem Einsatz der Übung

Ich habe die Übung in den 90er Jahren mehrere Male mit Erwachsenen im Rahmen von interkulturellen Veranstaltungen verschiedener Trägerorganisationen und TeilnehmerInnengruppen durchgeführt, z. B. bei Tagungen der Erzdiözese in Köln, der Volkshochschule in Moers, von IN VIA Kath. Mädchensozialarbeit, eines experimentellen Forschungsprojekts des Deutsch-Französischen Jugendwerks sowie in meinen Seminaren an der Universität GH Essen. Einige der dabei gemachten Erfahrungen möchte ich im Folgenden skizzieren.

Da ich die Übungen angeleitet und auch den weiteren Verlauf moderiert habe, konnte ich keine Protokolle erstellen oder Eindrücke systematisch festhalten. Dies ist für den Zweck dieses Beitrags aber auch deshalb nicht so wichtig, weil es mehr darum geht, Anregungen zu geben und exemplarisch aufzuzeigen, wie vielfältig die Übungen aufgenommen werden und wie unterschiedlich der Umgang damit sein kann bezüglich der thematisierten Probleme und der dabei gewonnenen Erkenntnisse.

In meinen interkulturellen Seminaren mit Studierenden weisen die „Fremdtiere" eine ganze Palette von Bildern auf, von Kindheitserinnerungen an 'Zigeuner' in der Nachbarschaft, gespeichert mit einer Mischung aus Faszination und Neugier, bis hin zu den eher aktuellen Bildern, die Kontakt, Empfindungen von Ähnlichkeiten zwischen Eigen- und Fremd-Tier, aber auch Gleichgültigkeit oder Ablehnung / Abwertung ausdrückten. Dagegen symbolisierten die Fremdbilder der 'ausländischen' KommilitonInnen eher Angst, Unsicherheit und Ungleichheit. Z. B. hatte sich eine Türkin als Kaninchen gezeichnet, das angstgebannt vor einem großen deutschen Löwen sitzt.

Anlässlich eines Wochenendseminars mit deutschen, italienischen, spanischen und südamerikanischen ErwachsenenbildnerInnen provozierte die Übung – ungeplant – die Thematisierung latenter Konflikte zwischen Deutschen und schon lange hier ansässigen 'Ausländern'. Ein Spanier hatte sich als Kaninchen gemalt, das mit Bällen jonglierte. Daneben saß ein großer deutscher Löwe. Sein Kommentar: Um als Ausländer sein Dasein in Deutschland zu legitimieren, muss man den Deutschen ständig etwas bieten, das sie als unterhaltsam und interessant empfinden. Sonst wird man von dem Löwen gefressen, der schon in lauernder Hab-acht-Stellung sitzt. Ein Südamerikaner hatte sich als großen schönen Löwen gemalt, mit einer „deutschen" Ameise daneben. Sein Kommentar: „Der Löwe muss Ameise werden, um dazu zu gehören oder *zusammen* leben zu können."

Ein Italiener hatte einen deutschen Schäferhund gemalt, der an einer Mauer lag. Oben auf der Mauer saß eine „italienische" Katze. Sein Kommentar: „Mit ausreichender Distanz können beide nebeneinander leben." Ich selbst hatte, in der kurzen Zeit, die mir neben der Anleitung der Übung blieb, zwei Katzen gemalt: eine etwas graue „deutsche" Katze und einen freundlichen und sehr lebendigen „Ausländer"-Kater. Die wenige Zeit hatte ich darin investiert, letzterem ein schönes, schwarz-glänzendes Fell zu verpassen. Der italienische Kollege regte sich sehr über meinen schwarzen Kater auf und meinte: „Typisch deutsch, die Ausländer müssen immer etwas Besonderes sein!"

Im Rahmen eines experimentellen Forschungsprojekts des Deutsch-Französischen Jugendwerks erzeugte die Übung sehr kontroverse Reaktionen (s. u.) Der Kreis von etwa 20 Personen bestand aus deutschen und französischen LehrerInnen (fast alle mit deutsch-französischen Schüleraustausch-Erfahrungen) und einem ForscherInnenteam aus beiden Ländern. An den 18 in diesem Kreis zustande gekommenen Bildern (10 dt., 8 frz.), die etwas ausführlicher beschrieben werden sollen, fällt folgendes auf: Die Hälfte der Deutschen, aber nur ein Viertel der Franzosen hatten für beide Tiere dieselbe Gattung gewählt (je zwei Elefanten, Pinguine, Vögel, Katzen und Rinder auf deutscher Seite sowie Hunde und Wildschweine auf französischer Seite). Diese Bilder unterstreichen die Gleichrangigkeit und Gleichartigkeit der Tiere; solche Gemeinsamkeiten wurden von der deutschen Seite offensichtlich eher unterstellt als von der französischen. Die Beziehung der gleichartigen Tiere zueinander wurde als spielerisch, flirtend, sich freundlich begegnend bezeichnet. Die restlichen 5 Bilder der Deutschen symbolisierten folgendes: ein deutscher Schwan wird von einer französischen Katze bedroht, ein deutscher Biber und ein französischer Kuhreiher tummeln sich zwar in denselben Gewässern, haben aber keinen Kontakt zueinander. Ein französischer Pudel erfreut sich an den Kunststücken des deutschen Delphins, wobei die beiden Tiere aber nicht zusammenpassen; ein deutscher Papagei und eine französische Katze „gehen sich abwechselnd an die Wäsche"; ein französisches Eichhörnchen schnuppert an einem deutschen Insekt (Interpretation konnte nicht mehr eingeholt werden). Vorsichtig interpretiert kann man aus diesen deutschen Bildern eine gewisse Distanz sowie eine relativ harmlose Irritation herauslesen.

Die sechs Bilder der Franzosen / Französinnen[3] symbolisierten folgendes: Ein französisches Murmeltier schlägt den großen, aber schreckhaft reagierenden deutschen Bären und ist der Gewinner; ein französisches Känguruh will mit einem deutschen Reh tanzen und verunsichert das Reh mit seinen großen und unberechenbaren Sprüngen; ein französisches Lamm im Rosmarin wird von einer deutschen Eule beobachtet; ein französischer Ameisenbär bugsiert einen deutschen Seeigel in das Loch der Souffleuse; eine französische Katze steht irritiert und mit gesträubtem Fell vor einem (gleich) großen deutschen Marienkäfer, der sowohl den beliebten VW-Käfer (Technik) als auch ein sehr gefräßiges Tier symbolisieren soll; französische Gürteltiere und deutsche Katzen blicken in dieselbe Richtung (ein Deutsch-Schweizer, der in Frankreich lebt). Diese Bilder vermitteln eine gewisse Tapsigkeit, Unbeholfenheit und Unsicherheit der „deutschen" Tiere, in einem Fall Misstrauen und in zwei Fällen Gefährlichkeit. Die französischen Tiere sind dagegen wendiger, listiger und dezidiert ablehnend gegenüber der deutschen Gefahr; in einem Fall harmloser. Insgesamt erscheinen mir die Selbst- und Fremdbilder der Franzosen als ambivalenter als die der Deutschen.

4. Reaktionen auf die Übung

Die Reaktionen auf die Übung waren durchweg sehr positiv, v. a. von seiten der Personen, die in der außerschulischen (kirchlichen) Erwachsenenbildung, in Sozialdiensten und multikulturellen Zentren tätig sind. Auch in Seminarveranstaltungen mit Studierenden wurde sie mit viel Interesse aufgenommen. Im Rahmen des experimentellen Forschungsprojekts des Deutsch-Französischen Jugendwerks gab es die einzigen negativen Reaktionen, die ich jemals beim Einsatz der Übung erlebt habe. Mit Bemerkungen wie, die Übung sei ja kindisch (m, frz.), sie sei banal, die könne man auch auf einem Kindergeburtstag durchführen (w, dt.), „das mache ich vielleicht mal mit meinen Schülern, aber ich habe keine Lust dazu" (w, dt.) verweigerten einige ihre Teilnahme. Eine Französin wollte nicht über ihre Interpretation sprechen (Ameisenbär); ein Franzose zögerte, weil sein Marienkäfer sehr negativ-ambivalente Bilder aus seiner gesamten Sozialisationsgeschichte bezüglich der

[3] Ich danke Anne-Marie Renouard aus Amiens für ihre freundliche Kooperation und die Zurverfügungstellung der Bilder.

Deutschen enthielt. Andererseits brachte in dieser Gruppe eine Französin (mit deutscher Mutter; Eule) die mögliche Tiefgründigkeit dieser Übung mit den Worten auf den Punkt, sie sei für sie wie eine Therapie-Sitzung gewesen.

5. Umgang mit Widerstand und Abwehr

In der Bildungsarbeit passiert es manchmal, dass ein Angebot nicht angenommen wird oder sich im Laufe der Arbeit Blockaden ergeben, die dem Sich-Einlassen auf eine Aufgabe Grenzen setzen.

Widerstand und Abwehr haben eine wichtige Funktion. Sie dienen als Schutz gegen die Aktualisierung früher erlebter Schmerzen, Ängste oder Verletzungen (vgl. hierzu Freud, Mentzos). Während er in der Kindheit wichtig war, um die Weiterentwicklung oder sogar das Überleben der Person zu ermöglichen, mag ein solcher Widerstand in der derzeitigen Situation dysfunktional sein, also Weiterentwicklung blockieren. Früher hieß es, dass Widerstand zu brechen sei (analog zu Erziehungstheorien, denen zufolge der Wille eines Kindes zu brechen sei). Diese Vorgehensweise wird heutzutage als wenig hilfreich empfunden: „Der Versuch, den Klienten (den, die SchülerIn, den/die Erwachsene/n, R. N.) durch verstärkten Druck dazu zu bringen, diese Grenze zu überschreiten, ist so, als wollte man einem Gehbehinderten seine Krücken wegnehmen, ehe er ohne sie zu laufen gelernt hat. Außerdem würde der Widerstand nur an Stärke zunehmen." (Thon 1993, 80) Heutzutage wird dieser Widerstand eher akzeptiert, es wird an ihm entlang gearbeitet. Nach dem Motto der themenzentrierten Interaktion (TZI) „Störungen haben Vorrang" wird hier eine Grenze (an)erkannt und bewusst gemacht. Oft kann dadurch schon Widerstand abgebaut und die Übung fortgesetzt werden. Andere Möglichkeiten sind, eine andere Übung einzusetzen oder an einem Thema, das sich aus der Diskussion zum Widerstand ergibt, weiter zu arbeiten. Oft kann eine Modifikation einer Übung Blockaden abbauen. Z. B. sollte es unbedingt freigestellt werden, ob jemand bei einer Übung die Augen schließt oder nicht. Es sollte betont werden, dass es bei der Übung kein Richtig und Falsch gibt, kein Gut und Schlecht, und jede/r sich nur so weit auf die Übung einzulassen braucht, wie er/sie es im Kontakt mit sich selbst ertragen kann. Freiwilligkeit ist eine ganz wichtige Voraussetzung. Lida van den Broek (1988) merkt hierzu an, dass sie antirassistische Trainings nur auf dieser Basis durchführen würde. In Kursen zu „interkultureller Zusammenarbeit" im Rahmen einer obligatorischen Vorbereitung von deutschen „Experten" für einen mehrjährigen Aufenthalt in Ländern des Südens in Bad Honnef habe ich als Teamerin erlebt, wie unerträglich, frustrierend, und letztlich dysfunktional und unergiebig eine solche Arbeit sein kann, wenn diese Grundvoraussetzung nicht gegeben ist.

Auch wenn angenommen werden kann, dass der Mensch seine in einem bestimmten historisch-gesellschaftlichen Kontext eingebettete individuelle Lebensgeschichte reproduziert und aktuell weiterentwickelt, muss bei Abwehr nicht unbedingt die frühkindliche Entwicklung ins Blickfeld geraten. Wichtig ist es auch, die eigene Lern-Sozialisation zu reflektieren, die stark von der kognitiven Ausrichtung von Schule und Universität geprägt ist. Insofern ist diese Übung fremd für Menschen, die gelernt haben, vorwiegend ihren Kopf zu gebrauchen und aus dieser kognitiven Vereinseitigung auch Sicherheit beziehen. Für sie haftet anderen Wegen der Erkenntnisgewinnung etwas Unkontrollierbares an. Widerstand kann also auch bei ungewohnten Lernformen entstehen. Ungewohntes, Unbekanntes und Fremdes kann dabei Angst vor unkontrollierbaren, möglicherweise unangenehmen Erfahrungen, aber ebenso auch Faszination (für das Neue, das neugierig macht, neue Wege und Welten eröffnen kann) ausüben. In welche Richtung der Umgang mit dem Fremden tendiert, hängt von der eigenen Lebensgeschichte ab und darüber hinaus vom Kontext, d.h. auch der Art und Weise, wie etwas eingebracht wird.

6. Variationen zur dargestellten Übung und alternative Formen des Umgangs damit

Anstelle einer Symbolisierung von Selbst- und Fremdbildern in Form von Tieren können auch Blumen, Pflanzen / Bäume oder Gegenstände gewählt werden. All diese Symbolisierungen ermöglichen eine gewisse Distanzierung von den Selbst- und Fremdbildern, weil sie aufgrund ihrer eigenen Semantik eine gewisse Eigendynamik entfalten. Der Vorteil von Tieren liegt dabei m. E. in deren zusätzlicher Lebendigkeit, Beweglichkeit und Unkontrollierbarkeit. Ebenso läßt sich mit Selbst- und Fremdportraits arbeiten. Da sie weniger Verfremdung ermöglichen als die Tiere und damit weniger Distanz zum Eigenen und zum Fremden, werden sie evtl. stärker kognitiv gesteuert und kontrolliert und deshalb möglicherweise als schwieriger oder peinlicher empfunden und eher abgewehrt.

Eine noch größere Nähe zum Fremden kann durch Fantasiereisen erzeugt werden, in denen die TeilnehmerInnen angeleitet werden, sich in eine fremde Person zu verwandeln (vgl. hierzu Stevens 1975). Erfahrungsgemäß gelingt eine solche Identifikation mit und Verkörperung eines bzw. einer imaginierten Fremden nicht allen, aber den meisten. Oft sind es idealisierte Fremde (d.h. gewünschte, aber nicht gelebte Anteile des eigenen Selbst), die dabei verkörpert werden. Eine starke Abwehr tritt auf, wenn nicht idealisierbare, abgelehnte, als unangenehm empfundene Personen verkörpert werden sollen (z.B. Roma, im Gegensatz zu 'Zigeunern' oder arme Deutsche).

Während sich meine Erfahrungen mit der Übung auf Erwachsene beziehen, haben einige LehrerInnen aus der Gruppe des Deutsch-Französischen Jugendwerks die Übung mit SchülerInnen durchgeführt. Ein Beispiel soll hier kurz beschrieben werden. Eine französische Lehrerin hat die Übung mit ihren ca. 14-jährigen SchülerInnen im Deutsch-Unterricht analog zu meinen Anweisungen durchgeführt, und zwar sowohl vor als auch nach einer Klassenreise nach Deutschland. Die Auswertung fand nach der Klassenreise statt. Die Bilder lassen Raum für verschiedene Interpretationen. Ohne sie im einzelnen interpretieren zu wollen (das sollte den UrheberInnen selbst überlassen bleiben), fällt folgendes auf: viele Bilder enthalten ausgesprochene Grenzziehungen, die offensichtlich nur teilweise durch den direkten Kontakt mit deutschen SchülerInnen aufgelöst worden sind. In allen Fällen sind die deutschen und die französischen Tiere sehr unterschiedlich, aber in einigen Fällen lässt sich den Bildern eine Annäherung nach dem Schüleraustausch entnehmen.

7. Möglichkeiten einer kognitiven und emotionalen Vertiefung der Übung

Wenn genügend Zeit vorhanden ist, bieten die Bilder viel „Stoff", um die verschiedenen Facetten der Selbst- und Fremdkonstruktionen zu erarbeiten. Je nach vorhandener Zeit und TeilnehmerInnen-Merkmalen und -Interessen kann die Arbeit mit der Übung noch vertieft werden. In einem ersten Schritt nach der Betrachtung der Bilder, die die anderen gemalt haben, sollte der/die UrheberIn sein/ihr Bild erläutern. Die anderen Personen schließen mit Nachfragen und Kommentaren an.

Der Wert der Übung liegt m. E. in einem Zuwachs an Selbsterkenntnis und Selbstreflexion. Es gibt keine objektive Aussage der Bilder. Alle bestimmen selbst, welchen Lerngewinn sie aus ihren Bildern sowie denen der anderen ziehen wollen. Eine Interpretations- und Definitionsgewalt Außenstehender wäre völlig dysfunktional. Auch wenn z. B. ein Psychotherapeut oder -analytiker mehr und anderes sieht, so hat dieses Wissen m. E. wenig Wert, wenn der/die UrheberIn damit nichts anfangen kann. Definitionsmacht ist das Gegenteil einer Akzeptanz von Wahrnehmungs-, Deutungs- und Bedeutungsvielfalt: hierbei wird nur die eigene Reaktion und Meinung als die richtige gesehen und verteidigt und damit Kommunikation und Multiperspektivität zerstört. Dies sollte insbesondere solchen TeilnehmerInnen deutlich gemacht werden, die Angst haben, die Kontrolle über ihre Selbstdarstellung in einer solchen Übung zu verlieren.

Soweit Bereitschaft unter den TeilnehmerInnen besteht, kann eine vertiefte Auseinandersetzung mit den in den Zeichnungen enthaltenen Selbst- und Fremdbildern über die Frage nach den Gemeinsamkeiten und Unterschieden sowie nach der Beziehung zwischen den Tieren erfolgen. Des weiteren können Fragen nach der affektiven Beziehung zu den beiden Tieren gestellt werden, wobei diese Fragen sich zunächst auf das Ich-Tier und erst anschließend auf das Fremd-Tier beziehen sollten, z. B.: Wie finde ich mein Ich- (bzw. Fremd-) Tier? Welche Beziehung habe ich zu ihm? Was gefällt mir an ihm, was nicht? Über diese Fragen kann dann der Bezug zum Alltag hergestellt werden: Welche meiner Persönlichkeitsmerkmale und Verhaltensweisen symbolisiert das Ich-Tier? Welche Kontakte habe ich zu Fremden in meinem persönlichen und beruflichen Umfeld? Spiegeln sich diese Erfahrungen in irgendeiner Weise in meinem Fremd-Tier wider?

Analog zur Hinwendung zur Außenwelt kann auch ein Bezug zur Innenwelt hergestellt werden: Was könnte ich tun, um (ggf.) mein Ich-Tier besser annehmen zu können? Evtl. ergibt sich über diese Frage schon eine Verbindung mit dem Fremd-Tier. Das Fremd-Tier stammt ja auch von der jeweiligen Person, ist ihr Produkt. Es kann als „alter ego" gesehen werden, als die Verkörperung derjenigen Anteile meines Selbst, die mir fremder sind, die ich nicht entfaltet habe, nicht selbst lebe, sondern in andere auslagere, in andere projiziere. Diesem Aspekt kann man sich annähern mit Fragen, wie „Was habe ich bisher noch nicht an mir wahrnehmen wollen? Was hindert mich daran? Zeigt mir das Fremd-Tier Eigenschaften, die ich in Zukunft vielleicht mehr leben, mehr entfalten möchte und ausprobieren sollte? Was würde mir fehlen, wenn es mein Fremd-Tier nicht gäbe?"

Schluss

Die Übung hat etwas Spielerisches, und sie kann flexibel für verschiedene Grade der Selbsterkenntnis, der Selbst- und Fremdwahrnehmung, des Umgangs mit Projektionen etc. eingesetzt werden, je nach Bereitschaft und Interesse der TeilnehmerInnen. Gerade diese Variabilität und Offenheit macht ihren Einsatz auch in ungeübten Gruppen möglich. Es ist immer wieder faszinierend zu erleben, wie unterschiedlich Menschen auf denselben Impuls reagieren, d. h. welche Multiperspektivität und Vielfalt an Reaktionen, Deutungen, und Gefühlen ein und derselbe Impuls hervorrufen kann. Genau diese Vielfalt in der Gruppe zu erleben und zu akzeptieren, erscheint mir für intra- wie interkulturelle Lernprozesse wichtig.

Literatur

Duncker, Ludwig: Die Kraft der Imagination. Zur Bedeutung der Phantasie für das Lernen. In: Neue Sammlung 3/1994, S. 459–474

Freud, Anna: Das Ich und die Abwehrmechanismen. Frankfurt/M.: Fischer 1992 (1936)

Mentzos, Stavros: Neurotische Konfliktverarbeitung. Frankfurt/M. 1993 (1982)

Stevens, John O.: Die Kunst der Wahrnehmung. München: Chr. Kaiser 1975 (7)

Thomas, Alexander: Können interkulturelle Begegnungen Vorurteile verstärken? Aus: Ders. (Hrsg.): Psychologie und multikulturelle Gesellschaft. Göttingen, Stuttgart: Verlag für angewandte Psychologie 1994, S. 227–238

Thon, Maria: Wechseljahre. Soziokulturelle Aspekte und Möglichkeiten sozialpädagogischer Beratungs- und Bildungsarbeit. Manuskript, Diplomarbeit SP, Universität GH Essen 1993

Van den Broek, Lida: Am Ende der Weißheit. Vorurteile überwinden. Berlin: Orlanda 1988

Willke, Helmut: Systemtheorie. Stuttgart, New York: G. Fischer 1991 (3)

NATALIE HÜBENER

Die Stadt als multikulturelle Lebenswelt: Öffnung von Schule

Der Anspruch, eine „Schule für alle Kinder" zu verwirklichen, stellt in einer multikulturellen Gesellschaft eine besondere Herausforderung dar. Wenn jedes Kind bestmöglich und individuell nach seinen Fähigkeiten und Fertigkeiten unterstützt und gefördert werden soll, erscheint es vor allem notwendig, dass

- außerschulische Lernorte genutzt werden,
- neue Lernformen angeboten werden, in denen aktivierendes Arbeiten zur Selbstverständlichkeit wird,
- Schüler einen Einblick in das Berufsleben bekommen,
- sowohl kulturelle als auch interkulturelle Themen behandelt werden.

Der Lehrer sollte also zunächst aufgrund der individuellen Unterschiede, die seine Schüler aufweisen, versuchen seinen Unterricht so zu gestalten, dass jedes Kind bestmöglich in seinen Fähigkeiten gefördert wird. Dieses Ziel kann erfolgreich mit binnendifferenzierendem Unterricht erreicht werden. In erster Linie wird differenziert, um dem Schüler bei seiner Sozialisation und Identitätsfindung zu helfen. Für den Unterricht bedeutet das konkret die Individualisierung methodischer und organisatorischer Maßnahmen, um den Schüler entsprechend seinen Voraussetzungen und Neigungen zu fördern. Man unterscheidet zwischen innerer und äußerer Differenzierung (Fournes / Lindner 1996, S. 8).

Die *äußere Differenzierung* umfasst Arbeitsangebote außerhalb des Unterrichts wie z. B. Förderunterricht, der zum einen Lernschwierigkeiten und Lücken beheben soll, zum anderen aber auch dazu dient, für Schüler, die im Unterricht nicht bis an die Grenzen ihrer Möglichkeit gefordert und gefördert wurden, das Lernangebot zu erweitern; Arbeitsgemeinschaften, die den Schülern auf freiwilliger Basis die Möglichkeiten bieten, sich entsprechend ihren Interessen weiterzubilden. Des weiteren fallen unter den Begriff äußere Differenzierung auch muttersprachlicher Unterricht sowie spezielle Fördermaßnahmen für Sprechstörungen oder Lese-Rechtschreib-Schwäche.

Innere Differenzierung bezieht sich auf die Unterrichtsorganisation, bei der innerhalb einer Klasse Gruppen-, Partner- oder Einzelarbeit durchgeführt werden kann. Die Lernprozesse und die Gestaltung des Unterrichts werden am Begabungs- und Leistungsgefälle festgemacht, um allen Kindern ein optimales Leistungsergebnis zu ermöglichen. Differenziert wird auch in der Lehrerhilfe. Der Lehrer leistet nur Hilfestellung, wenn es der Schüler verlangt, Korrekturen von Schülerarbeiten werden individuell vorgenommen. Der Lehrer versucht bei Lernangeboten, Unterschiede im Lern- und Arbeitstempo auszugleichen, indem er, dem Leistungsniveau entsprechend, verschiedene Aufgaben bereitstellt. Den Schülern ist es erlaubt, Hilfsmittel zur Bearbeitung der Aufgaben zu benutzen.

Die Maßnahmen der Differenzierung, die vorwiegend vom Lehrer bestimmt werden, sind durch Lehr- und Lernsituationen zu ergänzen, indem Schüler ihren Lernprozess mehr und mehr selbst planen und gestalten. (Knörzer / Grass 1995, S. 196).

Daraus folgt, dass sich differenzierender Unterricht am besten in Gruppenarbeit, im Projektunterricht, beim Wochenplan und in der Freiarbeit realisieren läßt. Im weiteren Verlauf soll auf verschiedene Projekte eingegangen werden. Die Schule wird immer häufiger als ein 'Haus des Lernens' beschrieben (vgl. Bildungskommission 1995). Zentral sind dabei Aktivitäten des Programmschwerpunkts „Gestaltung des Schullebens und Öffnung von Schule" (GÖS). Konkret sind damit etwa gemeint:

- Lern-, Schreib- und Gestaltungswerkstätten, in denen SchülerInnen ihre Begabungen praktisch entwickeln können,
- die Ausstellung diverser Schülerarbeiten,
- die Einbeziehung von Klassenraum, Schulfluren und Schulgelände in Gestaltungsprozesse (Schirp 1998, S. 9) oder
- Projektarbeit (mit dem Schwerpunkt „Interkulturelle Verständigung").

Viele Schulen richten sich schon seit längerem nach den Vorschlägen des GÖS-Ansatzes und orientieren sich an Zielvorstellungen einer interkulturellen Pädagogik, so beispielsweise die Gesamtschule und das Gymnasium Vohwinkel in Wuppertal, die Erich-Fried-Gesamtschule in Wuppertal, die GGS Unterbeberich in Viersen, die Realschule Kleve oder die Bronkhorstschule in Duisburg-Meiderich. Diese Schulen stellen nur einen kleinen Auswahl dar, das Spektrum ist viel breiter gefächert und überall in NRW lassen sich derartige Schulen finden. Viele Lehrer praktizieren ihren Unterricht dahingehend und entsprechend 'offen'.

Unter „interkultureller Verständigung" wird von den oben genannten Schulen u. a. die *Zusammenarbeit mit außerschulischen Partnern* verstanden. Gemeint sind hier unter anderem Kooperationspartner wie die Stadt (im Hinblick auf Jugendzentren, Hausaufgabenbetreuung, Schulkulturtage usw.), die Eltern (besonders wichtig zur Mitgestaltung des Schullebens und des Schulgeländes) sowie verschiedene Firmen oder Einrichtungen, um die Durchführung diverser Praktika und Projekte zu ermöglichen.

Die *Projektarbeit* ist eine wichtige Voraussetzung zur Öffnung von Schule, die nach dem GÖS-Programm in folgende Teilbereiche untergliedert wird:

- Arbeit und Berufswelt
- Gemeinwesen und soziale Verantwortung
- interkulturelle Verständigung
- Kultur und
- Umweltbildung

(Landesinstitut ... 1998, Inhaltsverzeichnis)

Es gibt verschiedene Definitionen, was unter einem Projekt zu verstehen ist. Sie können fachbezogen, fächerverbindend oder überfachlich sein. Ein Projekt muss dementsprechend nicht grundsätzlich mit einem angebotenen Schulfach in Verbindung stehen. Vor allem in Projekten wird die bereits angesprochene Offenheit des Unterrichts realisiert. Da die Schüler die Themen auswählen sowie Inhalte und Arbeitsergebnisse in Einzel- oder Gruppenarbeit zusammentragen, können sie gesellschaftliche Zusammenhänge besser begreifen, und durch die anschließende Präsentation der Ergebnisse üben sie ihrerseits wieder eine Wirkung aus. Schließlich haben sie sich mehrere Tage oder Wochen mit einem Thema beschäftigt, sie haben recherchiert, beobachtet und können somit Hintergründe verstehen und Erfahrungen weitergeben.

Durch arbeitsteilige Gruppenarbeit, bei der aber auf die jeweiligen Fähigkeiten der Kinder Rücksicht genommen wird, werden verschiedene Teilbereiche eines Projektthemas abgedeckt, wodurch die Erfahrung vermittelt wird, dass alle Teilbereiche zusammen eine Gesamtarbeit darstellen (Spangenberg 1995, S. 4).

Projektunterricht mit interkultureller Schwerpunktsetzung bietet bei einer heterogenen Schülerschaft besondere Vorteile, da sich die Schüler einerseits mit den Themen identifizieren können, andererseits Schüler anderer Herkunft über die Kulturen ihrer Mitschüler aufgeklärt werden. So kann der Zusammenhalt und das Miteinander in der Klasse gestärkt werden. Ein Vorteil von Projektunterricht könnte darin liegen, dass er Hemmungen bei Schülern abbaut, die bei normalem Fachunterricht durchaus auftreten können. Somit kann der Lehrer bei leistungsschwächeren Schülern innerhalb der Projektarbeiten mit sehr anspruchsvollen Ergebnissen rechnen.

Ein Projekt stellt einen Zusammenhang zwischen dem Unterricht und außerschulischen Begebenheiten dar, der durch die Veröffentlichung von gesammelten Erfahrungen und Ergebnissen unterstrichen wird. Als Nebeneffekt wird den Kindern so auch die Wichtigkeit des Lernens in ihrem persönlichen Leben verdeutlicht. Ein weiteres Merkmal ist, dass Schüler in Projekten mehrere Sinne gebrauchen und so der Unterricht „im wahrsten Sinne des Wortes sinnvoll wird“ (Spangenberg 1995, S. 4).

Im Folgenden soll exemplarisch ein Projekt der Hauptschule Bronkhorst in Duisburg von 1997 vorgestellt werden, das im Rahmen der Arbeit an einem „interkulturellen Schulprogramm“ entstanden ist (Landesinstitut ... 1998, S. 65f.).

Außerschulische Partner waren hierbei

- die fünf Partnerschulen in Großbritannien, Portugal, Finnland und den Niederlanden
- das Landesinstitut für Schule und Weiterbildung in Soest
- der Förderverein der Bronkhorstschule, der AKSUS (Arbeitskreis Schule und Stadtteil), der KIEBITZ (Internationales Jugend- und Kulturzentrum), das Internationale Zentrum (VHS Duisburg), die cubus-kunsthalle Duisburg, die

Pfarrei Herz-Jesu in Meiderich, die evangelische Gemeinde Obermeiderich, der Moscheeverein Haci Bayram in Meiderich, der Ingenhammshof (Landschaftspark Nord), MABILDA (Frauen- und Mädchenzentrum Nord), (ehemalige) Schüler und Eltern u. v. a.

Das im Rahmen von GÖS durchgeführte Projekt wurde zunächst in zwei Teil-Projekte geteilt.

Die Idee des ersten Teils – **„Der fliegende Teppich – eine Reise durch den Orient"** – basierte auf einer Ausstellung der *cubus-kunsthalle* Duisburg im Oktober 1998. Mitgearbeitet haben bei der Planung und Durchführung des Projekts

- alle Schüler der 5. und 6. Jahrgangsstufen
- ca. 20 Lehrer
- außerschulische Mitarbeiter
- Schüler und Eltern als „Experten" mit Wurzeln in orientalischen Ländern

Außerdem war die Arbeit fachbezogen und fächerübergreifend. Alle Schüler durften unter folgenden Angeboten wählen:

- Workshop: Orientalische Märchen; Erarbeitung eines Bühnenstücks (Deutsch)
- Karagöz-Schattenspiele (MEU Türkisch)
- Merkmale des Islam; Besuch einer Moschee mit einer nicht-muslimischen Gruppe (Religion)
- „Wir knüpfen einen Teppich" / Orientalische Kleidungsstücke; Nähen von Kostümen und Accessoires für Theater-Gauklergruppe (Textil)
- Gestalten orientalischer Ornamente; Kalligrafie; Namenskarten und Schmuckbänder in arabischen, tamillischen, kyrillischen und griechischen Schriftzeichen (Kunst)
- arabeske Rhythmen und Musik / orientalische Musikinstrumente; orientalische Volkstänze (Musik)
- Kunststücke der Gaukler und Fakire, Vorbereitung einer Zirkusaufführung (Sport)
- Workshop: Bauchtanz unter professioneller Anleitung (Musik / Sport)
- aus einfachen Materialien orientalische Trommeln basteln (Kunst)
- anschließender Workshop: orientalische Rhythmen, Trommeln unter professioneller Anleitung
- Gewürze, Düfte, Speisen des Orients, Rezepte ausprobieren / sammeln / Speisen in einem „Cafe Oriental" anbieten (Hauswirtschaft)

Der zweite Teil des Projekts hieß: **„Das Baumprojekt – nach kulturellen Wurzeln graben"**. Es umfasste die Unterrichtsfächer Deutsch, Kunst, Textil und Technik: Die Schüler mussten u. a. die Baumumrisse entwerfen, Schablonen anfertigen, mit Pappmache modellieren, sägen, bohren, löten usw. In der Erhebungsphase beteiligten sich alle Schüler der Klassen 5–10 und deren Eltern, im weiteren Verlauf, d. h. in der technischen Realisationsphase nur noch die Jahrgänge 7–10, sowie ca. zwei Drittel des Kollegiums.

Seit November 1998 kann das fertiggestellte Baumprojekt in der Bronkhorstschule Meiderich betrachtet werden: An einem Baumrelief hängen Fotos aller Schüler der Schule. Das Besondere an diesem Baumrelief ist, dass die kulturellen Wurzeln der Familie des jeweiligen Schülers an einem Display abrufbar sind und als farbige LED aufleuchtet. Die durch das Betrachten möglicherweise auftretenden Irritationen (Befremdungen) sind beabsichtigt. Sie sollen Gesprächsanlässe bieten, um interkulturelle (Lern-)Prozesse zu fördern. (Landesinstitut ... 1998, S. 65–67).

Abschließend möchte ich ein theoretisches Modell vorstellen, das es m. E. ermöglicht zu beurteilen, ob und in welcher Weise interkulturelles Denken zum Bestandteil des Schulleben geworden ist. In diesem Modell arbeitet Jürgen Lauer mit „neun Schlüsselbegriffen", d. h. vier Grundeinstellungen und fünf Zugangsmöglichkeiten. Pentagramms verdeutlicht er den Zusammenhang von vier „Grundeinstellungen" (im Inneren des Sterns) und fünf „Zugangsmöglichkeiten" (jeweils ein Sternarm) zu interkulturellem Lernen Aus der Kombination der „Zugangsmöglichkeiten" mit jedem Punkt im Sterneninneren ergeben sich 20 Denkansätze zum Begriff Interkulturelle Verständigung (Lauer 1998, S. 67):

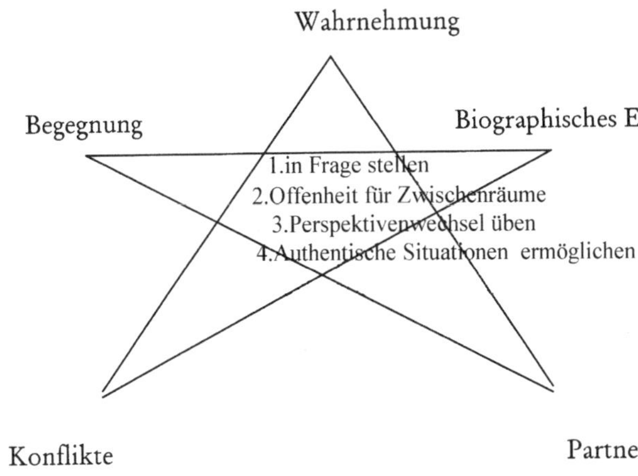

Anhand eines fiktiven Beispiels, möchte ich nun einige Zugänge durchspielen: Man stelle sich eine Schulklasse vor, in der Schüler unterschiedlicher Herkunft miteinander lernen.

In dieser Klasse sind neben fünfzehn Kindern aus Deutschland, vier Kinder aus der Türkei, zwei aus Russland und je ein Kind aus Italien und aus Indien. Abgesehen davon, dass vielleicht einige Kinder der deutschen Sprache noch nicht ganz mächtig sind, fallen sie teilweise durch ihr äußeres Erscheinungsbild auf. Je nach Erziehung und Aufklärung können nun Fragen bezüglich des Andersseins auftreten. „Wieso trägt Ayse ein Kopftuch?" „Wieso hat Indumathy einen roten Punkt auf der Stirn?" können mögliche Fragestellungen sein. Diese werden natürlich nicht immer frei geäußert, möchte man doch niemandem zu nahe treten. Solche äußeren Merkmale werden jedoch wahrgenommen (*1. Zugangsmöglichkeit: Wahrnehmung*). Aber sollte der Lehrer derartige Fragen im Raum stehen lassen? Ich denke nicht. Bei einer derart gemischten Klasse kann der Lehrer die Wahrnehmung als Anhaltspunkt nutzen, um über fremde Kulturen zu sprechen und etwaige Vorurteile zu nehmen (*2. Zugangsmöglichkeit: Begegnung*).

In diesem speziellen Fall erzählt Ayse später selbst, aus welchem Grund und aus welcher Überzeugung sie das Kopftuch trägt (*3. Zugangsmöglichkeit: biographisches Erzählen*). Ihre Mitschüler erfahren, dass sie es freiwillig trägt, weil sie es möchte. Dagegen sei es in der Türkei den Mädchen und Frauen in Institutionen wie Schule oder Universität verboten, ein Kopftuch zu tragen. Im weiteren Verlauf des Gesprächs erzählt Ayse noch von anderen türkischen Bräuchen und Ritualen. Alle stellen interessiert Fragen, Ayse antwortet, erfreut über soviel Anerkennung und Zustimmung. Gewiß ergibt sich aus diesem Gespräch der ein oder andere Konfliktpunkt (*4. Zugangsmöglichkeit: Konflikte*).

Es stellt sich heraus, dass Ayse, genau wie alle anderen Muslime, kein Schweinefleisch isst, auf Schulfesten, Geburtstagen oder ähnlichen Veranstaltungen aber oftmals Speisen angeboten werden, die eben solches Fleisch enthalten und somit tabu für sie sind. Außerdem fühle sie sich in der Weihnachtszeit sehr unwohl, schließlich feiere man in der Türkei kein Weihnachtsfest. Als Moslem feiere man aber dafür „Ramazan Bayrami“, das Zuckerfest, das nach erfolgreicher Beendigung der vierwöchigen Fastenzeit ansteht. Zuckerfest heiße es deshalb, weil an diesem Tag besonders viele Süßspeisen zubereitet werden. Man lädt die ganze Familie ein und feiert zusammen. Damit gewinnt die *5. Zugangsmöglichkeit ‘Partnerschaft’* Konturen, bei der der Kontakt zu außerschulischen Lernorten und authentische Begegnungen eine zentrale Rolle spielen.

Interkulturelles Lernen soll, so Lauer (1998, S. 64ff.) von folgenden vier „Grundeinstellungen“ geprägt sein:

„Statt in den Griff nehmen – in Frage stellen“ überschreibt er die *erste Grundeinstellung*. Gemeint ist die Aufforderung, eigene Deutungsgewohnheiten ebenso in Frage zu stellen wie etwa unhinterfragte Annahmen in Bezug auf die Wirksamkeit kognitiver Input-Output-Prozesse:

„In der Zusammenarbeit mit Schulen zeichnet sich ab, dass den pädagogischen Bemühungen vielfach Wirkungen unterstellt werden, die sich so nicht ergeben. Insbesondere werden dem fremdsprachlichen Lernen, dem Schulaustausch und der Organisation grenzüberschreitender Partnerschaftsprojekte, der folkloristischen Gestaltung des Schullebens oder Antirassismus-Aktionen interkulturelles oder europaorientiertes Lernen quasi als immanenter Effekt zugesprochen, ohne daß dies weiter problematisiert wird.“ (Böth, zit.n. Lauer 1998, S. 65).

Die *zweite Grundeinstellung* **„Statt Sandburgen bauen, Offenheit für Zwischenräume bewahren“** bezieht sich sowohl konkret auf die Gestaltung „freier Räume“ als auch auf den Umgang mit Ambivalenz, mit Uneindeutigkeit in interkulturellen Beziehungen.

Bei der *dritten Grundeinstellung*, ergibt sich aus der vorangestellten fast zwangsläufig: **Statt Wahrhaben und Rechthaben Perspektivwechsel üben**. Dabei geht es darum, sich in die Perspektive eines Fremden bzw. einer fremden Kultur hineinzuversetzen, sich mit ihm bzw. ihr probeweise zu identifizieren und eigene Wertkategorien zu relativieren.

Mit der *vierten Grundeinstellung* – **„Statt vorab definierte Situationen zu erzeugen, sich auf authentische Situationen einlassen“** – soll der unmittelbar erlebbare Kontakt zum Fremden zur Lerngelegenheit werden. Die oben dargestellten Projektideen der Bronkhorstschule Meiderich zeigen, wie wichtig dieser Kontakt für interkulturelles Lernen ist, mehr noch: Dass interkulturelles Lernen ohne eine Öffnung der Schule und des Unterrichts in die multikulturelle Vielfalt des Stadtviertels, der Gemeinde oder der Region eigentlich schwer vorstellbar erscheint.

Literatur

Bildungskommission NRW: Zukunft der Bildung – Schule der Zukunft. Denkschrift der Kommission ... beim Ministerpräsidenten des Landes Nordrhein-Westfalen. Neuwied, Kriftel, Berlin 1995

Fournes, A.; Lindner, M.: Fördern durch Differenzieren. In: Grundschulmagazin 10/96, S. 8–10

Knörzer, W.; Grass, K.: Den Anfang der Schulzeit pädagogisch gestalten: ein Studien- und Arbeitsbuch für den Anfangsunterricht. 3., unveränderte Auflage, Weinheim, Basel 1995

Knopff, H.: Vorbemerkungen zum Themenschwerpunkt ‘Interkulturelle Verständigung’. In: 4 Begegnung mit außerschulischen Partnern. Gestaltung des Schullebens und Öffnung von Schule. Beispiele aus der Schulpraxis, hrsg. v. Landesinstitut für Schule und Weiterbildung. 1. Auflage 1998, Bönen 1998, S. 63

Lauer, J.: Interkulturelle Verständigung. Versuch einer Begriffsbeschreibung, in: Begegnung mit außerschulischen Partnern. Gestaltung des Schullebens und Öffnung von Schule. Beispiele aus der Schulpraxis, hrsg. v. Landesinstitut für Schule und Weiterbildung. 1. Auflage 1998, Bönen 1998, S. 64–71

Schirp, H.: GÖS-Aktivitäten – Bausteine zum Haus des Lernens. In: GÖS als Hilfe zur Schulentwicklung. Gestaltung des Schullebens und Öffnung von Schule. Beispiele aus der Schulpraxis, hrsg. v. Landesinstitut für Schule und Weiterbildung. 1. Auflage 1998, Bönen 1998, S. 8–14

Spangenberg, E.: Rechtschreiben lernen – auch in Projekten. In: Praxis Grundschule: Rechtschreiben, H. 1/95, S. 4–5

NICOLE ZASTROW

Die Zusammenarbeit von Schule und RAA

(Regionale Arbeitsstelle zur Förderung von Kindern und Jugendlichen aus Zuwandererfamilien) – eine Chance für ausländische und deutsche Kinder

Eine Arbeitsgruppe auf dem Pädagogiklehrertag 1998 in Essen beschäftigte sich mit der Arbeit der Regionalen Arbeitsstellen zur Förderung von Kindern und Jugendlichen aus Zuwandererfamilien, und zwar unter Leitung von Thomas Jaitner in der Hauptstelle der RAA in Essen. In diesem Beitrag werden zum einen die Gespräche und Ergebnisse dieser Arbeitsgruppe dokumentiert, zum anderen die Richtlinien für die Förderung der RAA vom 29.01.1998, das Buch „Beratung, Förderung, Vernetzung“ (Dokumentation der Arbeit der RAA in den Jahren 1993/1994. Hg. v. Stadt Duisburg. Duisburg: 1994) sowie Auskünfte der RAA Duisburg verarbeitet.

Die TeilnehmerInnen der Arbeitsgruppe interessierten besonders folgende Fragen: Wer ist der Träger der RAA? Was macht die RAA genau? Ist sie eine Institution, an die ich mich um Hilfe wenden kann, wenn ich Probleme mit ausländischen SchülerInnen habe? Welches Material liegt bei der RAA für den Unterricht vor? Wie funktioniert so eine Arbeitsstelle? Findet Sozialarbeit statt? Gibt es eine Zusammenarbeit mit der Polizei (Übersetzung) oder mit der Schule? Werden nachmittags Betreuungsmaßnahmen wie beispielsweise Sprachangebote durchgeführt?

„Regionale Arbeitsstellen zur Förderung von Kindern und Jugendlichen aus Zuwandererfamilien“ – kurz RAA genannt – werden seit 1979 in Nordrhein-Westfalen eingerichtet. Sie sind hervorgegangen aus einem Modellversuch, der im Ruhrgebiet entstanden ist. (Duisburg, Essen, Gladbeck und Oberhausen) Dort war folgendes Problem am drängendsten: Unsere Klassen werden immer gemischter, heterogener. Wie macht man produktiv mit solchen Klassen Unterricht? Nachdem 1986 der Modellversuch – wie vorgesehen – auslief, wurden die RAA als Regeleinrichtungen der Kommunen weitergeführt. In der Zwischenzeit wurden zahlreiche weitere RAA gegründet. (1981 Dortmund, Gelsenkirchen, Hamm und Herne; 1984 Leverkusen, 1986 Krefeld) und 1988 wurde die Hauptstelle der RAA mit zentralen Koordinations- und Serviceaufgaben in Essen eingerichtet. Mittlerweile gibt es 26 RAA, wobei der Schwerpunkt auf dem Ruhrgebiet und der Rheinschiene liegt.

Voraussetzung für die Gründung einer RAA ist, dass der Anteil der Migrantenkinder in der Kommune den Landesdurchschnitt (derzeit 11 %) übersteigt. Die Frage nach dem Träger der RAA ist nicht so einfach zu beantworten, denn die Finanzmittel für die RAA werden durch eine Mischfinanzierung aufgebracht: Die Personalstellen werden zur Hälfte vom Schulministerium und zur Hälfte vom Arbeitsministerium finanziert. Zur Grundausstattung einer RAA gehören zwei Lehrer- sowie zwei Sozialarbeiter- oder Sozialpädagogenstellen. Mindestens eine der Stellen muss von AusländerInnen besetzt sein. Sachmittel und Gebäude werden von der Kommune bezahlt. Es gibt zusätzlich eine Hauptstelle in Essen, die die Funktion hat, die Arbeit innerhalb des Verbundes zu koordinieren.

Das Land fördert nach Maßgabe der Richtlinien für die Förderung der RAA vom 29.01.1998 und der Verwaltungsvorschriften zu § 44 LHO für Zuwendungen an Gemeinden die schulische und außerschulische Arbeit der RAA und der Hauptstelle RAA. Ein Anspruch auf Förderung besteht jedoch nicht. Die beteiligten Behörden entscheiden im Rahmen der verfügbaren Haushaltsmittel. Die Richtlinien der RAA regeln Gegenstand der Förderung, Zuwendungsvoraussetzungen, Stellen für Lehrkräfte, Art und Umfang sowie Höhe der Zuwendung für außerschulische Fachkräfte der RAA und der Hauptstelle der RAA. Ferner sind Verfahren für Erstanträge sowie Verfahren für Folgeanträge zur Finanzierung außerschulischer Fachkräfte und der Hauptstelle der RAA festgelegt. Ein weiterer Punkt betrifft die Zuwendungsempfänger. Hierunter fallen einerseits Städte und Kreise, deren Migrantenanteil an der Wohnbevölkerung insgesamt oder in klar abgrenzbaren größeren Stadtteilen oder Wohnbereichen über dem Landesdurchschnitt liegt und andererseits die Stadt Essen für die Hauptstelle RAA. Diese Richtlinien traten mit Wirkung vom 01.01.1998 in Kraft und sind bis zum 31.12.2003 gültig.

Organisatorisch sind die RAA in der Regel dem Schulverwaltungsamt zugeordnet. Sie werden gefördert im Rahmen eines Landesprogramms, an dem das Ministerium für Schule und Weiterbildung sowie das Ministerium für Arbeit, Gesundheit und Soziales beteiligt ist. Eine Koordinierung erfolgt in einem örtlichen Koordinierungskreis. Im Gremium sind die Stadt, die Schulaufsicht, örtliche Trägerorganisationen und örtliche RAA vertreten.

Welche Zielsetzung verfolgt nun die RAA und für welchen Personenkreis ist sie zuständig? Es ist nicht möglich, hierauf eine kurze Antwort zu geben, denn der von der RAA gewählte Ansatz ist sehr breit angelegt. Sie verfolgt zwar das Ziel, Kindern und Jugendlichen aus Zuwandererfamilien gleiche Qualifizierungschancen zu eröffnen wie deutschen und auf ihre gleichberechtigte Teilhabe in allen gesellschaftlichen Bereichen hinzuwirken. Dennoch versteht sie sich als Dienstleistungszentrum für Kinder und Jugendliche ohne Einschränkung der Nationalität und ausländerrechtlichem Status. So verweist bereits die Überschrift dieses Aufsatzes darauf, dass die Zusammenarbeit von Schule und RAA auch für die deutschen SchülerInnen fruchtbar sein kann. Ein lebendiges Gespräch verdeutlicht diesen Ansatz der RAA besser als ein wissenschaftlicher Bericht. Deshalb möchte ich nun folgenden Gesprächsausschnitt der TeilnehmerInnen der Arbeitsgruppe 4 (Pädagogiklehrertag 28.10.1998) aufführen:

Thomas Jaitner: „Nun stellt sich folgende Frage: Wer ist das Objekt von unseren Bemühungen? Sind das nur die Migrantenkinder? Ich glaube, dass in diesem ganzen Bereich Interkulturelles Lernen / Mehrsprachigkeit zwei Sachen zusammenkommen müssen. Das eine sind die Migrantenkinder mit ihren Fähigkeiten und Kompetenzen. Ich gehe nicht von ihren Defiziten aus, sondern von ihren Fähigkeiten und Kompetenzen. Sie haben ganz zentrale Fähigkeiten, die in der Schule häufig keine Rolle spielen. Sie besitzen hohe sprachliche Kompetenzen. In der Regel wachsen sie zweisprachig auf. Häufig weiß man das nur gar nicht. (Bsp.: Eine Türkin mit arabischem Vater aus Saudi-Arabien, die auf dem Gymnasium noch zwei Fremdsprachen lernt) Zum zweiten haben die Migrantenkinder in der Regel sehr hohe interkulturelle Kompetenzen. Sie stehen einfach vor der Anforderung, unterschiedliche Werte, Normen und Lebenseinstellungen zu reflektieren und zu kombinieren sowie immer wieder Brücken schlagen zu müssen. Sie gehen morgens in die Schule und müssen die Fähigkeiten entwickeln, sich in beiden Systemen zurechtzufinden. Meine persönliche Erfahrung ist, dass Migrantenkinder häufig eine deutlich höhere interkulturelle Kompetenz als LehrerInnen haben. So habe ich einen Streit zwischen LehrerInnen und türkischen SchülerInnen einer Gesamtschule erlebt. Es kam zu einer Konferenz, die von der RAA dokumentiert wurde. Auffällig war, dass die deutschen LehrerInnen vor allem die Defizite der türkischen SchülerInnen gesehen haben. Die türkischen SchülerInnen sagten: ‘Sie sehen nur unsere Defizite. Sie haben überhaupt keine Ahnung, was wir sonst noch können, und sie fragen das auch überhaupt nicht ab. Sie thematisieren ganz viel gar nicht, was für uns wichtig ist’. Was die Migrantenkinder brauchen, ist erstens ein schulisches Eingehen auf ihre Mehrsprachigkeit und zwar sowohl im Sprach- als auch im Sachunterricht. Außerdem muss man Angebote in ihrer Muttersprache machen."

Gesamtschullehrerin: „Wie soll ich denn als Nichttürke, als Englisch- oder Mathematiklehrer Angebote in ihrer Muttersprache machen?"

Thomas Jaitner: „Ich sage Ihnen, was ich als Sozialwissenschaftslehrer oder Geschichtslehrer machen könnte. Wir erarbeiten eine bestimmte historische Epoche. Zu jedem wissenschaftlichen Sachgebiet gehört eine bestimmte Anzahl von Begriffen. Zum Thema Börse gehört zum Beispiel Aktie, Kapital, Arbeitgeber usw. Man kann diese Begriffe in allen Sprachen, die in der Klasse gesprochen werden, an die Tafel schreiben lassen, das heißt, den SchülerInnen den Auftrag geben, sich zu Hause zu erkundigen. Ich finde auch wichtig, dass sie diese Begriffe in ihrer Muttersprache lernen, und man kann sehr viel reflektieren."

Gesamtschullehrerin: „Aber wer liefert diese muttersprachlichen Begriffe – die SchülerInnen?"

Thomas Jaitner: „Die ausländischen SchülerInnen"

Gesamtschullehrerin: „Und die wollen sie da mit reinbringen ...?"

Thomas Jaitner: „... genau"

Gesamtschullehrerin: „gut"

Thomas Jaitner: „Man kann sehr viel darüber reflektieren. Im ganzen Sachgebiet Börse wird man zum Beispiel feststellen, dass diese Begriffe in allen Sprachen aus dem Italienischen kommen. So stellt sich hier die Frage, woran das liegt. Oder man kann über einzelne Begriffe nachdenken. Zum Beispiel heißt Verfassung auf Türkisch anayase, und das bedeutet Mutter der Gesetze.

Gymnasiallehrerin: „Das soll aber nicht nur dem türkischen Kind etwas bringen, sondern Sie haben auch die anderen Kinder im Auge? Denn diese sollen ja im Grunde interkulturell lernen."

Thomas Jaitner: „Ja, alle Kinder. Das bringt auch den deutschen SchülerInnen sehr viel, denn es erweitert ihren Horizont. Die ausländischen Kinder brauchen ein Thematisieren ihrer Mehrsprachigkeit und Interkulturelle Erziehung. Wie sieht das nun bei den deutschen SchülerInnen aus? Und da kommt jetzt der andere didaktische Ansatz herein. Wir haben Prozesse wie Europa, Globalisierung von Arbeitsmärkten. Wir haben den Euro, so dass sich für die deutschen SchülerInnen folgende zwei Probleme stellen: 1. Sie müssen Fremdsprachen können. 2. Sie müssen in der Lage sein, mit Personen fremder Kulturen umgehen zu können, sei es als Geschäftsmann mit Franzosen verhandeln zu können (Wie macht man das eigentlich? Was haben sie für eine Art?), sei es im Urlaub. Es gibt ja heute zum Beispiel bei Managern ganz hochbezahlte Moderatoren, die diesen beibringen, wie man sich in Japan verhält. Du brauchst diese Kurse nicht mehr, wenn du schon auf der Schule lernst, wie man sich mit Leuten ganz unterschiedlicher Herkunft verhalten muss."

Studentin: „Und wie setze ich das im Unterricht konkret um?"

Thomas Jaitner: „Um diese Interkulturelle Erziehung anzubahnen, ist es im Unterricht wichtig, dass man den Dreischritt – ich sehe etwas; ich interpretiere und bewerte es – zeitlich entzerrt. Häufig ist es ja so: Die SchülerInnen sehen: Der sieht so und so aus. Der hat die Haare so und so. Also ist der bescheuert. Das geht innerhalb ganz kurzer Zeit. Es ist entscheidend, dass die SchülerInnen stattdessen lernen: Ich nehme etwas wahr. Ich interpretiere es, und anschließend bewerte ich es. Man muss SchülerInnen erziehen, bewusst wahrzunehmen. Das ist eine ganz hohe interkulturelle Fähigkeit.

Einige Fragen einiger TeilnehmerInnen der Arbeitsgruppe bezogen sich nun auf die konkrete Arbeit der RAA. Neben den Kindern und Jugendlichen sind als Zielpersonen der RAA zu nennen: LehrerInnen, PädagogInnen, BeraterInnen aus allen Schulformen und Einrichtungen der Sozial- und Erziehungsdienste sowie Eltern. Letzteren kommt eine zentrale Bedeutung zu. Ziel der Beratung der RAA ist die ganze Familie, nicht nur eine Konzentration auf die zweite Generation. Es ist wichtig, Eltern in die Entscheidungsprozesse mit einzubeziehen, da diese die wichtigsten Sozialisationspartner der Kinder sind. Die Distanz zwischen Schule und Elternhaus ist ein großes Problem für die Förderung ausländischer Kinder und Jugendlicher. Es herrscht häufig Unkenntnis und Unverständnis auf beiden Seiten.

Ausländische Eltern wissen oft wenig von der deutschen Schule bzw. deren Bedeutung für die berufliche Laufbahn. Des weiteren ist das Wissen über das duale System der Berufsausbildung häufig gering. Durch die *Elternberatung* verfolgt die RAA nun das Ziel, dass die Erziehungsvorstellungen der Eltern mit denen der Schule kompatibel werden. Hierzu ist es entscheidend, die Kompetenzen der Eltern zu erhöhen. Diese müssen zum Beispiel darüber informiert werden, dass es wichtig ist, ihre Kinder in den Kindergarten zu schicken, diejenige Sprache mit den Kindern zu sprechen, die sie am besten können, die Kinder die Hausaufgaben an einem ruhigen Ort (z. B. Schlafzimmer der Eltern) machen zu lassen usw.

Auf die Frage: Worauf legt die *RAA den Schwerpunkt ihrer Arbeit?* war die Antwort kurz und prägnant. Es gibt drei große Bereiche:

1. den Übergang vom Elementarbereich zu Grundschulen
2. den schulischen Bereich und
3. den Übergang Schule / Beruf.

Zu 1) Der erste Bereich soll exemplarisch am Beispiel der RAA Duisburg dargestellt werden: Viele ausländische Kinder haben es schon beim Start in die Schule schwerer als deutsche. Sie beginnen ihre Schullaufbahn ohne ausreichende oder ganz ohne Deutschkenntnisse. Ursachen dafür liegen auf der Hand: In den Familien wird selbstverständlich in der Muttersprache gesprochen. Der überwiegende Teil der ausländischen Familien lebt in Ballungsgebieten mit ausländischer Wohnbevölkerung. Die Kinder haben hier nur Kontakt zu gleichaltrigen Kindern, die der gleichen Kultur angehören. Insofern besteht für sie nicht die Notwendigkeit, deutsch zu sprechen. Der Besuch von Kindergärten ermöglicht ausländischen Kindern, die Erfahrungs-, Lern-, und Sprachdefizite zumindest teilweise zu kompensieren. Doch das Angebot von Kindergartenplätzen ist insgesamt nicht ausreichend. Hinzu kommt, dass ausländische Kinder bei der Vergabe der Plätze nicht entsprechend berücksichtigt werden. In Nachfolge früherer Maßnahmenträger versucht die RAA Duisburg dieser Situation durch Einschulungshilfen zu begegnen, die seit 1991 an Duisburger Grundschulen durchgeführt werden. Es handelt sich hier um einjährige Fördermaßnahmen für fünf- bis sechsjährige ausländische Kinder, die keinen Kindergartenplatz erhalten haben. Zu ihnen gehören Kinder von Arbeitsmigranten, Aussiedlern und Flüchtlingen, deren gemeinsames Merkmal der Mangel an deutschen Sprachkenntnissen ist. Die Mütter werden in die Förderung mit einbezogen. Die pädagogische Arbeit mit den Kindern orientiert sich an der ganzheitlichen Förderung und dem situativen Ansatz der Arbeit im Kindergarten und greift besonders die spielerische Förderung eines Fremdsprachenlernens, hier Deutsch als Fremdsprache und die Förderung gewünschten Sozialverhaltens auf. Ziel ist es, durch diese vorschulische Förderung für die Gruppe der ausländischen SchülerInnen die Eingangsvoraussetzungen für die Schule zu verbessern. Tätig sind ErzieherInnen, Diplom-SozialpädagogInnen, LehrerInnen sowie KinderpflegerInnen. Das Projekt wird als Arbeitsbeschaffungsmaßnahme gemeinsam von der Stadt Duisburg und der Arbeitsverwaltung finanziert. Die Durchführung, Koordination und organisatorische sowie sozialpädagogische Begleitung erfolgt aus der RAA. Im Jahr 1991 wurden acht Fördergruppen an acht Schulen eingerichtet, und seit 1993 waren es erstmalig vierzehn Fördergruppen an sieben Schulen (vgl. Beratung, Förderung, Vernetzung 1994, S. 14ff.). Durch die RAA Duisburg erfuhr ich, dass diese Einschulungshilfen 1998 noch durchgeführt wurden, jedoch nicht in dem Maße wie früher, weil die Zahl der verfügbaren Kindergartenplätze gestiegen ist. Für das Jahr 1999 hat die RAA Duisburg Einschulungshilfen beantragt. Es ist jedoch noch ungewiss, ob diese durchgeführt werden.

Zu 2) Auch wenn ausländische Kinder Einschulungshilfen in Anspruch genommen oder einen Kindergarten besucht haben, so treten dennoch häufig *Probleme in der Schule* auf, die zurückzuführen sind auf mangelnde Deutschkenntnisse. Deshalb möchte ich nun näher auf den zweiten großen Bereich der Arbeit der RAA eingehen – den schulischen Bereich. Wie die Arbeit hier konkret aussieht, vermittelt folgendes Gespräch sehr deutlich:

Gymnasiallehrerin: „Können wir das mal ganz praktisch angehen. An einer Schule taucht ein bestimmtes Problem auf. Man redet in der Konferenz darüber. Jetzt würde die Konferenz beschließen: Wenden wir uns an die RAA. Man würde zu einer pädagogischen Konferenz einladen, und es würde jemand von der RAA kommen, Vorschläge machen etc. ...“

Thomas Jaitner: „Genau“

Gymnasiallehrerin: „... oder auch Kontaktadressen mit bestimmten anderen Organisationen, Vereinen nennen. Und das hat auch Erfolg, dass so etwas in die Gänge kommt, oder soll die Schule das wieder alleine machen?“

Thomas Jaitner: „Da wird man Wege finden müssen. Das Problem ist: Wie kriegt man Sachen von der Idee in die Wirklichkeit hin? Nach meinen Erfahrungen kann man Leuten nicht mehr sagen: „Macht dies, macht jenes!“, sondern, man muss diesen Prozess begleiten, reflektieren und sicherstellen, dass eine Reflektion stattfindet. Ich möchte das an einem Beispiel erläutern: Auf Initiative der Bezirksregierung Düsseldorf gibt es eine Auseinandersetzung mit dem Thema „Alphabetisierung von türkischen Kindern“. Man hat festgestellt, dass es eine ganze Reihe von türkischen Kindern gibt, die in die Schule kommen ohne Deutschkenntnisse oder mit ganz geringen Deutschkenntnissen. Man hat lange gerätselt, woran das liegt. Es scheint in erster Linie daran zu liegen, dass Türkinnen und Türken, die hier leben bzw. aufgewachsen sind, häufig Ehen schließen mit Männern oder Frauen aus der Türkei. Diese kommen nach und können zunächst kein Deutsch. Wie macht man nun unter diesen Bedingungen eine solche Alphabetisierung? Die Bezirksregierung Düsseldorf hat sich näher hiermit beschäftigt und ein Modell zur Alphabetisierung türkischer Kinder entwickelt, was sich aber auch auf andere Kinder übertragen lässt. Dann hat sie Angebote an Schulen gemacht und diesen bestimmte Ressourcen für Freistellungen und Entlastungsstellen zur Verfügung gestellt. Wir

(RAA) beteiligen uns daran, Schulen zu finden, die an diesem Projekt teilnehmen. Dann verabreden wir mit diesen Schulen die Bildung von Lehrerteams, d. h. mindestens drei deutsche und mindestens zwei muttersprachliche LehrerInnen und eine Person aus der Schulleitung."

Gymnasiallehrerin: „Sind die muttersprachlichen LehrerInnen von der Schule?"

Thomas Jaitner: „Ja, das fängt man in der Regel in Schulen an, wo es muttersprachlichen Unterricht bereits gibt. Wir machen mit den muttersprachlichen LehrerInnen, LehrerInnen, die bereits eine Alphabetisierung von türkischen Kindern in ihrem Unterricht durchgeführt haben und Leuten aus der Hochschule, die sich wissenschaftlich mit diesem Bereich beschäftigt haben, Workshops, wo wir sehr intensiv das erste halbe Jahr des Unterrichts in Klasse 1 vorbereiten. Dann werden noch Begleitmaßnahmen organisiert. Eine wissenschaftliche Begleitung beobachtet die Durchführung der Alphabetisierung. Ein Projektleiter der RAA hat regelmäßig Kontakt. Nach einem halben Jahr wird das Projekt von der RAA dokumentiert."

Zu 3) Nun ist es noch wichtig, auf den *Übergang Schule / Beruf* näher einzugehen. Die RAA setzt hier den dritten Schwerpunkt ihrer Arbeit entsprechend der zentralen Bedeutung, die die Qualifikation für die beruflichen und gesellschaftlichen Perspektiven des Einzelnen hat. Am Beispiel der Berufsorientierung, Beratung und Betreuung von Frühabgängern durch die RAA Duisburg möchte ich aufzeigen, wie die Arbeit der RAA in diesem Bereich konkret aussehen kann. Es ist ein Beleg für den zuvor dargelegten breit angelegten Ansatz der RAA, die sich sowohl den ausländischen als auch den deutschen SchülerInnen zuwendet. Für ausländische und deutsche Jugendliche, die die Schullaufbahn nicht „normal" durchlaufen, wurde in Duisburg von 1983 bis 1987 innerhalb des EG-Modellversuchs „Beratung und Förderung Jugendlicher zum Abbau von Jugendarbeitslosigkeit" ein spezielles Beratungs- und Förderungskonzept entwickelt, das seit 1988 bei der RAA weitergeführt wird. 1993/94 haben 40 Duisburger Haupt- und Sonderschulen hieran teilgenommen. Ziel dieser schulischen Übergangsberatung und Nachbetreuung ist es, denjenigen SchülerInnen, deren Übergang in den Beruf problematisch zu werden scheint, soviel Förderung und Hilfe anzubieten, dass sie die Schule mit einer Perspektive verlassen. Sobald die Schule sie aus ihrer Verantwortung entlässt, wird dann innerhalb einer nachgehenden Betreuung dafür Sorge getragen, dass sie an ihrem neuen Lernort ankommen bzw. bei Nicht-Einmündung oder kurzfristigem Abbruch aufgefangen, neu orientiert und motiviert werden.

Wie soll man sich nun den Ablauf dieses Beratungs- und Förderungskonzepts konkret vorstellen? Die schulische Übergangsberatung für Frühabgänger beginnt zunächst mit einer frühzeitigen Ermittlung, Beratung und Förderung durch den/die BeratungslehrerIn in Kooperation mit dem/der BerufsberaterIn. Des weiteren schließt sich ein System außerschulischer Beratung und Begleitung durch die bei der RAA beschäftigen sozialpädagogischen Fachkräfte, ebenfalls in Kooperation mit den Fachleuten der Arbeitsverwaltung und den Fachdiensten der Jugendhilfe, an. Die schulische Seite strebt an, die potentiellen Frühabgänger rechtzeitig zu ermitteln und zu beraten. Hierbei wird versucht, sie noch so zu fördern, dass sie auf einen möglichen Abschluss hinarbeiten. Wenn es nicht aussichtsreich erscheint, dass sie an der Hauptschule einen Abschluss erreichen können, werden drei Maßnahmen ergriffen:

1. Sie werden dem/der BerufsberaterIn vorgestellt
2. Die Fachdienste der Berufsberatung werden genutzt
3. Mit den Jugendlichen und deren Eltern werden mögliche alternative Bildungswege erörtert.

Um die FrühabgängerInnen vor dem Abgang von der Schule persönlich und institutionell „anzubinden“, werden sie gegen Ende des Beratungsjahres mit dem geplanten neuen Lernort sowie der für die Nachbetreuung zuständigen Person in Kontakt gebracht. Im Rahmen der Nachbetreuung wird angestrebt, dass die SozialpädagogInnen recherchieren, ob der Übergang aus der Schule sich wie geplant vollzogen hat. Sie nehmen erst wieder Kontakt zu den betroffenen Jugendlichen auf, wenn diese Recherchen bei Großbetrieben, Schulen usw. ergeben haben, dass Jugendliche nicht an ihrem neuen Lernort angekommen sind. Dann laden sie die Jugendlichen ein mit dem Ziel, sie in einen schulischen oder außerschulischen Bildungsgang bzw. in ein soziales System einzugliedern. Dies kann auch bei einem Hausbesuch erörtert werden. Mit diesen Maßnahmen soll verhindert werden, dass die Jugendlichen ohne Perspektive „herumhängen“. Am Ende des Betreuungsjahres werden die Ergebnisse der Nachbetreuung den BeratungslehrerInnen der jeweiligen Schulen zurückgemeldet, dokumentiert und statistisch ausgewertet (vgl. Beratung, Förderung und Vernetzung 1994, S. 28f.). Durch die RAA Duisburg erfuhr ich, dass dieses Projekt immer noch durchgeführt wird und eine Fortsetzung geplant ist.

CHRISTEL ADICK

Erziehung und Bildung in den sog. Entwicklungsländern als Gegenstand interkulturellen Lernens im Pädagogikunterricht

1. Zur didaktischen Begründung des Themas

Interkulturelles Lernen ist in NRW und in anderen Bundesländern als durchgängiges *Bildungsprinzip* verankert, d. h. interkulturelles Lernen soll prinzipiell in allen Fächern praktiziert werden und nicht etwa ein gesondertes Unterrichtsfach oder Spezialthema sein (vgl. allgemein Auernheimer 1990/1996). Dies verweist auf den *Allgemeinbildungsauftrag* der öffentlichen Schule. Forderungen zum interkulturellen Lernen sind zunächst als Reflex auf die sog. Ausländerproblematik entstanden und werden auch weithin inhaltlich noch so verstanden: Das Vorhandensein ausländischer Kinder im deutschen Bildungswesen wird als Herausforderung begriffen, die damit gegebenen Probleme mit pädagogischen Mitteln zu bearbeiten. Dennoch greift eine Perspektive, die interkulturelles Lernen nur der Frage der Migrationsfolgen im deutschen Bildungswesen widmete, zu kurz und widerspräche somit dem Allgemeinbildungsanspruch. Denn einerseits muss Migration als Folge weltwirtschaftlicher Bedingungen gesehen werden (ökonomisches Gefälle zwischen Herkunfts- und Anwerbe- bzw. Aufnahmeland) wie auch andererseits Globalisierungsprozesse und internationale Konkurrenz ungeachtet des Vorhandenseins von Migranten alle Bildungssysteme zu globalem Lernen herausfordern. Entwicklungspolitische Bildung wie auch Postulate zum globalen Lernen gehören deshalb heute ebenfalls zum Bildungsauftrag des interkulturellen Lernens in der Schule. Die KMK hat sich verschiedentlich über Inhalte und Ziele entwicklungspolitischer Bildung im deutschen Schulwesen geäußert, so auch in ihrem letzten diesbezüglichen Beschluss „Eine Welt / Dritte Welt in Unterricht und Schule“ vom 28.02.1997. In diesem Beschluss wird die „Erziehung zur gemeinsamen Verantwortung für die ‘Eine Welt’“ als „insgesamt so bedeutsam“ eingestuft, „dass sie Bestandteil der Allgemeinbildung sein muss“ (KMK-Beschluss 1997, S. 8). Es kommt nicht auf die Begriffe an (interkulturelles, entwicklungspolitisches oder globales Lernen), sondern darauf, dass dieses Lernen als konstitutiv für die heutige Allgemeinbildung verstanden wird (vgl. Adick 1991).

Der Pädagogikunterricht gehört zum *gesellschaftswissenschaftlichen Aufgabenfeld* der gymnasialen Oberstufe, dessen Hauptanliegen die Vermittlung von *politischer Bildung* ist. Auch von dieser Seite her lässt sich das Thema didaktisch legitimieren; denn zu den Aufgaben der politischen Bildung gehört auch die entwicklungspolitische Bildung, d. h. die Beschäftigung mit der sog. 'Dritten Welt' als Teil unserer globalisierten 'Einen Welt'. Dabei soll die sog. 'Dritte Welt' nicht als das gänzlich Andere, Fremde, Defizitäre, Nicht-Europäische zur Sprache kommen; wäre dies der Fall, so liefe der Unterricht Gefahr, die Lebenswirklichkeiten der sog. Dritten Welt in ihrer Unterschiedlichkeit zum 'europäischen Modell', das den Maßstab abgibt, in unterentwickelte, exotische Sackgassen abzudrängen (Exotismus). Statt dessen müssen die Lebenswirklichkeiten der sog. Dritten Welt als Teil ihrer eigenen, aber auch einer gemeinsamen Geschichte der modernen Welt mit all ihren Widersprüchlichkeiten und gegenseitigen Abhängigkeiten herausgearbeitet werden (Globales Lernen). Eine solche multiperspektivische und globale Herangehensweise vermittelt interkulturelles Lernen in Gestalt entwicklungspolitischer Bildung. (Zur Geschichte entwicklungspolitischer Bildung in Deutschland, wie sie sich in didaktischen Konzeptionen, Lehrplänen, Schulbüchern und Unterrichtsmaterialien widerspiegelt, vgl. die empirische Untersuchung von A. Scheunpflug und K. Seitz 1995).

Nimmt man den derzeit noch gültigen Lehrplan für den gymnasialen Pädagogikunterricht in NRW sowie den derzeit diskutierten Entwurf als Bezugspunkt (Lehrplan 1981; 1998), so lässt sich festhalten, dass der Gegenstand des Pädagogikunterrichts die Erziehungswirklichkeit ist, d. h. der Ausschnitt aus der gesellschaftlichen Praxis, den wir gemeinhin 'Erziehung' nennen mitsamt ihrer kritischen Reflexion und ihrer Handlungspotentiale ('Handlungspropädeutik') wie auch ihrer alltagsweltlichen und wissenschaftlichen Erforschung ('Wissenschaftspropädeutik'). Unter den oben genannten Postulaten der Allgemeinbildung, die interkulturelles und globales Lernen umgreift, und der (entwicklungs-)politischen Bildung kann darunter nicht nur unsere hiesige Erziehungswirklichkeit verstanden werden – dies wäre eine restriktive Auslegung –, sondern es kann sich dabei, emphatisch gesprochen, nur um die Erziehungswirklichkeit des Menschen, sprich der gesamten Menschheit handeln. Demzufolge hat auch die Erziehungswirklichkeit in den sog. Entwicklungsländern als Teil der globalen Erziehungswirklichkeit ihren legitimen Platz im schulischen Pädagogikunterricht. Der Bezug auf die Erziehungswirklichkeit bedeutet indessen für den Pädagogikunterricht, dass eine bloße Abarbeitung erziehungswissenschaftlicher Erkenntnisse und fachsystematischer Gesichtspunkte zur Einlösung des Postulats der Wissenschaftspropädeutik zu einer bloßen 'Abbilddidaktik' verkümmern würde und deswegen ebensowenig genügen kann wie die Vermittlung einer unreflektierten, moralisierenden und paternalistischen Helfermentalität im Sinne einer kurzschlüssigen Handlungspropädeutik, die zu einer Art 'Betroffenheitsdidaktik' führen würde. Die Problematik didaktischer Begründungen dieser Art wird aufgegriffen in Überlegungen zum globalen Lernen wie zur Didaktik interkulturellen Lernens (vgl. z. B. Bühler (Hrsg.) 1996; Holzbrecher 1997).

Der gymnasiale Pädagogikunterricht hat die Aufgabe, die Bildungsziele der Wissenschaftspropädeutik und der Handlungspropädeutik fachspezifisch auszulegen.

Dementsprechend müssen auch die Unterrichtseinheiten zum Themenbereich 'Erziehung in den sog. Entwicklungsländern' diesen beiden Herangehensweisen verpflichtet sein. Das Hauptziel des Unterrichts wäre damit eine kritische Auseinandersetzung mit der Erziehungswirklichkeit in der sog. Dritten Welt unter Aneignung wissenschaftlicher Erkenntnisse und mit dem Ziel einer produktiven Bewältigung gesellschaftlicher Praxis. Unter dem Aspekt des globalen und interkulturellen Lernens müssen unsere Verflechtungen mit der Erziehungspraxis in der sog. Dritten Welt zur Sprache kommen; hierzu gehören etwa der überwiegend ungleiche Bildungstransfer und unsere Einflüsse auf die Erziehungspraxis dieser Länder im Rahmen von Kolonialismus, Missionstätigkeit und Entwicklungshilfe. Zum multiperspektivischen interkulturellen bzw. globalen Lernen gehören aber auch die Thematisierung des Eigenwerts und der Eigendynamik der dortigen Erziehungswirklichkeiten sowie die Frage einer Möglichkeit des 'Lernens von der Dritten Welt' und einer gemeinsamen produktiven Bewältigung der pädagogischen Herausforderungen (vgl. dazu z. B. Nestvogel (Hrsg.) 1991).

Der so skizzierte didaktische Gesamtzusammenhang des Themas kann exemplarisch an verschiedenen Stellen des Curriculums eingebracht werden. Gemäß der obigen didaktischen Begründungsskizze wäre es verfehlt, eine für sich stehende Unterrichtsreihe zum Thema „Erziehung und Bildung in der Dritten Welt“ zu konzipieren, weil dies dem integrativen Anspruch dcs interkulturellen Lernens als Unterrichtsprinzip zuwiderliefe. Statt dessen sollten die verbindlichen thematischen Schwerpunkte des Curriculums an verschiedenen Stellen genutzt werden, die Perspektive der sog. Entwicklungsländer konstitutiv in die didaktische Umsetzung einzubeziehen. Dies kann im Prinzip bei allen verbindlichen thematischen Schwerpunkten geschehen. In gleicher integrativer Perspektive argumentiert auch der KMK-Beschluss zum Bildungsauftrag 'Eine Welt / Dritte Welt' im Unterricht (KMK 1997), für den ebenfalls kein eigenes Fach geschaffen worden ist, sondern eine schulische Bearbeitung in allen ihren Bereichen und Fächern vorgesehen wird (KMK-Beschluss 1997, S. 9 u. S. 15). Dort wird ferner auf die besonderen Möglichkeiten einer interdisziplinären, fächerverbindenden und womöglich projektorientierten Herangehensweise hingewiesen, so dass eine diesbezügliche Unterrichtsreihe oder ein Projekt auch in Kooperation zwischen dem Pädagogikunterricht und anderen Fächern möglich wäre.

Im folgenden soll unter der Überschrift „Straßenkinder in Industrie- und Entwicklungsländern als Gegenstand des Pädagogikunterrichts“ ein Beispiel für ein unterrichtlich zu entfaltendes Thema zu 'Erziehung und Bildung in den sog. Entwicklungsländern als Gegenstand interkulturellen Lernens im Pädagogikunterricht' vorgestellt und ansatzweise didaktisch vorstrukturiert werden. Dabei müssen die verwendeten Begriffe 'Straßenkinder' wie auch 'Industrie'- und 'Entwicklungsländer' oder 'Dritte Welt' mit der nötigen Umsicht benutzt werden, dienen sie doch häufig als Etikette für Klischeevorstellungen, die sich bei näherer Betrachtung nicht halten lassen. Die Unterrichtsreihe selbst sollte insofern zur Entwicklung eines kritisch-reflektierten Sprachgebrauchs beitragen.

2. Straßenkinder in Industrie- und Entwicklungsländern als Gegenstand des Pädagogikunterrichts

Über das Thema selbst kann hier im Sinne einer Sachanalyse aus Platzgründen nicht ausführlich informiert werden. Nur soviel sei vorausgeschickt: 'Straßenkinder' sind in den letzten Jahren vermehrt ins Rampenlicht öffentlicher Diskussion geraten, wobei klassische Formen von Sozialarbeit und Sozialpädagogik zunehmend auch infrage gestellt wurden. Wiewohl mit dem Begriff vor allem Bilder von armen und verwahrlosten Kindern in Lateinamerika assoziiert werden, so wurde auch bei uns in den letzten Jahren vermehrt über das Problem diskutiert, was u. a. den Ausschlag dafür gab, dass das Bundesministerium für Familien, Senioren, Frauen und Jugend zwei größere Projekte in Auftrag gab, deren Ergebnisse inzwischen vorliegen: In dem einen, vom Deutschen Jugendinstitut ausgeführten Projekt, lag der Nachdruck auf der Erforschung der Lebenswirklichkeit deutscher Straßenkinder; die Untersuchung entwickelte das Konzept der 'Straßenkarriere' anstelle des eher statischen Begriffs 'Straßenkind' (Permien / Zink 1998). In dem anderen, vom Institut für Soziale Arbeit in Münster koordinierten Projekt, wurden in einer praxisnahen, handlungsorientierten Perspektive der Problemdruck und der sozialpädagogische Umgang mit Straßenkindern an verschiedenen Standorten in Deutschland ermittelt (Hansbauer [Hrsg.] 1998). Da beide Projekte abgeschlossen sind, kann sich die deutsche Öffentlichkeit inzwischen ein kompetentes Bild über Straßenkinder in Deutschland machen, ohne auf die häufig skandalisierenden, moralisierenden, emotional überfrachteten Medienberichte angewiesen zu sein. über die Diskussion um Straßenkinder in Entwicklungsländern, vor allem in Lateinamerika, ist die deutsche Öffentlichkeit ebenfalls insofern sowohl informiert, als auch mit ihr verknüpft, als dass zum einen etliche Kinderhilfswerke dort tätig sind und über ihre Arbeit informieren (Broschüren, Spendenaufrufe), zum anderen auch sozialwissenschaftliche Forscherinnen und Forscher etliche Publikationen aus ihren Erfahrungen im außereuropäischen Kontext in deutscher Sprache vorgelegt haben. Auch eine explizite Vergleichsperspektive wird inzwischen in etlichen Publikationen sichtbar. Das Thema ist aus diesem Grunde trotz seiner Aktualität hinreichend erforscht, um zu einem gut begründbaren und planbaren Unterrichtsgegenstand werden zu können. Es tangiert grundlegende Fragen der Jugendphase und der Sozialpädagogik, die beide einen zentralen Stellenwert im Pädagogikunterricht haben. Und es wirft diese Fragen in einem neuen, aktuellen Kontext auf, der zur Motivation der Schülerinnen und Schüler beitragen kann.

Der *Lehrplanbezug* orientiert sich an den Vorgaben zum gymnasialen Pädagogikunterricht in Nordrhein-Westfalen. Hier liegt es nahe, die geplante Unterrichtsreihe dem Kurshalbjahr 12/II zuzuordnen, das nach dem derzeit noch gültigen Lehrplan wie folgt lautet: „Entwicklung und Sozialisation: Gefährdungen, Störungen, Chancen, Hilfen“ (Lehrplan 1981). Unter diesem Rahmenthema können sowohl die verbindlichen thematischen Schwerpunkte des Kursthemas abgedeckt wie auch die oben genannten Prinzipien des interkulturellen Lernens und der Thematisierung der sog. Dritten Welt berücksichtigt werden. Im neuen Lehrplan (1998) soll der Kurs 12/I unter dem Thema stehen „Entwicklung und Sozialisation im Kindesalter“ und der Kurs 12/II „... im Jugend- und Erwachsenenalter“. Hier wäre die Unterrichtsreihe prinzipiell auch in 12/I unterzubringen, wahrscheinlich aber besser in 12/II, da die Lebenswirklichkeit der Straßen‘kinder’ besonders in Industrieländern doch eher das Jugendalter betrifft. Sollte der neue Lehrplan wie vorgesehen die unterrichtliche Bearbeitung in Form von ‘Projekten’ vorsehen, so würde sich das Thema „Straßenkinder [bzw. Jugendliche auf der Straße] in Industrie- und Entwicklungsländern“ für ein solches Projekt hervorragend eignen, da es sehr viel Eigeninitiative und selbständige Lernarrangements zulässt (z. B. Kontaktaufnahme mit Jugendämtern, Polizeidienststellen, eigene Beobachtungen in Szenemilieus, Analyse von Werbematerial von Hilfsorganisationen, Filmanalysen zum Thema usw.). Falls möglich, könnten hierbei auch fächerübergreifende Herangehensweisen gewählt werden, z. B. in Absprache mit Kursen in Sozialwissenschaft (Stichwort: Jugend- und Sozialpolitik), in Erdkunde (ökonomische Situation in Dritte-Welt-Ländern), in Religion (Mission und kirchliche Hilfsorganisationen), in Geschichte (Kinderarbeit im 19. Jh. / Industrialisierung und sozialer Wandel) oder im Deutschunterricht (Textanalyse Werbe- und Informationsmaterial von Spendenorganisationen).

Die *grundlegende didaktische Herangehensweise* an das Thema orientiert sich an den Überlegungen zum ‘didaktischen Strukturgitter’ für den Pädagogikunterricht (Adick / Bonne / Menck 1978, S. 180ff.), das seinen Niederschlag in der von P. Menck u. a. herausgegebenen Schulbuch-Reihe ‘Projekte für Erziehungswissenschaft in der Studienstufe’ fand. Der in jedem Projektheft dieser Reihe vorangestellte Klappentext faßt die Grundideen wie folgt zusammen:

> „Der Pädagogik-Unterricht hat zu berücksichtigen, dass sich Erziehung nicht in einem verkürzt verstandenen pädagogischen Bezug zwischen einem Erzieher und einem (ggf. mehreren) Zögling abspielen, vielmehr darüber hinaus in gesellschaftlichen Institutionen. Damit ist die Spannung zum Ausdruck gebracht, dass in der Erziehung immer Ansprüche der Gesellschaft auf Reproduktion sowie solche von Individuen auf Mündigkeit und Selbstverwirklichung in der Gesellschaft aufeinandertreffen.
>
> Im Pädagogikunterricht sollen bestimmte wissenschaftliche Ansätze als aspekthafte Zugriffe auf die soziale Wirklichkeit Erziehung aufgezeigt werden. Dabei sollen Leistungsfähigkeit und Grenzen der Ansätze zur Sprache kommen. Der Pädagogik-Unterricht hat anzuknüpfen an bzw. hinzuführen zu der Situation

> der Schüler. Der Unterricht soll ihnen Erklärung und Bewältigung der Erziehungssituationen ermöglichen, in denen sie sich befinden und in die sie zukünftig verwickelt werden.
>
> Dementsprechend hat Pädagogik-Unterricht das Kriterium seines Gelingens in einer produktiven Bewältigung von Praxis, nicht aber allein im Erreichen vordergründiger sog. Lernziele. Daran bleibt festzuhalten, auch wenn dies Gelingen im Unterricht nicht kontrolliert werden kann."

Daraus lassen sich für das Thema „Straßenkinder in Industrie- und Entwicklungsländern" folgende *didaktische Maximen* ableiten:

- Das Straßenkinderproblem ist nicht nur als individual-biographisches Schicksal wahrzunehmen, sondern in seiner gesellschaftlichen Bedingtheit zu thematisieren. Das bedeutet: Der Unterricht muß über die Behandlung von Einzelschicksalen hinausweisen und nach Ursachen fragen. Hierbei ist ferner vergleichend zu betrachten, ob die gesellschaftliche Praxis in Industrie- und Entwicklungsländern ähnliche und/oder verschiedene Bedingungen für das Entstehen von 'Straßenkindern' aufweist. Durch eine wissenschaftspropädeutische Herangehensweise werden durch den Vergleich auch Zusammenhänge zwischen Ursachentheorien und gesellschaftlicher Wirklichkeit, und damit die Aspekthaftigkeit und Begrenztheit wissenschaftlicher Erklärungsansätze, diskutierbar.
- Die pädagogischen Reaktionen auf das Straßenkinderproblem sind in ihren institutionellen Dimensionen zu entfalten, also nicht im Sinne bloßer individueller karitativer Hilfe: Es soll gefragt werden, welche Maßnahmen und Institutionen die Gesellschaft geschaffen hat, um dieses Problem in überindividueller Perspektive zu bearbeiten. Auch hier bietet der Vergleich zwischen Industrie- und Entwicklungsländern die Möglichkeit, nach Zusammenhängen zwischen Gesellschaft und dem Entstehen spezifischer pädagogischer Institutionen zu fragen: Womöglich können sich ärmere Länder nicht die gleichen pädagogischen Institutionen leisten, die sich in Industrieländern mit einer schon längeren Geschichte der Sozialarbeit und Sozialpädagogik entwickelt haben. Vielleicht haben aber auch die Entwicklungsländer aufgrund ihrer massiveren Konfrontation mit dem Problem andere Lösungen gefunden, von denen wir hier wiederum lernen können.
- Der Umgang mit Straßenkindern in Medien, Öffentlichkeit, Sozialpolitik und Pädagogik soll unter normativen Gesichtspunkten reflektiert werden, da sich in ihm Ansprüche der Gesellschaft (Anpassung, Normalitätsklischees) und Selbstdeutungen der Betroffenen (Szenemilieu, Identitätsprozesse im Jugendalter) wiederfinden. Hier werden insbesondere Diskussionen über Normalitätsbegriffe und abweichendes Verhalten wie auch über Generationskonflikte und sozialen Wandel vorzusehen sein.

- Der Unterricht zu diesem Thema kann in besonderer Weise die Selbstreflexion der Schülerinnen und Schüler ansprechen. Wenngleich wohl kaum von je eigenen Erfahrungen als 'Straßenkinder' ausgegangen werden kann, so ist doch zu vermuten, dass in der Auseinandersetzung mit Schicksalen anderer Jugendlicher, die bei diesem Thema auftauchen werden, selbstreferentielle Überlegungen bei den Lernenden ausgelöst werden. Dies erfordert eine Einbettung des Themas in generelle Überlegungen zur gelingenden bzw. mißlingenden Sozialisation und Identitätsfindung im Jugendalter.
- Die Erkenntnisse, die in der Unterrichtsreihe gewonnen werden, sollen nicht nur passiv konsumiert und kognitiv abgespeichert werden, sondern sie sollen ihre praktische Bedeutsamkeit demonstrieren: Die Lernenden sollen Erklärungskonzepte und Bewältigungsstrategien des 'Straßenkinderproblems' selbständig auf reale Bedingungen bzw. auf eine reale Situation beziehen und anwenden können. Das heißt nicht, dass diese nun kompetent 'Straßenkinderpädagogik' betreiben können sollten, wohl aber im Sinne von Handlungspropädeutik, dass sie sich eine begründete Meinung zum Problem und zu Handlungsmöglichkeiten erworben haben und diese Kompetenzen auch auf reale Bedingungen beziehen können (z. B. Veranstaltung einer öffentlichen Podiumsdiskussion in der Schule zum Thema: Straßenszene in unserer Stadt und der öffentliche und sozialpädagogische Umgang damit).

3. Skizze einer möglichen Unterrichtsplanung für das Thema „Straßenkinder in Industrie- und Entwicklungsländern“

Die folgende Skizze kann keine ausgearbeiteten Unterrichtsentwürfe ersetzen, sondern will nur in groben Zügen das Thema vorstrukturieren und mit möglichst wenigen Literaturtiteln Hinweise auf erreichbare Basistexte liefern, die jedoch für die Unterrichtsarbeit teilweise noch gekürzt werden müssen. Ich greife dabei auf Überlegungen zurück, die im Wintersemester 1998/99 in meinem fachdidaktischen Hauptseminar zu diesem Thema in gemeinsamen Diskussionen mit den Studierenden entstanden sind, ohne dass diese Ideen jedoch während des Seminars schriftlich fixiert worden wären. Die Überlegungen orientieren sich, wie oben (Abschnitt 2) dargelegt, an den Lehrplanvorgaben für den gymnasialen Pädagogikunterricht in Nordrhein-Westfalen, sind vermutlich aber auch für andere Formen von Pädagogikunterricht adaptierbar.

Vorarbeiten

Vor Beginn der Unterrichtsreihe sollte geklärt sein, ob das Thema
- im Rahmen des normalen Kursunterrichts,
- während einer Projektwoche und/oder
- in Kooperation mit anderen Unterrichtsfächern

durchgeführt werden soll.

Um den Einstieg zu erleichtern, sollte schon zuvor einiges (teils kostenloses) Material besorgt werden, z. B. Handzettel von Spendenorganisationen, Broschüre zum deutschen Kinder- und Jugendhilfegesetz (in den Bürgerämtern der Städte oder beim entsprechenden Bundesministerium), Informationsmaterial zu Straßenkinderprojekten von Hilfsorganisationen (teils gegen Gebühr, relevante Organisationen s. Herrmanny in: Adick (Hrsg.) 1997, S. 141 ff.). Zeitungsausschnitte zu Straßenkinderthemen können laufend gesammelt werden. Ferner sollten die örtlichen Bildstellen nach dem leicht erreichbaren Filmangebot zum Thema befragt werden. Darüber hinaus gibt es auch im Internet einige Adressen, die für das Thema recherchiert werden könnten (ggf. Kooperation mit einem Informatikkurs). Schließlich müssen einige Bücher zum Thema ausgeliehen oder angeschafft werden, ggf. auch für die Schulbibliothek.

Einstieg ins Thema

Diese Unterrichtsphase dient vor allem der Aktualisierung der bereits bei den Lernenden vorhandenen Kenntnisse und Einstellungen zum Straßenkinderproblem. Hierzu eignet sich z. B. ein Brainstorming (Tafel, OH-Folie), das nach folgenden Fragen ausgewertet wird: Welches Bild von Straßenkindern spiegelt sich in den Assoziationen? Wird das Problem eher als individuelles oder als gesellschaftliches gesehen? Wird auf deutsche oder auf ausländische / Dritte-Welt Realitäten verwiesen? Alternativ könnte auch ein Film gezeigt werden, der nach ähnlichen Gesichtspunkten ausgewertet wird. Oder es könnten – falls vorhanden – Zeitungsausschnitte zum Thema ausgewertet werden.

Anschließend erfolgt eine probeweise eigene Definition von „Straßenkindern" (evtl. Hausaufgabe). Diese wird mit den im deutschen und im internationalen Kontext gebräuchlichen Definitionen von „Straßenkindern" verglichen (Adick 1997, S. 10–13). Insbesondere sollte das dort (S. 12 f.) kurz beschriebene Definitionsmodell in Form eines Dreiecks (nach B. Glauser) diskutiert und visualisiert werden.

Die Lebenswirklichkeit von Straßenkindern: Die biographische Dimension

In diesem Unterrichtsabschnitt soll die Lebenssituation von Straßenkindern aus verschiedenen Ländern als Individuen mit einer je eigenen Lebensgeschichte erhellt werden. Dieser biografische Zugang ermöglicht die Thematisierung von selbstreflexiven Prozessen; es ist von einer Betroffenheit der Lernenden durch solche Lebensbilder auszugehen, die im Kontrast zur eigenen Situation stehen. Dabei soll auch die Reflexion über (vermutete) individuelle und/oder gesellschaftliche Faktoren angebahnt werden, die sich in solchen Lebensbildern spiegeln. Die Auswahl von biografischen Skizzen aus verschiedenen Ländern schafft die Möglichkeit, für kulturelle Unterschiede zu sensibilisieren.

Material für solche biographischen Skizzen finden sich

- für Straßenkinder in Deutschland: in Permien / Zink 1998 und Pfennig 1996, S. 94ff.; man kann sich aber auch bei örtlichen Streetwork-Projekten Berichte und Materialien besorgen, in denen oft Lebensbilder zu finden sind;
- für Straßenkinder in den sog. Entwicklungsländern: in den Broschüren der diversen Hilfsorganisationen.
- Auch in diversen Videos zum Thema finden sich adäquate Informationen.

Die Lebenswirklichkeit von Straßenkindern: Die gesellschaftliche Dimension

Ziel dieses Teils ist die Wissensvermittlung über die Lebensbedingungen von Straßenkindern in ihrer jeweiligen gesellschaftlichen, d. h. kulturellen, religiösen und nationalen Wirklichkeit. Material hierzu bietet Teil 2 des Buches von Adick (Hrsg.) 1997. Um ein Spektrum aus verschiedenen Ländern zu erhalten, könnten z. B. die (teils für die Unterrichtsarbeit evtl. noch zu kürzenden) Beiträge von Jogschies (Deutschland), Krusch / Friesen (Rußland), Kunz (Philippinen), Liebel (Lateinamerika) und Wiegelmann u. a. (Senegal) berücksichtigt werden. Die Bearbeitung der Beispiele kann in Einzelarbeit (ggf. Referat) geschehen oder in Gruppenarbeit, wobei die Gruppen dann jeweils zwei Beispiele bearbeiten könnten, um so auch die Vergleichsperspektive anzubahnen.

Die verschiedenen Beispiele sollen – zunächst jedes Beispiel für sich – auf folgende Dimensionen hin ausgewertet werden:

- selbst- und fremdverursachte (d. h. gesellschaftliche) Bedingungen für das Vorhandensein von Straßenkindern,
- krisenhafte Entwicklungs- und Sozialisationsbedingungen für Jugendliche in diesen Ländern,
- Faktoren, die ein Hineinrutschen, Verbleiben und wieder Hinaustreten aus dem Milieu bewirken (können),
- Rolle sozialpädagogischer Institutionen oder anderer Organisationen.

Anschließend sollen die Beispiele verglichen werden:

- mit Bezug auf die im Teil Einstieg ins Thema erarbeiteten Definitionen,
- in Bezug auf die Frage nach geschlechtsspezifischen Unterschieden,
- unter Berücksichtigung der Vergleichsperspektive Industrie- bzw. Entwicklungsland.

Gelingende und mißlingende Sozialisation im Jugendalter

Dem Lehrplan gemäß kann davon ausgegangen werden, dass im Kurs 12/I bereits grundlegende Einführungen in Sozialisations- und Entwicklungstheorien stattgefunden haben. Die dazu bereits erworbenen Wissensbestände sollten in einer resümierenden Sitzung noch einmal in Erinnerung gerufen werden. Sollten keine Vorkenntnisse dieser Art vorhanden sein, ist zu empfehlen, zumindest einen kurzen Exkurs über 'Sozialisation' vorauszuschicken. Hierzu eignen sich m. E. die kurzen Definitionen zu 'Sozialisation', 'Persönlichkeitsentwicklung' und 'Erziehung' in Hurrelmann 1990, S. 14 und eine anschließende Diskussion des Modells der Sozialisation als 'produktive Verarbeitung der äußeren und inneren Realität' im gleichen Buch S. 63–81.

Nach einer entsprechenden Vorklärung (Resümee, Exkurs) geht es in diesem Abschnitt nun darum, Krisen und Herausforderungen des Jugendalters und ihre ggf. unzureichende Bewältigung, die zu 'gelingender' oder zu 'mißlingender' Sozialisation führen, zu thematisieren. Hierbei ist eine Auseinandersetzung mit abweichendem Verhalten und eigenen Normalitätsvorstellungen unerlässlich (wissenschaftspropädeutische und selbstreflexive Komponenten). Dabei kommen auch Faktoren wie Identitätsentwicklung, Subkultur, Stellenwert der Jugendphase, familiäre Krisensituationen (Generationskonflikte) und unterstützende bzw. hemmende Prozesse und Potentiale der Sozialisation im Jugendalter sowie Maßnahmen zur Krisenintervention und Prävention zur Sprache.

Als Grundlagentext eignet sich eine (gekürzte) Fassung des diesbezüglichen Kapitels 4 in Hurrelmann 1990, ggf. ergänzt durch Recherchen zu einigen Begriffen in einschlägigen Lexika (Hausaufgabe, Referate). In der Unterrichtsarbeit sollten zunächst die Grundbegriffe aus dem Text herausgearbeitet werden, um diese dann auf einige der vorherigen Erkenntnisse zu beziehen, und zwar

- auf das Definitionsmodell von Glauser (Teil 1),
- auf die biografischen Schilderungen (Teil 2),
- auf die gesellschaftlichen Bedingungen (Teil 3).

Da der Text den Lebensabschnitt thematisiert, in dem die Lernenden sich gegenwärtig selbst befinden, muss über einen didaktisch adäquaten Umgang mit den je eigenen Lebenserfahrungen der Schülerinnen und Schüler reflektiert werden. Einerseits ist biografisches Lernen Ziel des Pädagogikunterrichts, andererseits darf die Thematisierung eigener, vielleicht konflikt- und angstbesetzter Erfahrungen nicht zu Stigmatisierungen oder dilettantischen Therapieversuchen führen. Die Rückbindung an das Thema „Straßenkinder“ erlaubt es, die fließenden Übergänge zwischen 'normal' und 'abweichend', zwischen 'gelingender' und 'mißlingender' Identitätsentwicklung, zwischen individuell-biographischen Ursachen und gesellschaftlichen Problemlagen zu diskutieren und durch die Abstraktion vom Einzelfall die subjektive Problematik der Selbstreflexivität des Themas unterrichtlich zu 'entschärfen'.

Als Ergänzung (Textauszüge, Gruppenreferat) und zur Vertiefung ist der Aufsatz von Zinnecker in Adick (Hrsg.) 1997 zu empfehlen, der auch die im Rahmen der hier vorgestellten Planung ansonsten nicht weiter thematisierte historische Dimension der 'Straßensozialisation' behandelt. Falls dies Thema in Richtung 'Geschichte der Kindheit' mit dem vertiefenden Aspekt von 'Kinderarbeit und Industrialisierung' ausgeweitet werden soll, können auch die Beiträge von Herzig und Mayer in Adick (Hrsg.) 1997 herangezogen und mit der aktuellen Diskussion um weltweite Kinderarbeit verknüpft werden (Material hierzu z. B. bei terre des hommes, vgl. auch den Beitrag von Große-Oetringhaus in Adick (Hrsg.) 1997).

Sozialpädagogische Maßnahmen mit Straßenkindern in Industrie- und Entwicklungsländern

Aufgabe dieser Unterrichtsphase ist es, einige insbesondere neuere sozialpädagogische Konzepte im Umgang mit Straßenkindern kennenzulernen. Dieses soll wiederum – mit Blick auf die Ziele interkulturellen Lernens – in vergleichender Perspektive geschehen, um damit sowohl (a) die kulturelle Bedingtheit unterschiedlicher sozialpädagogischer Maßnahmen als auch (b) das mögliche Lernen voneinander ansprechen zu können. Dem Postulat exemplarischen Lernens verpflichtet und aus pragmatischen Gründen (Vorhandensein entsprechender deutschsprachiger Vergleichstexte) soll hier die Vergleichsperspektive Deutschland – Lateinamerika gewählt werden. Als kurzer Einstiegstext kann Adick 1997, S. 16–19 dienen. Ausführlicher dargestellt ist der Vergleich in Kapitel 5 von Milcher 1996; dieser Text könnte anschließend z. B. abschnittsweise in arbeitsteiliger Gruppenarbeit bearbeitet werden.

Als mögliche Koreferate der Lernenden bzw. in Gestalt von Statements der Lehrenden eignen sich:

- ein Blick in das deutsche Kinder- und Jugendhilfegesetz,
- Kapitel 3.2 in Institut für Soziale Arbeit 1996 für die deutsche Situation,
- Kapitel 4–7 in Hansbauer (Hrsg.) 1998 ebenfalls für die deutsche Situation (wobei es sich aber um recht umfängliche Kapitel handelt),
- Abschnitt 6 des Aufsatzes von Holm in Adick (Hrsg.) 1997, S. 179 ff. für die lateinamerikanische Situation,
- Darstellungen zu Projekten für Straßenkinder in Lateinamerika in den Broschüren diverser Hilfsorganisationen.

Ergänzend könnte ein Film herangezogen werden (Bildstellen oder Video-Material diverser Hilfsorganisationen), in dem Maßnahmen mit Straßenkindern in Lateinamerika dargestellt werden. Ferner sollte versucht werden, einen Vertreter / eine Vertreterin der örtlichen oder benachbarter Jugendämter einzuladen, um diese(n) nach den in Deutschland praktizierten und vor Ort vorhandenen Maßnahmen zu befragen.

Konstruktive Anwendung des erworbenen Wissens über Straßenkinder

Ziel des Pädagogikunterrichts ist die Anbahnung eines eigenständigen und konstruktiven Umgangs mit dem erworbenen Wissen in derzeitigen und zukünftigen Lebenswirklichkeiten der Schüler. Zwar kann der Unterricht die Wirksamkeit – zumal die zukünftige – des Lernens nicht gewährleisten, aber es können doch unterrichtliche Arrangements geschaffen werden, in denen reale Bewährungsproben für das Erlernte sichtbar sind. Hierzu bieten sich zahlreiche Möglichkeiten, z. B. folgende:

- Bei Bestehen entsprechender Schulpaten- oder -partnerschaften mit Dritte-Welt-Ländern: gegenseitige Information über das Problem hier wie dort und kritisch-konstruktive Bestandsaufnahmen zur betreffenden Schulpartnerschaft,
- Erkundung der eigenen Stadt in Bezug auf Straßenszenen,
- öffentliche Podiumsdiskussion in der Schule zum besagten Thema mit Vertretern von Polizei, Justiz, Jugendamt, Streetwork usw.,
- Postersession zum Thema in den Schulkorridoren und Pausenhallen,
- Gestaltung eines entsprechenden Themenabends in einem nahegelegenen Jugendzentrum.

Sollten diese und ähnliche Möglichkeiten nicht realisierbar sein, könnte zumindest als ein Anwendungsgesichtspunkt die kritische Meinungsbildung zum Thema „Spendenorganisationen" eingeübt werden. Denn mit diesen und ihren Aufrufen und Werbebroschüren wird sicher jeder als Bürger unseres Staates irgendwann einmal konfrontiert. Hinweise auf in Frage kommende Spendenorganisationen und für entsprechende Analysemöglichkeiten bietet der Aufsatz von Herrmanny in Adick (Hrsg.) 1997. Das Ziel könnte eine schriftliche Stellungnahme zu einer oder mehreren Broschüren solcher Organisationen sein. Vielleicht ließe sich auch ein Vertreter / eine Vertreterin einer Spendenorganisation zu einem Besuch einladen, um über die Projektpolitik und Öffentlichkeitsarbeit dieser Organisation zu diskutieren. Da etliche Kirchengemeinden oftmals 'Straßenkinderprojekte' in anderen Ländern unterstützen, dürften hier ebenfalls Ansprechpartner für entsprechende Diskussionen zu finden sein.

Hintergrundliteratur

Die obigen Überlegungen basieren auf einer Vielzahl von Veröffentlichungen zum Pädagogikunterricht, zum interkulturellen Lernen und zur Straßenkinderproblematik. Statt einer erschöpfenden Literaturliste sind hier im folgenden nur die Titel angeführt, die mit der vorgeschlagenen Unterrichtsreihe direkt in Beziehung stehen; der besondere Bezug zum Thema ist jeweils in einem kurzen Kommentar erläutert.

Adick, C.; Bonne, L.; Menck, P.: Didaktik des Pädagogikunterrichts. Stuttgart 1978, Kap. 6 (verdeutlicht die didaktischen Grundgedanken zur inhaltlich-intentionalen Ausrichtung des Pädagogikunterrichts, die für die Autorin in jedem Fall für die didaktische Analyse eines Themas leitend wären).

Adick, C.: Erziehung in verschiedenen Kulturen und Gesellschaften. Stuttgart 1983 bzw. letzter Neudruck 1997
(ein früher Versuch der Autorin, interkulturelles Lernen einschließlich der Perspektive der sog. Entwicklungsländer konstitutiv, d. h. als integrativen Aspekt in den Pädagogikunterricht einzubringen).

Adick, C.: Die Ausländerproblematik und der Bildungsauftrag unserer heutigen Schule. In: Der Nord-Süd-Konflikt. Bildungsauftrag für die Zukunft, hrsg. v. K. Ghawami / World University

Service. Wiesbaden 1991, S. 184–193
(der in 10 Thesen entwickelte Begründungszusammenhang, warum interkulturelles Lernen einschl. der sog. Entwicklungsländerperspektive zum „Allgemeinbildungsauftrag" der modernen Schule gehört, ist m. E. auch heute noch aktuell).

Adick, C. (Hrsg.): Straßenkinder und Kinderarbeit – sozialisationstheoretische, historische und kulturvergleichende Studien. Frankfurt 2. Aufl. 1998 / 1. Aufl. 1997
(eine Textsammlung, die in Auszügen m. E. auch für den Pädagogikunterricht verwendet werden kann; der Sammelband enthält im ersten Teil historische und theoretische Beiträge, im zweiten Fallstudien aus Afrika, Asien, Europa und Lateinamerika).

Adick, C.; Stuke, F. R. (Hrsg.): Ferne Länder – Fremde Sitten. Analysen zum Filmwerk von Gordian Troeller. Frankfurt 1996
(insbesondere Filme aus der Reihe 'Kinder der Welt' von Gordian Troeller können m. E. im Pädagogikunterricht eingesetzt und – da etliche das Straßenkinderproblem berühren – auch für die vorgeschlagene Unterrichtsreihe verwendet werden; der Sammelband enthält Biographisches zu Troeller, exemplarische Filmanalysen und methodische Überlegungen zur Einübung von Medienkritik).

Auernheimer, G.: Einführung in die Interkulturelle Erziehung. Darmstadt 1990 bzw. als 2. überarbeitete und ergänzte Neuauflage Darmstadt 1996
(das Buch kann als ein Standardwerk zur Interkulturellen Erziehung gelten; es behandelt die gesellschaftlichen Hintergründe, wie auch verschiedene Konzeptionen interkultureller Erziehung in Deutschland wie auch in einigen anderen Ländern).

Bühler, H. (Hrsg.): Perspektivenwechsel? – unterwegs zu 'globalem Lernen'. Frankfurt 1996
(dient zur Meinungsbildung über den Begriff 'globales Lernen' in Auseinandersetzung mit bzw. Ergänzung zu Konzeptionen 'interkulturellen Lernens').

v. Dücker, U. (Hrsg.): „Straßenschule". Frankfurt 1998
(der Untertitel sagt schon fast alles: „Straßenkinder in Lateinamerika und Deutschland – ein interkultureller Vergleich aus sozial- und entwicklungspolitischer und methodisch-konzeptioneller Sicht"; das Buch ist aufgrund der Vergleichsperspektive für die entsprechende Unterrichtsreihe im Pädagogikunterricht geeignet; es enthält u. a. Auseinandersetzungen mit sozialpädagogischen Konzeptionen wie auch Erfahrungen aus der Entwicklungszusammenarbeit im Bereich 'Straßenkinder').

Hansbauer, P. (Hrsg.): Kinder und Jugendliche auf der Straße. Analyse, Strategien und Lösungsansätze. Münster 1998
(das Buch ist der Abschlußbericht des vom Bundesministerium für Familie, Senioren, Frauen und Jugend finanzierten, an mehreren Standorten in Deutschland durchgeführten und vom Institut für Soziale Arbeit in Münster koordinierten mehrjährigen Aktionsprogramms 'Lebensort Straße: Kinder und Jugendliche in besonderen Problemlagen'; es bietet den neuesten Stand der praxisnahen Diskussion zu Straßenkindern in Deutschland; auf S. 302–314 findet sich eine umfangreiche Literaturliste zum Problem; die Kapitel 4–8 beschäftigen sich intensiv mit verschiedenen sozialpädagogischen Konzepten).

Holzbrecher, A.: Wahrnehmung des Anderen: Zur Didaktik interkulturellen Lernens. Opladen 1997
(das Buch bietet eine einfühlsame Einführung in die Aufgaben und möglichen Perspektiven einschließlich Verzerrungen, die sich aus der 'Binnenperspektive' von Lehrenden und Lernenden auftun, wenn man sich dem interkulturellen Lernen zuwendet und dabei auch die 'Fremdheit' mit berücksichtigen will).

Hurrelmann, K.: Einführung in die Sozialisationstheorie. Weinheim, Basel 3. Aufl. 1990 oder spätere Auflage
(das Buch gehört zur Standardliteratur zum Thema Sozialisation und dürfte deswegen in vielen Schulbibliotheken vorhanden sein; die darin entwickelte und von vielen Sozialisationsforschern akzeptierte Definition von Sozialisation als 'produktive Verarbeitung der äußeren und inneren Realität' – s. Kap. 2 des Buches – bietet einen guten Ausgangspunkt für die Frage nach

individuell-biografischen und gesellschaftlichen Bedingungen für Sozialisation; direkt auf das Thema 'Straßenkinder' lässt sich vor allem das letzte Kapitel zu 'gelingende und mißlingende Sozialisation' beziehen).

Institut für Soziale Arbeit: Lebensort Straße. Kinder und Jugendliche in besonderen Problemlagen, hrsg. v. Institut für soziale Arbeit e. V. in Münster, Redaktion: Peter Hansbauer. Münster 1996
(Zwischenbericht des vom Bundesministerium für Familie, Senioren, Frauen und Jugend finanzierten gleichnamigen Aktionsprogramms – s. a. Hansbauer [Hrsg.] 1998 –; da das Heft auf verschiedene Standorte eingeht, z. B. auf das Ruhrgebiet, kann es gut als praxisnahe Hintergrundinformation zu Straßenkindern in Deutschland benutzt werden).

KMK-Beschluss: „Eine Welt / Dritte Welt" in Unterricht und Schule, Beschluss der Kultusministerkonferenz vom 28.02.1997
(kann zur didaktischen Begründung der Verankerung von Dritte Welt / Eine Welt-Perspektiven im Unterricht dienen).

Milcher, A.: „... Den Alltag verändern!" Straßenkinder in Lateinamerika und Deutschland, Konzeptionen sozialer Arbeit. Frankfurt 1996
(aufgrund der Vergleichsperspektive und der gurten Lesbarkeit sehr gut für eine entsprechende Unterrichtsreihe im Pädagogikunterricht geeignet; Teile des Textes könnten für die Arbeit im Unterricht eingesetzt werden).

Nestvogel, R. (Hrsg.): Interkulturelles Lernen oder verdeckte Dominanz? Hinterfragung 'unseres' Verhältnisses zur 'Dritten Welt'. Frankfurt 1991
(beschäftigt sich mit der Frage, warum und wie der Themenbereich 'Dritte Welt' zur Aufgabe des interkulturellen Lernens gehört und kann somit Hintergrundwissen zur Didaktischen Analyse der betreffenden Unterrichtsreihe beisteuern).

Permien, H.; Zink, G.: Endstation Straße? Straßenkarrieren aus der Sicht von Jugendlichen. München 1998
(Abschlußbericht des vom Bundesministerium für Familie, Senioren, Frauen und Jugend finanzierten und vom Deutschen Jugendinstitut durchgeführten mehrjährigen empirischen Forschungsprojekts zur Lebenssituation von Straßenkindern in Deutschland; das umfangreiche Buch enthält auch eine Auseinandersetzung um Forschungsmethoden und um das Konzept der 'Straßenkarriere' anstelle der Verwendung des Begriffs 'Straßenkind').

Pfennig, G.: Lebenswelt Bahnhof. Sozialpädagogische Hilfen für obdachlose Kinder und Jugendliche. Neuwied etc. 1996
(Kapitel 8 enthält Material aus teilnehmenden Beobachtungen und biographische Skizzen zu einzelnen Jugendlichen wie auch Analysen und Interpretationen und ließe sich deswegen in Auszügen im Unterricht benutzen zur Frage der Lebenswirklichkeit deutscher Straßenkinder und ihrer möglichen Ursachen).

Richtlinien 1981: Gymnasiale Oberstufe: Richtlinien Erziehungswissenschaft. Die Schule in NRW. Eine Schriftenreihe des Kultusministeriums, Heft 4719. Köln 1981.

Richtlinien 1998: Gymnasiale Oberstufe: Erziehungswissenschaft, Lehrplanentwurf, Landesinstitut für Schule und Weiterbildung. Soest o. J.
(Entwurfstext im Internet vom 15.08.1998).

Scheunpflug, A., Seitz, K.: Die Geschichte der entwicklungspolitischen Bildung. Zur Konstruktion der 'Dritten Welt', 3 Bde. Frankfurt 1995
(enthält eine breit angelegte Bestandsaufnahme zur entwicklungspolitischen Bildung in Deutschland unter Berücksichtigung von didaktischen Konzeptionen, Lehrplänen, Schulbüchern und umfassenden bibliographischen Angaben).

Hiermit bedanke ich mich bei den Teilnehmerinnen und Teilnehmern dieses m. E. sehr produktiven Seminars und sehe mit Erwartung den schriftlichen Unterrichtsentwürfen entgegen, die aus dieser Veranstaltung für den Erwerb von Leistungsnachweisen entstehen.

SABINE HORNBERG

Europäische Bildung und interkulturelles Lernen im Pädagogikunterricht

1. Die Europäische Union und der Bildungsbereich

„Europa wächst zusammen." So oder ähnlich ist es fast täglich in den Printmedien zu lesen. Dabei geht es in jüngster Zeit insbesondere um die Einführung des Euro; es geht aber auch um die grenzüberschreitende Mobilität von Menschen innerhalb Europas, darum, dass immer mehr Bürger und Bürgerinnen einen Teil ihres Lebens außerhalb ihres Herkunftslandes in einem anderen europäischen Staat verbringen, immer mehr Partnerschaften zwischen Angehörigen unterschiedlicher Herkunftsländer eingegangen werden, die Zahl der Kinder aus binationalen Ehen zunimmt. Andererseits ist es aber auch richtig, dass der überwiegende Teil der europäischen Bevölkerung auch heute noch sein Leben größtenteils oder gänzlich in seiner Herkunftsregion und seinem Herkunftsland verbringt. Denn in erster Linie sind es nach wie vor berufliche und wirtschaftliche Gründe, die Menschen zur Wanderung veranlassen. So ist Irland beispielsweise ein typisches europäisches Auswandererland, das die Menschen aufgrund der dort herrschenden hohen Arbeitslosigkeit verlassen, um ihr Auskommen in einem anderen europäischen oder auch außereuropäischen Staat zu sichern.

Die Europäische Union, um die es hier im Folgenden geht, wenn von Europa die Rede ist, stellt für viele Menschen ein abstraktes Gebilde dar, das ihnen am häufigsten im Zusammenhang mit Nachrichten über neue rechtliche Verordnungen begegnet. Über die Geschichte der EU und ihre Bedeutung für den allgemeinbildenden Bildungsbereich wissen die meisten allerdings nur wenig. Auch hier ist nicht der Raum für eine ausführliche Erörterung dieser weitgefassten Thematik, insofern können die folgenden knappen Informationen lediglich zu einem besseren Verständnis des hier Verhandelten beitragen.

1.1 Kompetenzen der Europäischen Union im Bildungsbereich

Gegründet wurde die Europäische Gemeinschaft (EG) 1957 mit den Römischen Verträgen durch Belgien, die Bundesrepublik Deutschland, Frankreich, Italien, Luxemburg und die Niederlande. Heute gehören ihr insgesamt 15 Staaten an.[1] Neben wirtschaftlichen Erwägungen waren es insbesondere die Greuel des Zweiten Weltkrieges und der Wille zu einem dauerhaften Frieden, die den Zusammen-

[1] Hinzugekommen sind seither Dänemark, Irland und Großbritannien (1973), Griechenland (1981), Portugal und Spanien (1986), Österreich, Schweden und Finnland (1995).

schluß eines solchen Staatenbundes vorantrieben. Innerhalb der Gemeinschaft nahm der Bildungsbereich in den ersten Jahren nur eine marginale Position ein, denn ihm wurde lediglich eine den wirtschaftlichen Interessen nachgeordnete Bedeutung zugestanden, da er ausschließlich zur Realisierung der übrigen in den Römischen Verträgen festgelegten Zwecke beitragen sollte (Fechner 1994, S. 17). Konkret bedeutete dies, dass der in der EG zugrundegelegte Bildungsbegriff ein verengter war, da er „... lediglich die Ausbildung zum Zwecke einer nachfolgenden Berufsausübung im Auge hat", so die offizielle Auslegung im Europarecht (ebd., S. 18). Es ist dies die Begründung dafür, dass die EG bis 1993 über keine eindeutig dem allgemeinbildenden Bildungsbereich zugeordneten Kompetenzen verfügte, sondern dort aufgrund anderer rechtlicher Vereinbarungen immer nur dann aktiv werden konnte, wenn dies im Hinblick auf die berufliche Mobilität der EG-Bürger und -Bürgerinnen relevant wurde. Mit Unterzeichnung des Vertrags von Maastricht am 7.2.1992 über die Europäische Union (EU) und Inkrafttreten dieses Vertrages am 1.11.1993 konnte die EU ihre Kompetenzen im Bildungsbereich jedoch ausbauen, denn erstmals wurde dort in Kapitel 3, Art. 126 der allgemeine Bildungsbereich neben dem berufsbildenden (Art. 127) explizit aufgeführt und somit als Gegenstandsbereich europäischer Politik und Praxis definiert. Folgende Ziele nennt das Vertragswerk:

Kapitel 3

Allgemeine und berufliche Bildung und Jugend

Art. 126 [Ziele; europäische Dimension] (1) Die Gemeinschaft trägt zur Entwicklung einer qualitativ hochstehenden Bildung dadurch bei, dass sie die Zusammenarbeit zwischen den Mitgliedstaaten fördert und die Tätigkeit der Mitgliedstaaten unter strikter Beachtung der Verantwortung der Mitgliedstaaten für die Lehrinhalte und die Gestaltung des Bildungssystems sowie der Vielfalt ihrer Kulturen und Sprachen erforderlichenfalls unterstützt und ergänzt.

(2) Die Tätigkeit der Gemeinschaft hat folgende Ziele:

- Entwicklung der europäischen Dimension im Bildungswesen, insbesondere durch Erlernen und Verbreitung der Sprachen der Mitgliedstaaten;
- Förderung der Mobilität von Lernenden und Lehrenden, auch durch die Förderung der akademischen Anerkennung der Diplome und Studienzeiten;
- Förderung der Zusammenarbeit zwischen den Bildungseinrichtungen;
  Ausbau des Informations- und Erfahrungsaustausches über gemeinsame Probleme im Rahmen der Bildungssysteme der Mitgliedstaaten;
- Förderung des Ausbaus des Jugendaustausches und des Austausches sozialpädagogischer Betreuer;
- Förderung der Entwicklung der Fernlehre.

(3) Die Gemeinschaft und die Mitgliedstaaten fördern die Zusammenarbeit mit dritten Ländern und den für den Bildungsbereich zuständigen internationalen Organisationen, insbesondere dem Europarat.

(4) Als Beitrag zur Verwirklichung der Ziele dieses Artikels erläßt der Rat

- gemäß dem Verfahren des Artikels 189b und nach Anhörung des Wirtschafts- und Sozialausschusses und des Ausschusses der Regionen Fördermaßnahmen unter Ausschluß jeglicher Harmonisierung der Rechts- und Verwaltungsvorschriften der Mitgliedstaaten;
- mit qualifizierter Mehrheit auf Vorschlag der Kommission Empfehlungen.

Quelle: Vertrag von Maastricht 1992, hrsg. vom Presse und Informationsamt der Bundesregierung 1998.

Bei näherer Betrachtung des Vertragstextes zeigt sich allerdings, dass bereits der unter Abs. 1 aufgeführte Passus, der den rechtlichen Rahmen absteckt, eine Fortsetzung der bisher gültigen Rechtslage darstellt, denn dort heißt es, die Gemeinschaft werde zu einer qualitativ hochstehenden Bildung beitragen, indem sie die Zusammenarbeit zwischen den Mitgliedstaaten fördere, allerdings unter „strikter Beachtung der Verantwortung der Mitgliedstaaten für die Lehrinhalte und Gestaltung des Bildungssystems sowie die Vielfalt ihrer Kulturen und Sprachen". Ein weiteres Mal bekräftigt wird diese Herangehensweise dann unter dem in Abs. 4 aufgeführten Passus, wo es heißt: „... gemäß dem Verfahren des Artikels 189b und nach Anhörung des Wirtschafts- und Sozialausschusses der Regionen (unterstützt die Gemeinschaft, S. H.) Fördermaßnahmen unter Ausschluß jeglicher Harmonisierung der Rechts- und Verwaltungsvorschriften der Mitgliedstaaten". (ebd.). Übersetzt aus dem Amtsdeutschen bedeutet dies, dass auch nach Inkrafttreten des Vertrags von Maastricht die Verantwortung für Curricula, die Gestaltung der Bildungssysteme und Förderprogramme bei den Mitgliedstaaten verbleibt und nicht auf die supranationale Ebene der EU übertragen wird. Dies geht somit konform mit dem aus dem EG-Vertrag übernommenen, auch im Vertrag von Maastricht festgelegten Grundsatz des sog. Subsidiaritätsprinzips, wonach die Gemeinschaft in Bereichen, die nicht in ihre ausschließliche Zuständigkeit fallen, nur dann tätig werden kann, wenn von den Mitgliedstaaten formulierte Ziele und angestrebte Maßnahmen von ihnen aus eigener Kraft nicht realisiert werden können (Vertrag von Maastricht 1992: Erster Teil. Grundsätze, Art. 3b). Dennoch: Trotz dieser Einschränkungen zeigt die Aufnahme des allgemeinen Bildungsbereichs in den Vertrag von Maastricht einen Richtungswechsel im Selbstverständnis der EU an; daran anknüpfend stellen sich die folgenden Fragen: Welche Konsequenzen hat dies für ihre Chancen zur Einflußnahme im allgemeinbildenden Bildungsbereich? Was sind die Inhalte und Ziele ihrer Bildungspolitik, wer sind die Adressaten? Anhand von zwei Beispielen, deren Gemeinsamkeit in ihrem Rekurs auf die Multikulturalität der Schülerschaft in der Gemeinschaft besteht, soll diesen Fragen im folgenden nachgegangen werden.

2. Europäische Dimension und interkulturelles Lernen

Das Anliegen der EU, eine europäische Dimension im Bildungswesen einzuführen, geht zurück auf das Bestreben, den zunehmenden politischen, wirtschaftlichen und sozialen Verflechtungen innerhalb der Gemeinschaft sowie dem Kompetenzgewinn der EU als supranationaler Organisation eine pädagogische Aufarbeitung und Bearbeitung zur Seite zu stellen. Insofern stellt die europäische Dimension im Bildungswesen eine bildungspolitische Reaktion auf gesellschaftliche Entwicklungen dar und nicht, wie beispielsweise die Reformpädagogik, einen vom Kind ausgehenden, von erziehungswissenschaftlichen Motiven geleiteten Ansatz. Ähnlich verhält es sich, zumindest was die Motivlage betrifft, mit dem interkulturellen Lernen. Dieses ist in Europa als Reaktion auf die seit dem Zweiten Weltkrieg stattfindenden Wanderungen von Menschen über nationale Grenzen hinweg entstanden, mithin der bildungspolitische und pädagogische Versuch, im Bildungswesen auf die mit den Migrationsbewegungen einhergehenden Veränderungen der Schülerpopulation und die zunehmende Globalisierung ökonomischer, ökologischer, politischer, kultureller und sozialer Prozesse adäquat einzugehen. Beide hier benannten Entwicklungen sind eng miteinander verwoben, denn neben der Zuwanderung nach Europa ist es insbesondere die durch die EG/EU beförderte Wanderung innerhalb ihrer Staatengemeinschaft sowie ihr Beitrag zu einer voranschreitenden Globalisierung, die die Herausbildung dieser bildungspolitischen und pädagogischen Zugänge begünstigte.

Erste Bemühungen der EG, eine europäische Dimension im Bildungswesen und Maßnahmen zur Berücksichtigung der Multikulturalität der Schülerschaft im Bildungswesen einzuführen, finden sich schon im ersten Aktionsprogramm vom 9. Februar 1976; die dort eingebrachten Vorschläge sollten später die Basis für alle weiteren Erklärungen und Initiativen der EG/EU im Bildungsbereich bilden (Rat der Europäischen Gemeinschaften 1987a, Abl. C 38 vom 19.2.1976). Bemerkenswert ist dieses erste Aktionsprogramm vor allem deshalb, da dort im Hinblick auf eine künftige Erweiterung der EG die Kinder von Angehörigen aus Nichtmitgliedstaaten der Gemeinschaft noch ausdrücklich als Adressaten eingeschlossen wurden (ebd.). Dies änderte sich jedoch bereits mit der am 25. Juli 1977 vom Rat der Europäischen Gemeinschaft verabschiedeten, seither in allen Mitgliedstaaten der Gemeinschaft rechtlich bindenden Richtlinie 77/486/EWG, die sich ausschließlich an die Kinder von Wanderarbeitnehmern und -arbeitnehmerinnen aus Mitgliedstaaten der EG/EU richtet (Rat der Europäischen Gemeinschaften 1987b, S. 37f.). Diese Richtlinie bildet seither die rechtliche Grundlage für den von der deutschen Kultusministerkonferenz (KMK) 1977 herausgegebenen Erlass zum Unterricht ausländischer Schüler und Schülerinnen in der Bundesrepublik Deutschland. In der Richtlinie der EG (ebd.) wurde das Folgende festgeschrieben:

Richtlinie des Rates vom 25. Juli 1977 über die schulische Betreuung der Kinder von Wanderarbeitnehmern (77/486/EWG)

DER RAT DER EUROPÄISCHEN GEMEINSCHAFTEN –

gestützt auf den Vertrag zur Gründung der Europäischen Wirtschaftsgemeinschaft, insbesondere auf Artikel 49,
auf Vorschlag der Kommission,
nach Stellungnahme der Europäischen Parlaments (1)[2]
nach Stellungnahme des Wirtschafts- und Sozialausschusses (2)
in Erwägung nachstehender Gründe:

In seiner Entschließung vom 21. Januar 1974 über ein sozialpolitisches Aktionsprogramm (3) hat der Rat Maßnahmen zur Verbesserung der Bedingungen für die Freizügigkeit der Arbeitnehmer vor allem hinsichtlich der Aufnahme im Gastland und der Ausbildung ihrer Kinder unter die vordringlich durchzuführenden Maßnahmen eingereiht.

Es ist wichtig, dass diesen Kindern geeigneter Unterricht, der auch die Unterweisung in der Sprache des Ausnahmelandes umfasst, erteilt wird, damit sie in das schulische Milieu bzw. das Berufsausbildungssystem des Aufnahmestaates eingegliedert werden können.

Ferner ist es ist wichtig, dass die Aufnahmemitgliedstaaten in den Zusammenarbeit mit den Herkunftsmitgliedstaaten geeignete Maßnahmen treffen, um die Unterweisung der genannten Kinder in ihrer Muttersprache und der heimatlichen Landeskunde zu fördern, damit insbesondere ihre etwaige Wiedereingliederung in den Herkunftsmitgliedstaat erleichtert wird –

HAT FOLGENDE RICHTLINIE ERLASSEN:

Artikel 1

Diese Richtlinie gilt für nach den Rechtsvorschriften des Aufnahmestaates der Schulpflicht unterliegende Kinder, die gegenüber Arbeitnehmern, die Staatsangehörige eines anderen Mitgliedstaates sind, unterhaltsberechtigt sind und im Hoheitsgebiet des Mitgliedstaats wohnen, in dem der Betreffende eine Tätigkeit im Lohn- und Gehaltsverhältnis ausübt oder ausgeübt hat.

Artikel 2

Die Mitgliedstaaten treffen nach Maßgabe ihrer innerstaatlichen Verhältnisse und ihrer Rechtssysteme geeignete Maßnahmen, damit in ihrem Hoheitsgebiet für die in Artikel 1 genannten Kinder ein kostenloser Einführungsunterricht angeboten wird, der insbesondere eine den spezifischen Bedürfnissen dieser Kinder angepaßte Unterweisung in der Amtssprache oder einer der Amtssprachen des Aufnahmestaates umfaßt.

Die Mitgliedstaaten treffen die erforderlichen Maßnahmen für die Ausbildung und Weiterbildung der Lehrkräfte, die diesen Unterricht erteilen.

[2] (1) Abl. Nr. C 280 vom 8.12.1975
(2) Abl. Nr. C 45 vom 27.2.1976
(3) Abl. Nr. C 13 vom 12.2. 1974

Artikel 3
Die Mitgliedstaaten treffen nach Maßgabe ihrer innerstaatlichen Verhältnisse und ihrer Rechtssysteme in Zusammenarbeit mit den Herkunftsstaaten geeignete Maßnahmen, um unter Koordinierung mit dem Regelunterricht die Unterweisung der in Artikel 1 genannten Kinder in der Muttersprache und in der heimatlichen Landeskunde zu fördern.

Artikel 4
Die Mitgliedstaaten treffen die erforderlichen Maßnahmen, um dieser Richtlinie binnen vier Jahren nach ihrer Bekanntgabe nachzukommen, und unterrichten hiervon unverzüglich die Kommission.
Außerdem teilen die Mitgliedstaaten der Kommission alle Rechts- und Verwaltungsvorschriften sowie sonstigen Vorschriften mit, die sie auf dem unter diese Richtlinie fallenden Gebiet erlassen.

Artikel 5
Binnen fünf Jahren nach Bekanntgabe dieser Richtlinie und danach regelmäßig auf Antrag der Kommission übermitteln die Mitgliedstaaten der Kommission alle erforderlichen Informationen, damit die Kommission dem Rat über die Anwendung der Richtlinie Bericht erstatten kann.

Artikel 6
Diese Richtlinie ist an alle Mitgliedstaaten gerichtet.

Geschehen zu Brüssel am 25. Juli 1977.

Im Namen des Rates
Der Präsident

H. SIMONET

Zu einem gemeinschaftlich getragenen Vorgehen im Hinblick auf die schulische Förderung der Kinder von Wanderarbeitnehmern in der EG konnte das erste Aktionsprogramm also beitragen; die ebenfalls zum damaligen Zeitpunkt bereits avisierte Einrichtung einer europäischen Dimension im Bildungswesen fand in den Mitgliedstaaten dagegen kein Echo. Allerdings fielen auch die diesbezüglich eingebrachten Vorschläge eher dürftig aus. So wurde auf der organisatorischen Ebene vorgeschlagen, den europaweiten Lehreraustausch zu unterstützen, Informationsstellen für Lehrende zu gründen und Kontakte zwischen Lehrerbildungsstätten zu fördern. Darüber hinaus wurde angestrebt, schulische Veranstaltungen europäischen Inhalts einzurichten, allerdings ohne zu konkretisieren, welche Inhalte diese haben sollten (Rat der Europäischen Gemeinschaften 1987a, Abl. C 38 vom 19.2.1976). Insofern spiegelt das erste Aktionsprogramm (ebd.) anschaulich das bereits eingangs erwähnte, utilitaristischen Motiven untergeordnete Bildungsverständnis in der EG wider: Denn die Richtlinie zur schulischen Betreuung der Kinder von Wanderarbeitnehmern basiert auf der in der EG garantierten Freizügigkeit und Niederlassungsfreiheit seiner Bürger und der daraus abgeleiteten schulischen

Gleichbehandlung der Kinder von Wanderarbeitnehmern (Bardong 1994, S. 64; Fechner 1994, S. 18f.), sie ist insofern eine Konsequenz wirtschaftlicher Interessen und Übereinkommen in der Gemeinschaft. Die europäische Dimension im Bildungswesen hingegen konnte und kann auch heute nicht dergestalt begründet werden. Dass dennoch auch sie seit den späten 80er Jahren in den Mitgliedstaaten der Gemeinschaft Berücksichtigung fand (vgl. Hornberg 1999), ist auf den Kompetenzgewinn der EG/EU insgesamt im Bildungsbereich zurückzuführen (vgl. Schink 1993). Welche Ziele und Inhalte verbergen sich heute hinter der europäischen Dimension und dem interkulturellen Lernen? Zunächst soll diese Frage für das interkulturelle Lernen erörtert werden; in einem zweiten Schritt geht es dann um die europäische Dimension.

2.1 Begriffsklärung: Das interkulturelle Lernen

Vorläufer des interkulturellen Lernens in der Bundesrepublik Deutschland war die Ausländerpädagogik, die in den 1960er und 70er Jahren als Reaktion auf die Anwesenheit einer wachsenden Zahl von Schülern und Schülerinnen nicht-deutscher Herkunft an hiesigen allgemeinbildenden Schulen entstand. Inhaltlich orientierte sie sich an den Vorgaben der KMK zur Beschulung der Kinder von Wanderarbeitnehmern aus dem Jahre 1977. Die dort eingeführte „Doppelstrategie" einer Integration auf Zeit zielte darauf ab, die ausländischen Kinder und Jugendlichen einerseits über einen besonderen Anfangs- und schulbegleitenden Förderunterricht mit dem deutschen Schulsystem und der deutschen Sprache vertraut zu machen und andererseits, über das Zusatzangebot des Muttersprachlichen Unterrichts und die dort vermittelte Landeskunde ihres Herkunftsstaates, die Nähe zu ihrer Herkunftskultur zu erhalten. Curriculare Veränderungen an deutschen Schulen wurden zum damaligen Zeitpunkt nicht in Betracht gezogen, vielmehr strebte man die funktionale Assimilation der Zugewanderten an die Kultur des Aufnahmelandes an. Damit trug die Ausländerpädagogik deutliche Züge eines Defizitansatzes, denn, so wurde unterstellt, nicht das bundesrepublikanische Bildungswesen sei ungenügend auf eine multi-ethnische, multikulturelle und multilinguale Schülerschaft vorbereitet, sondern jede Abweichung von der Norm eines Schulwesens, das die ethnische, kulturelle und sprachliche Homogenität seiner Schülerschaft zur Voraussetzung und als Ziel hat, wurde als individuelles Defizit interpretiert. Vorliegende Berichte von ausländischen Schülern und Schülerinnen über ihre „Schulkarrieren" (vgl. Hoffmann 1990) legen eindrucksvoll Zeugnis davon ab, im welchem Maße und in welcher Form diese nationalstaatlichen Homogenitätsvorstellungen sowohl das alltägliche Verhalten von Lehrenden in der Interaktion mit ihrer Schülerschaft als auch das institutionelle Handeln prägten. Ein weiterer Beleg dafür war die in den 70er Jahren ihren vorläufigen Höhepunkt erreichende Zahl ausländischer Kinder und Jugendlicher, die auf Sonderschulen für Lernbehinderte überwiesen wurden.

In kritischer Auseinandersetzung mit der Ausländerpädagogik und unter Berücksichtigung insbesondere des angelsächsischen Konzepts der „multicultural education" kam in der Bundesrepublik Deutschland Ende der 70er Jahre die interkulturelle Pädagogik auf. Im Unterschied zur Ausländerpädagogik richtet sie sich nicht nur an die ethnischen, sprachlichen und kulturellen Minderheiten, sondern ausnahmslos an alle am Schul- und Bildungsalltag Beteiligten, also an den Hausmeister einer Schule ebenso wie an ihre Rektorin, die Lehrenden und die gesamte Schülerschaft. Dieser zentrale Perspektivenwechesel steht insofern für die Erkenntnis, dass nicht die den Minderheiten zugeschriebenen Defizite das eigentliche Problem sind, sondern der Umgang im Bildungswesen mit ethnischer, sprachlicher und kultureller Heterogenität. Was bedeutet dies konkret für die Schulpraxis, wo muss dort angesetzt werden? Der folgende Überblick nennt im Sinne der interkulturellen Pädagogik notwendige Veränderungen im allgemeinbildenden Bildungsbereich, ohne dass damit der Anspruch auf Vollständigkeit erhoben wird.

Im Sinne der interkulturellen Pädagogik notwendige Veränderungen im allgemeinbildenden Bildungswesen

Allgemeinbildendes Bildungswesen insgesamt:

- Einstellung von Vertretern und Vertreterinnen kultureller und sprachlicher Minderheiten, um ihre Unterrepräsentanz abzubauen;
- Gleichstellung der Lehrenden für den Muttersprachlichen Unterricht mit ihren Kolleginnen und Kollegen;
- Berücksichtigung der Multikulturalität und -lingualität der Schülerschaft bei der Gestaltung der Schulgebäude, der Selbstdarstellung der Schule, Elternbriefe usw., z.B. über Hinweisschilder und Schriftstücke in unterschiedlichen Sprachen;
- Im Falle von Ganztagsunterricht: Berücksichtigung diverser Essgewohnheiten der Schülerschaft (z.B. vegetarisch, schweinefleischfrei, koscher usw.)
- Regelungen für religiös bedingte Fastenzeiten etc., da sich diese auf die Aufnahmefähigkeit der Schüler und Schülerinnen auswirken können;
- Einrichtung einer der Multikulturalität der Schülerschaft Rechnung tragenden Bibliothek und Mediothek;
- Außerunterrichtliche Angebote, wie bspw. Hausaufgabenbetreuung, Förderkurse, Sport- und andere Freizeitangebote.

Einzelschule:

- Koordinierung interkultureller Aktivitäten mit allen am Schulalltag Beteiligten, evtl. Entwicklung eines interkulturellen Schulprofils;
- Teilnahme an Lehrerfortbildungsveranstaltungen u.ä. zu interkulturellen Themen;

- Entwicklung und Austausch von interkulturellen Lehr- und Lernmaterialen zwischen Lehrenden einer Schule und mit anderen Einrichtungen.

Fächerkanon:

- Integration des Muttersprachlichen Unterrichts in den Regelunterricht, auch bereits in der Grundschule, sowie seine Aufwertung als versetzungsrelevantem Fach;
- Integration des Unterrichts in „Deutsch als Zweitsprache" in den Regelunterricht;
- Alternative Angebote zum koedukativen Sport- und christlichen Religionsunterricht.

Fächerinhalte:

- Einsatz von Unterrichtsmaterialien, die weder offen noch verdeckt ethnische Stereotype, Vorurteile und rassistische Haltungen transportieren;
- Entwicklung von Unterrichtsmaterialien, die die kulturelle Heterogenität der Bundesrepublik Deutschland widerspiegeln und die vermeintliche „Objektivität" von Tatbeständen kritisch hinterfragen, um so evtl. Differenzen und unterschiedliche Perspektiven auf einen Sachverhalt herauszuarbeiten;
- Unter dem Stichwort Globalisierung: Berücksichtigung der Weltperspektive im Curriculum und in Unterrichtsmaterialien.

Unterrichtsorganisation / Didaktik:

- Übernahme demokratischer Lehr- und Lernformen, z.B. von gruppen-, themenzentriertem und fächerübergreifendem Unterricht oder Projektunterricht;
- Berücksichtigung der kulturellen und sprachlichen Heterogenität der Schülerschaft im Unterrichtsgespräch und bei Arbeitsaufträgen;
- Einüben in Multiperspektivität.

Das Bestreben, bereits bei Kindern und Jugendlichen Toleranz und Akzeptanz für die multikulturelle Realität der Bundesrepublik Deutschland und darüber hinaus der Welt zu entwickeln, in ihnen die Kompetenzen zu fördern, die ein friedliches Zusammenleben ermöglichen, darf sich nicht auf Schulen mit einer ausgeprägt multikulturellen Schülerschaft beschränken, sondern es muss vielmehr in allen Schulen praktiziert werden, also auch in solchen mit gar keinem oder nur einem geringen Anteil ethnischer, kultureller und sprachlicher Minderheiten. Das Ziel ist es also, die interkulturelle Bildung im allgemeinbildenden Bildungsbereich insgesamt zu realisieren und das interkulturelle Lernen als durchgängiges Unterrichtsprinzip einzuführen. Im Anschluss an den vom Landesinstitut für Schule und Weiterbildung in Soest für NRW vorgelegten Lehrplanentwurf (vom 15.8.1998) für das Fach Erziehungswissenschaft in der Gymnasialen Oberstufe ließe sich mit dem bisher Geschilderten z.B. anknüpfen an das für die Jahrgangsstufe 11 vorgegebene Kursthema „Erziehungssituationen und Erziehungsprozesse“, und zwar insbesondere unter der dort aufgeführten Überschrift: „Erziehung in verschiedenen historischen und kulturellen Kontexten“ (ebd., S. 16). Denkbar wäre es beispielsweise, die o. g. im Sinne der interkulturellen Pädagogik notwendigen Veränderungen von Schule und Unterricht kritisch zu diskutieren und durch weitere Vorschläge, aufbauend auf den Erfahrungen der Schüler und Schülerinnen ergeben, zu ergänzen.

2.2 Begriffsklärung: Die europäische Dimension im Bildungswesen

Erstmals 1978 erließ die KMK einen länderübergreifenden Beschluss zu „Europa im Unterricht“; in dem die Leitlinien des europäischen Bildungsauftrags der Schule festgelegt wurden. Damit gehört die Bundesrepublik Deutschland seither zu den wenigen Gemeinschaftsstaaten, die über einen solchen Erlass verfügen. Er wurde seit seiner ersten Veröffentlichung zweimal überarbeitet. Dort wird in seiner seit 1990 gültigen Form unter Punkt 2 genannt: „Europäisches Bewusstsein als pädagogischer Auftrag der Schule“ (KMK Erg.-Lfg. 68 Mai 1991, S. 3). Konkret heißt es dort:

Europa im Unterricht
(Beschluß der Kultusministerkonferenz vom 8.6.1978, i. d. F. vom 7.12.1990)

Gliederung

0. Vorbemerkung

Die Kultusministerkonferenz hat mit ihrer Empfehlung über „Europa im Unterricht“ vom 8. Juni 1978 erstmals länderübergreifend die Elemente und Leitlinien des europäischen Bildungsauftrages der Schule dargelegt. Sie hat mit ihrer „Entschließung zur Europapolitik“ vom 22. April 1983 den Zusammenhang zwischen greifbaren Fortschritten der Politik für Europa und der Vermittlung des europäischen Gedankens in der Schule hervorgehoben.

Die positive Weiterentwicklung der Zusammenarbeit der Staaten in Europa und der europäischen Integration in der Europäischen Gemeinschaft, insbesondere die auf die Einheitliche Europäische Akte gestützten Perspektiven, die politischen, gesellschaftlichen und wirtschaftlichen Entwicklungen in den Staaten Mittel- und Osteuropas sowie schließlich die im Rahmen der Konferenz über Sicherheit und Zusammenarbeit in Europa vereinbarte Charta von Paris für ein neues Europa, sind für die Kultusministerkonferenz Anlass, ihre Empfehlung von 1978 auch im Lichte der pädagogischen Weiterentwicklung fortzuschreiben.

Die Kultusministerkonferenz trägt damit zugleich der Entschließung des Rates und der im Rat vereinigten Minister für das Bildungswesen vom 24. Mai 1988 „Zur europäischen Dimension im Bildungswesen“ Rechnung.

...

2. Europäisches Bewusstsein als pädagogischer Auftrag der Schule

Die Schule hat die Aufgabe, die Annäherung der europäischen Völker und Staaten und die Neuordnung ihrer Beziehungen bewußtzumachen. Sie soll dazu beitragen, dass in der heranwachsenden Generation ein Bewusstsein europäischer Zusammengehörigkeit entsteht und Verständnis dafür geweckt wird, dass in vielen Bereichen unseres Lebens europäische Bezüge wirksam sind und europäische Entscheidungen verlangt werden.

Um die europäische Dimension in Bildung und Erziehung zu verwirklichen, muss die Schule Kenntnisse und Einsichten vermitteln über

- die geographische Vielfalt des europäischen Raumes mit seinen naturräumlichen, sozialen und wirtschaftlichen Strukturen,
- die politischen und gesellschaftlichen Strukturen Europas,
- die prägenden geschichtlichen Kräfte in Europa, vor allem die Entwicklung des europäischen Rechts-, Staats- und Freiheitsdenkens,
- die Entwicklungslinien, Merkmale und Zeugnisse einer auch in ihrer Vielfalt gemeinsamen europäischen Kultur,
- die Vielsprachigkeit in Europa und den darin liegenden kulturellen Reichtum,
- die Geschichte des europäischen Gedankens und die Integrationsbestrebungen seit 1945,
- den Interessenausgleich und das gemeinsame Handeln in Europa zur Lösung wirtschaftlicher, ökologischer, sozialer und politischer Probleme,
- die Aufgaben und die Arbeitsweise der europäischen Institutionen.

Die Grundwerte des staatlichen, gesellschaftlichen und individuellen Lebens, an denen sich die Unterrichts- und Erziehungsziele der Schule orientieren, müssen in ihrer Beziehung zum Leben in der europäischen Völker- und Staatengemeinschaft gesehen werden. Dabei geht es um

- die Bereitschaft zur Verständigung, zum Abbau von Vorurteilen und zur Anerkennung des Gemeinsamen unter gleichzeitiger Bejahung der europäischen Vielfalt,
- eine kulturübergreifende Aufgeschlossenheit, die die eigene kulturelle Identität wahrt,
- die Achtung des Wertes europäischer Rechtsbindungen und Rechtsprechung im Rahmen der in Europa anerkannten Menschenrechte,
- die Fähigkeit zum nachbarschaftlichen Miteinander und die Bereitschaft, Kompromisse bei der Verwirklichung der unterschiedlichen Interessen in Europa einzugehen, auch wenn sie Opfer zugunsten anderer einschließen,
- das Eintreten für Freiheit, Demokratie, Menschenrechte, Gerechtigkeit und wirtschaftliche Sicherheit,
- den Willen zur Wahrung des Friedens in Europa und in der Welt.

Das Spannungsverhältnis zwischen diesen Zielen und der Erfahrung ihrer Realität, wie sie in den Ländern Europas im Erleben von Grenzen und ihrem Wegfall, im kulturellen Angebot, im Tourismus, im Sport, im Konsum, zutage tritt, ist pädagogisch fruchtbar zu machen. Durch die Vermittlung eines soliden Grundlagenwissens über Europa und das Aufgreifen von Alltagserlebnissen sollen auch soziale Vorurteile und Ängste überwunden werden, die im Prozess des Zusammenwachsens entstehen und verstärkt werden können.

Ziel der pädagogischen Arbeit muß es sein, in den jungen Menschen das Bewusstsein einer europäischen Identität zu wecken. Hierzu gehört auch die Vorbereitung der jungen Menschen darauf, ihre Aufgaben als Bürger in der Europäischen Gemeinschaft wahrzunehmen.

...

An dieser Stelle wäre es denkbar, die folgenden weitreichenden Fragen im Unterricht aufzuwerfen: Erstens, ob die im Erlass genannten Ziele inhaltlich gerechtfertigt sind, d. h., werden sie der gesellschaftlichen Dynamik und Bevölkerung in einem multikulturellen, multilingualen Europa gerecht? Und zweitens, wie diese Ziele im Unterricht erreicht werden können und ob sie tatsächlich zur Entwicklung eines neuen europäischen Bewusstseins beitragen.

Mit diesem Erlass hat die KMK der vom Rat der Europäischen Gemeinschaften am 24. Mai 1988 erlassenen Entschließung zur europäischen Dimension im Bildungswesen Rechnung getragen (Rat der Europäischen Gemeinschaften 1990, Abl. C 177/02/1988), denn dort verpflichten sich die Mitgliedstaaten, in den kommenden Jahren ihre Leitvorstellungen zur Etablierung der europäischen Dimension im Bildungswesen zu formulieren, diesbezüglich in ihren Ländern Anreize zu schaffen und die von ihnen entwickelten Aktivitäten an den Ausschuß für Bildungsfragen zurückzumelden. Den auf diesen Rückmeldungen basierenden, 1991 veröffentlichten Bericht zur „Stärkung der europäischen Dimension im Bildungswesen" legte die Kommission im September 1991 vor (Kommission der Europäischen Gemeinschaften 1991, SEK (91) 1753) sowie zwei Jahre später das darauf aufbauende „Grünbuch zur europäischen Dimension im Bildungswesen" (dies. 1993, KOM(93) 457 endg.). Das Grünbuch stellt einen zentralen Wendepunkt des Bemühens um eine europäische Bildungspolitik und -praxis dar, da dort die Mitgliedstaaten aufgefordert werden, mit Blick auf den im EU-Vertrag festgeschriebenen Art. 126 „Allgemeine Bildung" über neue Perspektiven im allgemeinbildenden Bereich nachzudenken. Als Ziele der europäischen Dimension im Bildungswesen werden dort genannt (vgl. ebd., S. 4):

- Chancengleichheit für alle;
- Vermittlung von Verantwortungsbewusstsein für die Solidargemeinschaft;
- Entwicklung von Selbständigkeit, Urteils-, Kritik- und Innovationsfähigkeit;
- Unterstützung bei der Entfaltung aller Fähigkeiten der Schüler/innen und der Bereitschaft zum lebenslangen Lernen;

- Um die Eingliederung in das Erwerbsleben und die Bewältigung des technologischen Wandels zu erleichtern: Sicherstellung einer Ausbildung und eines Leistungsbescheinigungswesens.

Die hier genannten Ziele sind einerseits sehr allgemein gehalten, andererseits doch präzise. Weit gefaßt sind die auf der bildungspolitischen (Chancengleichheit) und sozialisatorischen / pädagogischen Ebene angesiedelten Ziele (Selbstständigkeit, Urteils-, Kritik- und Innovationsfähigkeit. Unterstützung bei der Entfaltung aller Fähigkeiten und des lebenslangen Lernens); präziser gefasst werden dagegen die auf der ideologischen Ebene genannten Ziele (Herstellung eines Bewusstseins der Solidarität und Zugehörigkeit zur Europäischen Staatengemeinschaft) sowie die angestrebten praktischen Maßnahmen (Sicherstellung einer Ausbildung und eines Leistungsbescheinungswesens). Tatsächlich zeichnet sich dieser allgemeine Ziel-Katalog durch seine Integrationskraft aus, denn die dort aufgeführten Ziele gehören zum Kern westlichen Denkens. Konkreter wird die Kommission der EG dann jedoch im Hinblick auf das Konzept einer „europäischen Staatsbürgerschaft"; dort heißt es (ebd., S. 5, Herv. im Orig.):

„Die **Aufmerksamkeit und der Respekt, die den kulturellen und ethnischen Identitäten und Unterschieden gebühren, sowie die Bekämpfung aller Formen von Chauvinismus und Fremdenhass sind wesentliche Merkmale erzieherischen Handels.**

Die Bildungssysteme haben nicht nur die Aufgabe, die Weitergabe der Kultur zu gewährleisten, sondern müssen die Jugendlichen ebenfalls zu Demokratie, zur Bekämpfung von Ungleichheit, zu Toleranz und Respekt vor der Vielfalt erziehen. **Sie müssen auch staatsbürgerliches Bewusstsein entwickeln. Ein europäischer Bezugsrahmen ersetzt in diesem Zusammenhang nicht andere Bezüge, sondern bereichert sie.**"

Hier problematisiert die EG die Frage danach, was unter einer europäischen Staatsbürgerschaft verstanden werden könnte. Dabei zeigt sich auch an dieser Stelle der Versuch, ein europäisches Bewusstsein einzuführen, ohne damit andere Bezüge, gemeint sind hier vermutlich regionale und nationale, zu verdrängen oder gar zu ersetzen. Eine Problematik, die mit der Schaffung eines europäischen Bewusstseins und einer europäischen Identität einhergeht, liegt darin, dass es nicht das Ziel sein kann, eine eurozentrische Haltung zu befördern; denn damit würde die europäische Identität einen Rückschritt hinter vielerorts längst überwundene nationalistische Einstellungen darstellen. Vielmehr bietet sich hier die Chance, unter allen Europäer/innen ein staatsbürgerliches Bewusstsein auf der Basis der Grundwerte der in der Gemeinschaft zusammengeschlossenen Demokratien zu entwickeln; ein Bewusstsein mithin, das frei ist von ethnisch und/oder national hergeleitetem Chauvinismus. Die Frage, ob sich ein solches Bewusstsein eignet, um eine weltbürgerliche Identität zu entwickeln, könnte beispielsweise Aufgabe einer Diskussion im Unterricht sein. Angeknüpft werden könnte im Hinblick auf den Lehrplanentwurf für das Fach Erziehungswissenschaft (Landesinstitut für Schule und Weiterbildung 1988, S. 27) an das für die Jahrgangsstufe 13 vorgegebene Kursthema: „Normen und Ziele in der Erziehung“, und zwar unter der Rubrik: „Institutionalisierung von Erziehung“, insbesondere im Zusammenhang mit anderen Fächern, hier beispielsweise den Sozialwissenschaften zu dem Komplex: „Bildung in Europa“ sowie anknüpfend an den obligatorischen Themenbereich „Pädagogische Theoriebildung“, ebenfalls im Bereich der Kooperation mit anderen Fächern (z. B. Deutsch) unter der Überschrift „Die Idee der Erziehung zur Toleranz“.

3. Multikulturalität in der Europäischen Union als pädagogische Herausforderung

Was verbirgt sich hinter dem Terminus „Multikulturalität“, der häufig im Zusammenhang mit der interkulturellen Bildung auftaucht und in jüngster Zeit zunehmend auch mit Europa assoziiert wird? Folgende Begriffsklärung wird heute in der Sozial- und Erziehungswissenschaft gemeinhin akzeptiert:

> „**Multikulturell**: Sicht von oben, Beschreibung des (Zwischen-) Ergebnisses eines Prozesses, den man mit sprachlicher, ethnischer, kultureller Pluralisierung umschreiben kann (multi, z. B.), wobei der zweite Teil des Wortes, also kulturell eher das Problem darstellt, d. h., dass unter kulturell auch politische und soziale Entwicklungen subsumiert werden und damit möglicherweise auch ein Stück weit dethematisiert werden.“ (Krüger-Potratz 1992, S. 65).

Multikulturalität beschreibt also kulturelle Vielfalt. Es geht dabei um die in einer Gruppe oder einer Gesellschaft, z. B. der EU, der Bundesrepublik Deutschland oder auch Großbritannien lebenden Menschen, ihre unterschiedlichen ethnischen, sprachlichen, religiösen und lebensweltlichen Bezüge, um „kulturelle Selbstverständlichkeiten“ (ebd.). Dazu gehört auch der Aspekt der sozialen Herkunft und Zugehörigkeit, also das, was in den 1960er und 70er Jahren unter den Stichwörtern von der „Klassen- oder Schichtzugehörigkeit“ diskutiert wurde. Denn „Kultur“ wird im Rahmen der interkulturellen Pädagogik nicht als etwas verstanden, das sich auf die „schönen Künste“ beschränkt; sondern:

> „Die Kultur einer Gruppe oder Klasse umfasst die besondere und distinktive Lebensweise dieser Gruppe oder Klasse, die Bedeutungen, Werte und Ideen, wie sie in den Institutionen, in den gesellschaftlichen Beziehungen, in Glaubenssystemen, in Sitten und Bräuchen, im Gebrauch der Objekte und im materiellen Leben verkörpert sind. Kultur ist die besondere Gestalt, in der dieses Material und diese gesellschaftliche Organisation des Lebens Ausdruck finde. Eine Kultur enthält die „Landkarten der Bedeutung“, welche die Dinge für ihre Mitglieder verständlich machen.“ (Clarke u. a. 1979, S. 41, Herv. im Orig.).

Ich möchte dies an einem Beispiel veranschaulichen: Das Tragen eines Kopftuches z. B. erhält, je nachdem, wo, von wem und wie es getragen wird, eine unterschiedliche Bedeutung, wobei insbesondere die Interpretation derjenigen, die dies interpretieren, eine zentrale Rolle spielt. Folgende und sicherlich weitere hier nicht genannte Deutungen sind denkbar:

1. Beispiel: Für viele Menschen in westlichen Ländern gilt das von muslimischen Mädchen und Frauen getragene „Kopftuch", die Hidschab, als Zeichen der Rückständigkeit, als Symbol patriarchalischer Unterdrückung von Frauen durch die Männer. Umgekehrt verstehen manche dieser muslimischen Frauen das Tragen der Hidschab als Mittel, um sich gegen die von ihnen konstatierte Sexualisierung der Frau in westlichen Gesellschaften zu schützen und zu wehren.
2. Beispiel: Ein Junge oder Jugendlicher, der ein Kopftuch wie ein Pirat trägt, kann damit seine Zugehörigkeit zu einer Gruppe ausdrücken und/oder Erwachsene provozieren wollen. Damit mag er unter seinen Freunden und Freundinnen auf Anerkennung stoßen; ein potentieller Arbeitgeber jedoch, z. B. der Leiter einer Bank, wird hieran bei einem Bewerbungsgespräch vermutlich Anstoß nehmen und daraufhin die Lehrstelle einer anderen Person geben.
3. Beispiel: Bei der Landarbeit schützt das Kopftuch Frauen und Männer im heißen Sommer vor der starken Sonneneinstrahlung – dies erscheint jedem als zweckmäßig.
4. Schals und Kopftücher von Frauen in offenen Sportwagen getragen, gelten sowohl als funktional wie auch als schick.

Es kommt also immer darauf an, in welchen Kontext etwas eingebettet ist; wissenschaftlich gesprochen würde man sagen: Das Kopftuch in seiner Symbolhaftigkeit kann nur verstehen, wer seine Bedeutung in unterschiedlichen gesellschaftlichen Kontexten kennt. Ganz zentral ist dabei, dass diese Bedeutungen einem permanenten Wandel unterliegen, dies machen die Beispiele 2 und 4 besonders deutlich, da die Kopftücher dort neben ihrer praktischen Funktion vor allem eine Mode verkörpern. Aber auch dieses kann nur verstehen, wer die Moden kennt und überdies weiß, dass offene Sportwagen auch heute noch eine gewisse Extravaganz verkörpern, für Luxus stehen. Insofern wird hier also eine weitere Information transportiert, und zwar die, dass die Trägerin des Kopftuches (zumindest wahrscheinlich) keine arme Frau ist. Was hat das Geschilderte mit dem interkulturellen Lernen und der europäischen Dimension im Bildungswesen zu tun?

3.1 Kultur und kulturelle Identität

Ein Ziel der interkulturellen Pädagogik ist es, in Abkehr von ethnischen und kulturellen Selbst- und Fremdzuschreibungen sowie darauf aufbauenden Vereinheitlichkeitsbestrebungen jeden Menschen in seiner / ihrer Individualität anzuerkennen und zu fördern. Damit einher geht auch das Ziel der Chancengleichheit im

Bildungswesen, das in Europa und weltweit bisher unerreicht ist. Sowohl für den Aspekt der Identitätsbildung als auch für die Forderung nach Chancengleichheit ist die Abkehr von ethnischen und kulturellen Stereotypisierungen und Vorurteilen ein zentrales Moment, da erst die Anerkennung der Individualität jedes Menschen es ihm ermöglicht, seine Potentiale voll auszuschöpfen. Ich möchte auch dies an zwei Beispielen veranschaulichen:

1. Beispiel: Das Vorurteil, muslimische Mädchen würden im Hinblick auf ihre Schul- und Berufsausbildung von ihrer Familie weniger unterstützt als ihre Brüder, kann bei Lehrenden und Berufsberater/innen dazu führen, dass sie für eine Schülerin keine wissenschaftliche Ausbildung ins Auge fassen, obwohl diese objektiv in der Schule erfolgreich genug ist, um ihr zu einem Studium zuzuraten. Die Lehrenden und Berufsberater/innen mögen jedoch glauben, im Einklang mit einer realistischen Einschätzung der Situation, für dieses Mädchen das Beste zu tun, wenn sie ihr zunächst zu einer anspruchsvollen praktischen Ausbildung raten.

2. Beispiel: Ein Junge türkischer Herkunft spielt sich in der Klasse fortwährend mit einem sehr „machohaften Gehabe“ auf. Die Interpretation der Lehrenden kann nun sein, dass dieses Verhalten in seiner Familie gutgeheißen wird, da „man ja weiß, dass dort ein solches Männerbild vorherrscht.“ Es kann jedoch ebenso sein, dass auch seine Familie dieses Verhalten mißbilligt.

Wichtig wäre es in beiden hier geschilderten Fällen, nicht den eigenen Vorurteilen und Stereotypen zu trauen, sondern die individuelle Person und die individuelle Situation kritisch zu hinterfragen. Denn vielleicht würde in beiden Fällen ein Gespräch mit den Eltern zeigen, dass die eigene Einschätzung revidiert werden müßte bzw. Wege gefunden werden könnten, den Personen und ihren Zielen (erster Fall) oder Problemen (zweiter Fall) gerecht zu werden. Denn nur dann kann die Schule für sich beanspruchen, beide im Rahmen ihrer individuellen Möglichkeiten gefördert zu haben. Solche und ähnlich gelagerte Beispiele finden sich häufig im Schulalltag. Zu denken ist in diesem Zusammenhang sowohl an negative wie auch an positive Stereotype, die jede/r im Kopf hat. So müssen nicht alle Nachkommen griechischer Zuwanderer/innen Experten in griechischer Geschichte, Tradition, Religion und Küche sein; tatsächlich ebensowenig, wie alle Deutschen Experten für christliche Religionen sind oder die deutsche Küche. Für die Herausbildung einer kulturellen Identität ist es mithin wichtig, den Rahmen für individuelle Entwicklungen zu schaffen; und dies um so mehr, da die hier geborenen Nachfahren Zugewanderter weder in *einer* Herkunfts- noch in *einer* Aufnahmekultur leben, denn Kulturen sind mannigfaltig ausdifferenziert, bspw. entlang der Kategorien sozioökonomische Herkunft und Zugehörigkeit, Geschlecht, Alter und Region. So ist vermutlich die Schnittmenge der Gemeinsamkeiten aller (zugewanderten wie einheimischen) Jugendlichen einer Großstadt größer als die von allen Jugendlichen einer Großstadt im Vergleich zu denen einer ländlichen Kleinstadt.

Selbst- und Fremdzuschreibungen erhalten im Kontext der Bemühungen um die Schaffung einer europäischen Dimension im Bildungswesen eine neue Aktualität. Denn im geographischen, politischen, sozialen und kulturellen Raum Europa stellt sich die Frage: Welche Identität will dieses Europa, welche Identität wollen seine Bürger/innen? Sicherlich gibt es nicht nur eine richtige Antwort auf diese Frage, sondern zahlreiche Möglichkeiten. Dabei gehört das Wiederaufleben vielerorts längst überwunden geglaubter Nationalismen, wie dies im ehemaligen Jugoslawien der Fall ist; oder das Aufkommen alter wie neuer Formen von Eurozentrismus zu den denkbar problematischsten Zugängen. Denn beide werden einer europäischen Staatengemeinschaft nicht gerecht, die ihre innere Multikulturalität ausdrücklich als Grundlage und Zielperspektive für die europäische Staatengemeinschaft nennt, folgt man dem Rat der Europäischen Gemeinschaften (Rat der Europäischen Gemeinschaften 1989, Abl. C 277/04/1989). Auch im Hinblick auf das Einüben von Lern- und Arbeitstechniken (vgl. Landesinstitut für Schule und Weiterbildung 1998, S. 11f.) wäre es an dieser Stelle denkbar, unter Zuhilfenahme wissenschaftlicher Texte, im Unterricht eine Diskussion über die Entstehung und den Umgang mit eigenen und fremden Vorurteilen und Stereotypen durchzuführen, um so eine „ideologiekritische Bewertung von Argumenten und theoretischen Positionen" zu erarbeiten sowie das „Einüben in selbständig reflektierte Stellungnahmen zu wissenschaftlichen Theorien" zu fördern (ebd.).

4. Die europäische Dimension und das interkulturelle Lernen in der Schulpraxis

In der Praxis gibt es heute bereits einige Ansätze, in der Schule eine europäische Dimension einzuführen. Im bundesrepublikanischen Kontext wird dies z. B. in den hessischen Europaschulen versucht, in Nordrhein-Westfalen gab man den Anstoß für solche Aktivitäten im Rahmen eines von der Bund-Länder-Kommission für Bildungsplanung und Forschungsförderung (BLK) unterstützten, vom Land Nordrhein-Westfalen geförderten und vom Landesinstitut für Schule und Weiterbildung in Kooperation mit ausgewählten Schulen vom 1.8.1991 bis zum 31.12.1994 durchgeführten Modellversuch mit dem Titel: „Lernen für Europa" (LEFEU). Beide Ansätze sollen im folgenden knapp skizziert werden.

4.1 Die hessischen Europaschulen

Das Hessische Kultusministerium verabschiedete am 19.4.1991 eine überarbeitete Version des bis dato gültigen Erlasses zu „Europa im Unterricht" und trug damit dem gleichlautenden Erlass der KMK vom 7.1.1990 Rechnung. Parallel dazu initiierte das Hessische Bildungsministerium das Programm „Europaschulen", dem 1998 insgesamt acht Europaschulen und 26 Assoziierte Europaschulen angehörten.

Einen Eindruck von der Arbeit dieser Schulen gibt das vierteljährlich erscheinende Magazin „Europaschulen", das in jeder Ausgabe unterschiedliche inhaltliche Schwerpunkte setzt. Wie wird eine Schule „Europaschule" oder „Assoziierte Europaschule", welche Voraussetzungen muß sie erfüllen? Folgende Kriterien erfüllt eine „Europaschule" insgesamt, eine „Assoziierte Europaschule" nur zum Teil (vgl. Hessisches Institut für Bildungsplanung und Schulentwicklung 1994, S. 1f.).

Europaschulen

- kooperieren mit umliegenden Schulen;
- streben die Berücksichtigung reformpädagogischer Elemente im Unterricht an;
- öffnen sich dem Stadtteil;
- bieten ein Mittagessen und nachmittägliche Angebote an, wie sie unter dem Stichwort von der „Öffnung der Schule" thematisiert werden;
- erweitern ihre curricularen Inhalte und pädagogischen Ansätze um eine internationale Perspektive;
- kooperieren mit Schulen im Ausland, gehen Schulpartnerschaften ein und ermöglichen ihren Schüler/innen zwischen dem 7. und 13. Lebensjahr insgesamt ein Schuljahr im Ausland zu verbringen;
- verbinden die didaktisch-methodischen Einzelaspekte zu einem schulischen Gesamtkonzept, zu einem Schulprofil; den Schwerpunkt ihrer Arbeit bilden die interkulturelle und ökologische Bildung.

Es können Schulen aller Schulformen und -stufen an diesem Programm teilnehmen, auch berufsbildende Schulen. Die Palette der Schwerpunkte, die die Europschulen und Assoziierten Europaschulen herausbilden, ist weitgefasst. So konzentrieren sich einige stärker auf ökologische Themen, andere auf die Öffnung zum Stadtteil oder das interkulturelle Lernen. Gemeinsam ist ihnen allen jedoch, dass sie die o. g. Kriterien überhaupt in ihrem Schulprogramm berücksichtigen. Ein Beleg dafür, dass die hessischen Europaschulen mit ihrer Arbeit direkt an die Verlautbarungen des Europäischen Ministerrates zur europäischen Dimension im Bildungswesen anknüpfen, ist das folgende, dem Europaschulen-Magazin (1998, S. 4) entnommene Zitat; dort wird unter der Überschrift „Die europäische Identität (ebd.) konstatiert:

„Interkulturelles Lernen und internationale Begegnungen" nennen die hessischen Europaschulen ihren Programmpunkt, mit dem sie sich verpflichten, das Bewusstsein ihrer Schüler/innen für die europäische Identität zu stärken. Dabei geht es nicht nur darum, den Wert der europäischen Kultur zu vermitteln, sondern auch für die Wahrung der Demokratie, der sozialen Gerechtigkeit und der Menschenrechte einzutreten. Bei ihrer Zielsetzung stützen sich die Schulen auf die von dem Ministerrat der Europäischen Gemeinschaft definierte Leitvorstellung, den „jungen Menschen eine bessere Kenntnis der Gemeinschaft und ihrer Mitgliedstaaten in ihren historischen, kulturellen, wirtschaftlichen und sozialen Aspekten zu vermitteln und ihnen die Bedeutung der Zusammenarbeit der Staaten der Europäischen Gemeinschaft mit anderen Staaten Europas und der Welt näher zu bringen."

Auch die Teilnahme an europäischen Programmen wie Comenius oder Sokrates und die damit verbundene finanzielle Förderung gehört für einige Europaschulen zum Alltag und eröffnet ihnen dort neue Wege. Im Rahmen des Comenius-Programms bspw. kooperieren mindestens drei europäische Schulen zu einem fächerübergreifendem, selbstgewähltem Thema, das allerdings einen europäischen Bezug haben muß. Um solche Aktivitäten zu unterstützen, erhält jede beteiligte Schule von der EU für maximal fünf Jahre einen jährlichen Zuschuß von 7.000 ECU. Insofern profitieren Europaschulen auch in ökonomischer Hinsicht von ihrem Schulprofil, ein Aspekt, der zu Zeiten immer knapper werdender Haushaltskassen nicht zu unterschätzen ist.

4.2 Der nordrhein-westfälische Modellversuch „Lernen für Europa" (LEFEU)

Anders als in Hessen ging es den Initiator/innen des nordrhein-westälischen Modellversuchs „Lernen für Europa" um die folgenden Schwerpunktsetzungen (vgl. Landesinstitut für Schule und Weiterbildung 1995, S. 5):

- Spracherwerb / fremdsprachliches Lernen (LEFEI I)
- Spracherhalt / natürliche Mehrsprachigkeit (LEFEU II)
- Interkulturelles Lernen (LEFEU III)
- Eine Schule bereitet sich auf Europa vor (LEFEU IV)

In seinem Abschlußbericht zum Modellversuch weist das Landesinstitut für Schule und Weiterbildung in Soest darauf hin, warum sich dieses Modellvorhaben von anderen bundesrepublikanischen zur europäischen Dimension im Bildungswesen unterscheidet. Dort wird ausgeführt (ebd.):

„Bei den Vorbereitungen auf den Modellversuch wurde deutlich, dass bislang die europäisch-pädagogischen schulpraktischen Ansätze und auch die damit verbundenen Theorien, Konzepte und bildungspolitischen Positionen zu einer grundsätzlichen Polarisierung tendieren: Vorbereitung auf Europa heißt für die einen vornehmlich Herstellung individueller und nationaler Kooperations- und Wettbewerbsfähigkeit der Mehrheitsbevölkerung und ihrer Mittelschicht durch Vermehrung von Fremdsprachenkenntnissen und Europawissen. Für die anderen liegen die Prioritäten eher beim interkulturellen Lernen, bei der Förderung sprachlicher und kultureller Identität ethnischer Minderheiten sowie in der Bekämpfung von Fremdenhaß und Rassismus. Der Modellversuch „Lernen für Europa" – und das zeichnet ihn unter vergleichbaren Vorhaben zur Europäischen Dimension im Bildungswesen aus – ging von der Prämisse aus, dass Europa im eigenen Land mit seiner in den Schulen existierenden sprachlichen und kulturellen Pluralität beginnt, und er war von Anfang an darauf angelegt, beides zu berücksichtigen, das „Europa der Hütten“ wie das „Europa der Paläste“.

Hier zeigt sich also das Anliegen einer Profilbildung im Sinne des interkulturellen Lernens, wie es so explizit und exklusiv im hessischen Europaschulprogramm nicht angestrebt wurde. Allerdings war in Nordrhein-Westfalen auch die inhaltliche Schwerpunktsetzung insofern eine andere, als dort das Interkulturelle Lernen und die in den Schulen vorhandenen und angestrebten Sprachkompetenzen im Zentrum des Modellversuchs standen. Hervorgegangen sind aus dem Modellvorhaben zahlreiche schulpraktische Ansätze wie das am 13.2.1992 vom Kultusministerium zur Erprobung in der Praxis verabschiedete Konzept „Begegnung mit Sprachen in der Grundschule“, das nicht ein frühes Fremdsprachenlernen zum Ziel hat, sondern allen Schüler/innen Gelegenheit geben will, immer dann, wenn es die Situation erlaubt, mit der von ihrer Schule als „Begegnungssprache“ gewählten Sprache in Berührung zu kommen (ebd., S. 9f.). Das Landesinstitut für Schule und Weiterbildung in Soest hat Veröffentlichungen zu unterschiedlichen Aspekten von LEFEU herausgegebenen (vgl. die im Anhang aufgeführte Literatur), dort findet sich auch ein Katalog mit „Kriterien für Schulen, die sich ein europa-orientiertes pädagogisches Profil geben wollen“. Folgende Schwerpunkte werden dort gesetzt (Landesinstitut für Schule und Weiterbildung NRW 1994, S. 42f.):

Zur Diskussion:

Kriterien für Schulen, die sich ein europa-orientiertes europäisches Profil geben wollen

(1) **Im Prinzip müssen alle Schülerinnen und Schüler in eine Europa-Schule aufgenommen werden können.**	Also: Keine Selektion nach Einkommen oder Berufstätigkeit der Erziehungsberechtigten (z.B. Eurokraten, Angestellte in internationalen Konzernen) oder Begabung / Leistung. Jedoch: Schule sollte in Hinblick auf Minderheiten-Gruppen Schwerpunkte setzen, weil nur so spezifische Angebote schulorganisatorisch realisierbar sind.
(2) **„Ausländische“ und deutsche Schülerinnen und Schüler lernen im Prinzip gemeinsam und mit vergleichbarem Erfolg.**	Also: Wer „ausländische“ Schülerinnen und Schüler aufnimmt, füllt damit nicht nur leere Plätze auf, sondern übernimmt die Verantwortung dafür, dass diese so erfolgreich lernen wie Kinder der Mehrheitsbevölkerung. Bei Bedarf sind entsprechende Fördermaßnahmen einzurichten.

(3) **Für „ausländische“ Schülerinnen und Schüler werden spezifische Angebote zur Förderung ihrer sprachlichen und kulturellen Identität eingerichtet.**	Also: Muttersprachlicher Unterricht als Ergänzung oder anstelle eines sonst üblichen sprachlichen Angebots. Keine Beschränkung auf die Sprachen der sog. Arbeitsmigranten. Bei Bedarf Angebote zur religiösen Unterweisung.
(4) **Alle Schülerinnen und Schüler verlassen die Schule mehrsprachig.**	Also: Auch einsprachig aufwachsende Kinder und Jugendliche erwerben eine zweite Sprache, die nicht nur alltagskommunikativen Zwecken dient, sondern mit der sie schriftlich und mündlich sach- und inhaltsorientiert arbeiten können. Alle Schülerinnen und Schüler lernen darüber hinaus eine zweite schulische Fremdsprache.
(5) **(Fremd-)Sprachenunterricht wird über die Grenzen der Fächer und Lernbereiche hinweg curricular koordiniert.**	Also: (a) Einzelne fremdsprachliche Lehrgänge erfüllen spezifische Funktionen für Spracherwerb und interkulturelles Lernen; (b) Die Konzepte sprachlichen Lernens (Intentionen, Sprachfunktionen, Textsorten, kommunikative Fertigkeiten und Fähigkeiten, Begrifflichkeit) werden zwischen den sprachlichen Fächern und mit sog. nicht-sprachlichen Fächern (z. B. Naturwissenschaften, Gesellschaftslehre) abgestimmt; (c) Relativierung der zweisprachigen und bikulturellen Paradigmen in den fremdsprachlichen Fächern.
(6) **Entwicklung schulinterner pädagogischer Programme für das interkulturelle Lernen.**	Also: (a) Kontinuierliche Erfahrungssicherung zur Beseitigung ethnozentrisch-deutscher Perspektiven in Lehrplänen und Schulbüchern; (b) Ergänzung durch Themen, Inhalte, Projekte, die die Minderheiten an der Schule – s. o. unter (1) – in besonderem Maße betreffen; Vermittlung europarelevanter Kenntnisse und Einstellungen unter besonderer Berücksichtigung der Verantwortung Europas für die Eine Welt sowie für die demokratische Weiterentwicklung europäischer Institutionen.

(7) **Alle Schülerinnen und Schüler nehmen während einer Doppeljahrgangsstufe wenigstens einmal an einem curricular eingebundenen Vorhaben grenzüberschreitenden Lernens teil.**

Also: Auslandsreisen, Austauschprogramme, grenzüberschreitende Betriebspraktika, Klassenkorrespondenzen, medienpädagogische Vorhaben, Telekommunikation, Kontakte ohne Reisen (Austausch von Medienpaketen) – angebunden an (mehrere) Fächer und Lernbereiche müssen spezifische Funktionen für das sprachliche und interkulturelle bzw. fachliche Lernen erfüllen. Wichtig ist, dass keine Schülerinnen und Schüler von den Erfahrungen des grenzüberschreitenden Lernens ausgeschlossen sind (die Gefahr besteht in besonderem Maße bei Kindern aus Minderheiten-Familien).

(8) **Alle Schülerinnen und Schüler informieren sich während ihrer Schullaufbahn über die europäische Dimension der Arbeitswelt.**

Also: Aufbau eines internationalen Netzes für die Durchführung von Betriebserkundungen und Betriebspraktika. Orientierung in den rechtlichen Rahmenbedingungen für Ausbildung und Berufsausübung innerhalb und außerhalb der europäischen Gemeinschaft.

(9) **Alle Schülerinnen und Schüler müssen während ihrer Schullaufbahn in umfassender Weise wenigstens eine ihnen zunächst fremde Lebenswirklichkeit erkunden, an der sich Chancen und Probleme des Zusammenlebens in multikulturellen Gemeinschaften nachweisen lassen.**

Also: Fach- oder Projektarbeit (einzeln, in kleinen Gruppen oder in der Klassengemeinschaft) in Anbindung an Fach / Lernbereich. Diese Arbeit kann sich auf ein Land innerhalb oder außerhalb Europas, auf ethnische bzw. kulturelle Gruppen im eigenen Land, auf historische Epochen oder Entwicklungen konzentrieren.

(10) **Schülerinnen und Schüler weisen nach, dass sie bereit und fähig sind, innerhalb oder außerhalb der Schule Verantwortung für friedliches und solidarisches Miteinander sprachlich und kulturell unterschiedlicher Gruppen zu übernehmen.**

Also: Schule muss sich um moralisch-demokratische Erziehung kümmern und zwar nicht nur auf kognitiv-intellektueller Ebene, sondern junge Menschen auch zum aktiven Engagement anhalten.

(11) **Schülerinnen und Schüler dokumentieren ihre im Zusammenhang mit der europäischen Dimension erzielten Lernerfolge kontinuierlich selbst.**	Also: Umsetzung der Prinzipien des *self-assessment*, Dokumentation der Vorhaben grenzüberschreitenden Lernens, der Kontakte zum Ausland, der Beschäftigung mit der europäischen Entwicklung; Aufbereitung zu einer strukturierten und repäsentierbaren Sammlung von Texten, Bildern, sonstigen authentischen Materialien.

Folgende zwei Möglichkeiten zur Bearbeitung des Themenkomplexes „Europaschulen" wären im Unterricht denkbar: Beispielsweise könnte der Kurs in zwei Gruppen aufgeteilt werden, wovon eine Gruppe anhand des o. g. Kriterienkatalogs die dort aufgeführten Aktivitäten herausarbeitet, die sich auf das interkulturelle Lernen beziehen, während die andere Gruppe das gleiche für die europäische Dimension erledigt. Die so entstandenen Ergebnisse der Kleingruppenarbeit sollten auf Karten mit Stichwörtern, höchstens aber einem kurzen Satz festgehalten werden. Abschließend könnten die Ergebnisse dann an einer Pinnwand zusammengetragen werden, um Überschneidungen und Unterschiede auszumachen und zu diskutieren. Eine andere Möglichkeit wäre es, im Unterricht die Frage aufzuwerfen, welche Veränderungen an der eigenen Schule notwendig würden, strebte diese an, eine Europaschule zu werden. Denkbar wäre es in diesem Zusammenhang auch, eine/n Vertreter/in einer Europaschule einzuladen, um diese Person nach ihren Erfahrungen zu befragen und mit ihr über das Konzept ihrer Schule zu diskutieren.

Wie hier skizziert, wurden in der Bundesrepublik Deutschland inzwischen zahlreiche Aktivitäten zur Etablierung einer europäischen Dimension im allgemeinbildenden Bereich entwickelt, die eine Verknüpfung mit der Interkulturellen Pädagogik reflektieren. Doch auch jenseits dieser Schulen mit Modellcharakter, stellt sich das Problem, ob eine Sache von einem regionalen, nationalen, europäischen oder gar weltbürgerlichen Standpunkt aus betrachtet werden sollte oder ob alternativ dazu viele, auch hier nicht genannte Standpunkte eingebracht werden müssten, für die Schulen und Fächer heute immer dringender angesichts der zunehmenden politischen, wirtschaftlichen und sozialen Integration in Europa und in der Welt. Damit verknüpft ist wiederum die Frage danach, welche Identität die Bürger/innen dieses Europas anstreben (wollen und sollen) – eine regionale, europäische, weltbürgerliche oder eine ganz andere? Soll ein europäisches Bewusstsein und damit eine europäische Identität entstehen, die europazentriert und somit restringiert ist – oder geht es um die Herausbildung eines interkulturellen Bewusstseins, welches Europa transzendiert? Diese Frage im Hinblick auf den eigenen Standpunkt, Curricula und Unterrichtsmaterialien kritisch zu reflektieren, wäre eine erster wichtiger Schritt auf dem Weg zu einer europäischen Bildung.

Literatur

Bardong, O.: Die Bildungspolitik in den Organen der Europäischen Gemeinschaft. Zielsetzung und Umsetzung. In: Schleicher, K.; Bos, W. (Hrsg.): Realisierung der Bildung in Europa: europäisches Bewusstsein trotz kultureller Identität? Darmstadt 1994, S. 63–80

Clarke, J. u. a: Jugendkultur als Widerstand. Frankfurt am Main 1979

Der Vertrag. Europäische Union und Europäische Gemeinschaft. Die Vertragstexte von Maastricht mit den deutschen Begleitgesetzen, hrsg. vom Presse und Informationsamt der Bundesregierung. Bonn 1998

Europaschulen. Das Magazin zum Hessischen Europaschulprogramm 1/1998

Fechner, F.: Einwirkungen des Europarechts auf die nationale Bildungsordnung. In: Lassahn, R.; Ofenbach, B. (Hrsg.): Bildung in Europa. Frankfurt am Main 1994, S. 17–42

Hessisches Institut für Bildungsplanung und Schulentwicklung (Hrsg.): Materialien zur Schulentwicklung. Europaschule. Wiesbaden 1994

Kommission der Europäischen Gemeinschaften: Erster Bericht über den Ablauf der auf der Ebene der Mitgliedstaaten und der Europäischen Gemeinschaft durchgeführten Maßnahmen zur Stärkung der europäischen Dimension im Bildungswesen. (Arbeitsdokument der Kommissionsdienststellen) SEK(91) 1753. Brüssel 1991

Kommission der Europäischen Gemeinschaften: Grünbuch zur europäischen Dimension des Bildungswesens. KOM(93) 457 endg. Brüssel 1993

Kultusministerkonferenz: Europa im Unterricht. Beschluß der Kultusministerkonferenz vom 8.6.1978 in der Fassung vom 7.12.1990. Erg.-Lfg. 68 Mai 1991

Krüger-Potratz, M.: In: Brockmeyer, R.: Interkulturelle Bildung. Ein Gespräch mit Georg Hansen, Wolfgang Nieke und Marianne Krüger-Potratz. In: Pädagogische Führung, H. 2, (1992), S. 64–66

Landesinstitut für Schule und Weiterbildung Nordrhein-Westfalen (Hrsg.): Lernen für Europa. Abschlußbericht eines Modellversuchs. Soest 1995

Landesinstitut für Schule und Weiterbildung Nordrhein-Westfalen (Hrsg.): Schularbeiten. Lernen für Europa. Soest, H. 5, Februar 1994, S. 42f.

Landesinstitut für Schule und Weiterbildung Nordrhein-Westfalen: Gymnasiale Oberstufe Erziehungswissenschaft. Lehrplanentwurf (Stand: 15. August 1998)

Rat der Europäischen Gemeinschaften: Entschließung des Rates und der im Rat vereinigten Minister für das Bildungswesen vom 9. Februar 1976 über ein Aktionsprogramm im Bildungsbereich. In: Rat der Europäischen Gemeinschaften, Generalsekretariat (Hrsg.): Erklärungen zur Europäischen Bildungspolitik (dritte Ausgabe, Juni 1987) (Abl. Nr. C vom 19.1.1976). Luxemburg 1987a, S. 21–28

Rat der Europäischen Gemeinschaften: Richtlinie des Rates vom 25. Juli 1977 über die schulische Betreuung der Kinder von Wanderarbeitnehmern. In: Rat der Europäischen Gemeinschaften, Generalsekretariat (Hrsg.): Erklärungen zur Europäischen Bildungspolitik (dritte Ausgabe, Juni 1987) (77/486/EWG). Luxemburg 1987b, S. 35–38

Rat der Europäischen Gemeinschaften: Entschließung des Rates und der im Rat vereinigten Minister für das Bildungswesen vom 24. Mai 1988 zur Europäischen Dimension im Bildungswesen. In: Rat der Europäischen Gemeinschaften, Generalsekretariat (Hrsg.): Erklärungen zur europäischen Bildungspolitik (Ergänzung zur dritten Ausgabe, Dezember 1988) (Abl. C177/02/1988). Luxemburg 1990, S. 17–21

Schink, G.: Konpetenzerweiterung im Handlungssystem der Europäischen Gemeinschaft: Eigendynamik und „Policy-Entrepreneurs“. Baden-Baden 1993

Weitere Literatur und Literaturhinweise zum Thema „Europa in der Schule“, Europaschule“ und Interkulturellen Pädagogik findet sich bei folgenden Stellen:

Bundeszentrale für politische Bildung
Berliner Freiheit 7
D – 53111 Berlin.

... sowie bei den zuständigen Landeszentralen für politische Bildung. Dort können auch „Klassensätze“ unentgeltlich erstanden werden.

Landesinstitut für Schule und Weiterbildung NRW in Soest
Paradieser Weg 64
D – 59494 Soest.

Gesellschaft für europäische Bildungsprojekte
c/o HeLP Weilburg
Frankfurter Straße 20–22
D – 35781 Weilburg.

Im Internet unter der Webadresse des Europaservers der Generaldirektion XII, zuständig für den Bildungsbereich in der EU, mit folgender Adresse: http://www.europa.eu.int

UDO SCHICKEDANZ

'Pädagogisches Handeln unter europäischer Perspektive'

Möglichkeiten einer Profilbildung in der gymnasialen Oberstufe einer Gesamtschule

Zunächst sei ein kurzer Exkurs zur Legitimation einer Profilbildung in der gymnasialen Oberstufe gestattet. Beruf und Studium stellen heute andere Erwartungen an die AbiturientInnen:

- Denken in größeren Zusammenhängen
- problemlösendes Denken
- Kritikfähigkeit und Toleranz gegenüber anderen Überzeugungen
- Entwicklung von Eigeninitiative und Kreativität
- selbstständiges, zielgerichtetes Handeln
- Fähigkeit zur Zusammenarbeit
- Beweglichkeit gegenüber neuen Herausforderungen
- ganzheitliche Ausbildung im Sinne Pestalozzis oder von Hentigs.

Diese Grundanforderungen finden u. a. ihren Niederschlag in der Forderung des § 8(3) der APO-GOSt (Ausbildungs- und Prüfungsordnung, Gymnasiale Oberstufe), etwa in der Form, dass Bildung von Profilen unter der Berücksichtigung 'neuer Formen des Lernens'.

Die Koppelung eines LK und GK bedeutet zunächst für die SchülerInnen eine quantitative Einschränkung ihrer Wahlmöglichkeiten, doch was gewinnen sie quantitativ dadurch? Die wesentlichen Vorteile sind, dass

- das in den Fächern erworbene Detailwissen wird in Grundzusammenhänge eingeordnet und unter fächerübergreifenden Fragestellungen überprüft und problematisiert wird, dies beugt damit dem oft bedauerten 'Schubladen-Denken' der SchülerInnen vor;
- der größere Stundenanteil der Profile (maximal neun Stunden) stärkeren Praxisbezug und das Arbeiten in profilinternen Projekten ermöglicht, d. h. SchülerInnen können ohne großen schulorganisatorischen Aufwand in Teams für längere Phasen selbstständig oder kooperativ an einem Thema arbeiten;
- enge soziale Bindungen innerhalb des Profils ermöglicht werden;
- neue Lernformen in den schulischen Alltag einbezogen werden können, z. B.
  - projektorientierte Themenwoche zur Vorbereitung der *Facharbeit*
  - *Berufspraktikum* mit Blick auf ein erweitertes Berufsfeld
  - profilbezogenes *Fachpraktikum* mit anschließender *Facharbeit*
  - stärker betonte selbständige *Projekt-* und *Gruppenarbeit*

Im Folgenden möchte ich die an unserer Schule praktizierte Koppelung eines LK Pädagogik mit einem GK Englisch vorstellen:

Warum Pädagogik / Englisch?

Diese Frage möchte ich von verschiedenen Seiten betrachten. Zunächst zur Bedeutung der Pädagogik im Rahmen der Oberstufe. Klafki stellt in seinem Ansatz der kritisch-konstruktiven Didaktik das Postulat der Allgemeinbildung auf, einer Allgemeinbildung, die sich weder als eine klassisch-humanistische noch als eine modernistische Anhäufung von Wissen versteht, sondern sich an der Bewältigung von Schlüsselqualifikationen orientiert. Die Grundvoraussetzung für die Bewältigung dieser Schlüsselprobleme der modernen Gesellschaft ist einmal das notwendige inhaltliche Wissen, aber auch das diese Probleme bewältigende Individuum. Das Fach Erziehungswissenschaft bereitet in seinem Unterricht auf „... verantwortliches Handeln im öffentlichen und privaten Bereich“ (Lehrplan Erziehungswissenschaft Landesinstitut 1998, S. 5) durch Vermittlung der Fähigkeit der „Kommunikation, der Kooperation und der Konfliktbewältigung“ (ebd.) vor.

Die SchülerInnen sollen besonders durch die konkrete Arbeit in den gewählten Profilen „kognitive, motivationale, ethische und soziale Qualifikationen des Handelns und Verhaltens“ (Landesinstitut 1998, S. 6) erwerben. Es wird darauf hingewiesen, dass gerade Pädagogik schon immer nach Interdisziplinarität verlangt hat, wobei nicht bloße Addition verschiedener Fächer, sondern eine inhaltliche und methodische Verzahnung erwartet wird. Die ebenfalls als ein Wesensmerkmal des Faches beschworene Verschränkung von Theorie und Praxis prädestinieren Pädagogik geradezu als Profilfach.

Der zweite Blickwinkel betrifft das Fach Englisch. Zunächst scheint dies eine seltsame Wahlverwandtschaft ohne große Berührungspunkte zu sein. Doch betrachtet man Sprache nicht nur als ein reines Kommunikationsmedium, sondern sieht Sprache auch als Träger kultureller Identitäten und als Transmitter des Denkens, ergeben sich hier durchaus inhaltliche Verzahnungen mit dem Fach Pädagogik.

Den inhaltlichen Schwerpunkt des Englischunterrichts auf pädagogische Problemstellungen beziehen bedeutet für SchülerInnen einen Gewinn an Anwendungs-, Projekt und Praxisorientierung. Realisiert werden kann das im Rahmen etwa

- eines Projekts ‘Vergleich der Rollenbilder sowie der immanenten Normen und Werteschemata in englischen und deutschen Jugendbüchern und Märchen’
- einer Projektarbeit zu englischsprachigen Massenmedien
- dem Einsatz von SII-SchülerInnen als GruppenbetreuerInnen in Englisch-Intensivphasen der SI
- Hospitations-und Praktikumsphasen im Bereich ‘Begegnung mit Sprache’ an Grundschulen
- Hospitations- und Praktikumsphasen an schulischen / sozialen Einrichtungen der englischen Partnerstadt

Der erste angesprochene Themenkomplex wurde erfolgreich von den SchülerInnen des Profils im Rahmen einer Projektwoche behandelt und durch eine beachtete Ausstellung der Ergebnisse der Schulöffentlichkeit präsentiert. Die SchülerInnen wurden ebenfalls mit Erfolg in Vorbereitungsphasen für Klassenarbeiten bei SchülerInnen des sechsten Jahrgangs im Fach Englisch als Betreuer in intensiven Wiederholungsphasen eingesetzt. Dieses Projekt soll noch verstärkt werden. Im Fachpraktikum des Profils in 12.1 haben einige SchülerInnen sich an den Grundschulen mit dem Bereich „Begegnung mit Sprache“ auseinandergesetzt und in den vorliegenden Facharbeiten bewiesen, dass sie in der Lage sind sich kritisch distanziert mit dem Problem des Spracherwerbs auseinanderzusetzen.

Es steht zu hoffen, dass durch die praktischen Anwendungsmöglichkeiten des Englischen die Motivation und die kommunikative Kompetenz der SchülerInnen des GK Englisch positiv beeinflusst werden. Wenn man mit Huber (1998, S. 195) voraussetzt,

- dass Bildung, insoweit sie nun einmal reflexiv ist, ohne Sprache nicht möglich ist;
- dass Kultivierung des Denkens (vielleicht auch des Fühlens) mit der Sprache einhergeht;
- dass Sprache geteilte Bedeutung ist (Lorenzo di Valla)

und ferner mit Klafki und von Hentig anerkennt, dass die gemeinsamen Probleme, über die die Menschen sich verständigen müssen, längst über die nationalen Grenzen hinausgehen, brauchen wir notwendigerweise eine über die eigenen Grenzen hinausgehende ‘lingua franca’.

Was prädestiniert nun Englisch als ‘lingua franca’? Zum einen nicht nur die Zahl der ‘native speaker’, sondern auch die Zahl derer, die diese Sprache als Zweitsprache verwenden. Zum anderen ist nach Huber das Sich-Verständigen-Können in der Welt auf Englisch „unverzichtbarer Teil der Allgemeinen Bildung“ (ebd., S. 200). Dies beinhaltet die Forderung nach einer „Ausbildung einer ‘basalen Fähigkeit’, normales Englisch lesend und hörend zu verstehen und zu sprechen – und dies nicht nur beim Einkaufen, sondern auch bei Sachthemen aus dem Fachunterricht“ (ebd., S. 200). Insbesonders der letzte Nebensatz weist auf eine mögliche, sinnvolle Verzahnung des Englischen mit anderen Fächern hin, die diese Sachthemen bereitstellen können.

Das Englische als lingua franca hat ebenfalls eine weitreichende Bedeutung in einer Gesellschaft, die stärker denn je von einer umfassenden Globalisierung geprägt ist und somit einer gemeinsamen Kommunikationsbasis bedarf, um nicht durch Missverständnisse in gefährliche völkisch-nationale oder auf Autarkie und Hegemonie abzielende Stimmungen abzugleiten. Daraus leitet Klafki die Forderung ab, dass „Bildung in und für Europa bereits heute grundsätzlich auch als internationale bzw. interkulturelle Bildung in einem universalen Horizont verstanden und praktisch gestaltet werden muss, als ‘Bildung in weltbürgerlicher Absicht’“ (Klafki 1998, S. 237).

Exemplarisch kann es durch eine Verknüpfung der Weltsprache Englisch und Pädagogik als auch einer biografisch-lernend orientierten Wissenschaft gelingen, Einstellungen zu erzeugen, deren Anwendung und Erprobung an exemplarischen Situationen junge Menschen befähigen mag, globale Problem meistern zu helfen. Dazu kann auch eine umfassende Kenntnis des soziokulturellen Hintergrunds Englands führen. Klafki führt dazu aus:

„Und selbstverständlich wird der Ausgangspunkt solcher Bildungsarbeit der jeweils besondere Erfahrungsraum der Kinder und Jugendlichen sein müssen, in dem die großen, oft als solche noch nicht bewußten internationalen / interkulturellen Probleme konkrete Gestalt annehmen, wirksam werden. Erfahrungs- und handlungsbezogene Bldungsarbeit hat die Aufgabe, die umfassenderen internationalen / interkulturellen Zusammenhänge, in die die jeweils konkreten Probleme 'vor Ort' verwoben sind, schrittweise bewusst zu machen: dieser besondere Umweltskandal oder diese besondere Umweltschutzmaßnahme, dieser Konflikt zwischen deutschen Jugendlichen und Jugendlichen ausländischer Herkunft oder diese Inititative zur interkulturellen Begegnung und Kooperation zwischen ihnen usf." (ebd., S. 239).

Gleichzeitig besteht mit einer Verknüpfung von Englisch und Pädagogik die Chance, durch die Kontrastierung unterschiedlicher Gesellschafts- und Individualkonzepte eine „Moral der Beziehungen zwischen verschiedenen Lebensformen und Identitäten" (Hamburger, 1998, S. 127) zu entwickeln, – eine Forderung, die der Klafkischen nach „Bildung in weltbürgerlicher Absicht" durchaus entspricht. Sowohl die Forderung der Industrie nach schulischer Bildung von Teamfähigkeit, selbstgesteuertem, problemlösenden Lernen und vernetztem Denken, als auch die von zahlreichen Didaktikern geforderte Subjektorientierung können in einer kontrastiven interkulturellen, hier einschränkend als 'europäisch' verstanden, schulischen Bildungsarbeit verwirklicht werden. „Dauerhaft können Krisen nur in der Bewältigung der mit ihnen verbundenen Entwicklungsaufgaben überwunden werden, was in der Regel die Erarbeitung neuer 'Identitäten' erfordert." (Hamburger, 1998, S. 127).

Diese neuen Identitäten können dann entstehen, wenn kontrastiv, gleichsam von einer anderen kulturellen Warte aus, globale Lösungsschemata für gesellschaftliche und individuelle Konflikte gefunden und in das eigene Weltbild eingefügt werden.

Denn mit Guzzoni ist es unerlässlich, „dass der Mensch zu einer nicht-identifizierenden Anerkennung des ihm Anderen und Fremden und damit auch zur Anerkennung seiner eigenen Freiheit gelangt" (Guzzoni, zit.n. Hamburger, 1998, S. 131).

Wenn Identität nach Hamburger also „Übereinstimmung und Differenz" (ebd. S. 133) bedeutet, dann kann die Kenntnis einer anderen Kultur nur ein hilfreiches Medium zur eigenen Identitätsfindung sein.

Pädagogik und Englisch verbinden sich auch harmonisch, wenn man bedenkt, dass Pädagogikunterricht auch einen Beitrag zur individuellen Sinnstiftung leistet, d. h. zur Förderung der individuellen und sozialen Sinngebung und der kommunikativen und kooperativen Kompetenzen beiträgt und zwar nicht nur theoretisch, sondern auch im sinnvoll handelnden Unterrichtsgeschehen. Diese kommunikative Kompetenz in sozialer Verantwortung verbunden mit Kooperation ist aber auch ein wesentlicher Bestandteil der übergeordneten Leitziele des Englischunterrichts.

„Die Forderung, dass Auschwitz nicht noch einmal sei, ist die allererste an Erziehung" (Adorno 1966, S. 88). Wenn wir diese Forderung Adornos akzeptieren, müssen wir uns darüber klar werden, wie wir diesem hohen Anspruch gerecht werden und ihn schulisch umsetzen können. Biografisch gestützte, theoretisch fundierte Selbstfindungsarbeit, gekoppelt an das Kennenlernen einer anderen Kultur und Denkweise, kann hier sehr hilfreich bei der unterrichtlichen Realisierung dieses hohen Anspruchs sein. Die Probleme indischer 'immigrants' in England sind nicht so verschieden von denen der türkischen Einwohner Deutschlands, doch durch die 'englische Brille' betrachtet findet man möglicherweise einen anderen, differenzierteren Zugang zu eigenen Einstellungen. Dies entspräche auch der Forderung der VerfasserInnen des Entwurfs für den 'Rahmenplan' für den Fremdsprachenunterricht an Gesamtschulen (Landesinstitut für Schule und Weiterbildung 1996), die fordern, dass „sprachliche Kompetenz im Dienste interkultureller Handlungsfähigkeit" (S. 5) durch „authentisches", „grenzüberschreitendes" und „projektorientiertes Lernen" (S. 13) entwickelt und gefördert wird.

Realisierung

Im Rahmen der Profilbildung werden an der Käthe-Kollwitz-Schule in Recklinghausen den SchülerInnen in 11.1 vier Profile angeboten – „Kommunikation" (LK Deutsch / GK Kunst), „Technologie und Naturwissenschaft" (LK Technik / GK Physik), „Ökologie" (LK Biologie / GK Erdkunde), „Interkulturelle Erziehung" (LK Pädagogik / GK Englisch). Alle Profile fanden das rege Interesse der SchülerInnen. Aus organisatorischen Gründen konnte dann allerdings das Profil Ökologie in 11.2 nicht mehr angeboten werden.

Wir haben unser Profil 'Interkulturelle Erziehung' genannt, wohl wissend dass dieser Titel irreführend sein kann. 'Interkulturell' wird hier nicht im üblichen Sinne verwendet, sondern im Sinne eines 'Lernens für Europa' (vgl. Landesinstitut 1992) und folgt somit dem dort angeführten Postulat „... ein pädagogisches Profil unter europäischer Perspektive zu entwickeln" um Bildung zu „internationalisieren". Leitziel ist demnach die „Förderung der interkulturellen Kommunikations – und Handlungsfähigkeit" (ebd., S. 8), verknüpft mit „kultureller Selbstreflektion ... als Bewusstmachung verinnerlichter kultureller Traditionen" (ebd., S. 70). Das Profil knüpft bei seiner Umsetzung in der SII an grundlegende Prinzipien der Arbeit in der SI an, insbesondere Teamarbeit, Gruppenarbeit, Projektarbeit und Öffnung von Schule, führt diese fort, vertieft und akzentuiert sie neu.

Darüber hinaus werden den SchülerInnen Schlüsselqualifikationen für die Bewältigung von Problemen vermittelt, mit denen sie in Studium und Beruf in einer grenzüberschreitenden europäischen Gesellschaft konfrontiert werden. Daher bereitet das Profil 'Interkulturelle Erziehung' (LK Pädagogik / GK Englisch) insbesondere vor auf

- das Leben in einer multikulturellen Gesellschaft in einem vereinten Europa, in welchem Englisch die Funktion einer Kultur – und Verkehrssprache haben wird;
- den Umgang mit Menschen in allen Berufsfeldern, die mit Erziehung und Ausbildung befasst sind;
- die weitreichende Ausbildung selbstständiger, produktorientierter Teamarbeit (eine Grundqualifikation, die von allen außerschulischen Institutionen verlangt wird);
- die Entwicklung eines supra-nationalen Kulturverständnisses zur Vorbeugung gegen nationalistisches Gedankengut.

In folgenden soll kurz auf die Umsetzung der in den Richtlinien geforderten Handlungspropädeutik und das 'neue Lernen' eingegangen werden.

Im 5. Jahrgang der Schule sitzen die SchülerInnen in ihren neuen Klassen in Tischgruppen. Um ein Kennenlernen, gegenseitigen Respekt, gemeinsames Arbeiten und gegenseitiges Helfen zu fördern, wird in den ersten beiden Jahren ein Tischgruppentraining durchgeführt. Mit Hilfe eines von der Schulpsychologin und der Sozialarbeiterin ausgearbeiteten Programmes sollen die SchülerInnen Vertrauen aufbauen, Gruppenregeln und Normen erlernen und anwenden. Dieses Gruppentraining findet für jede Tischgruppe einmal die Woche eine Schulstunde lang statt. Die anderen SchülerInnen der Klasse haben in der Zeit eine Arbeitsstunde bei der Ko-Klassenleitung. Bei ca. sechs Tischgruppen je Klasse bedeutet dies einen ca. sechswöchigen Rhythmus. Diese Zeitspanne ist jedoch nach Einschätzung aller Beteiligten zu lang. Daher kam es zu der Uberlegung, SchülerInnen des 11. Jahrgangs als Teamer beim Tischgruppentraining einzusetzen. Ein positiver Nebeneffekt ist eine Verzahnung von SI und SII, für eine Gesamtschule keine Selbstverständlichkeit, da die Mehrzahl die SchülerInnen die Schule mit einem SI-Abschluss verlassen. Diese Verzahnung kann wesentlich zu einem positiven Schulklima beitragen und Spannungen innerhalb des Kollegiums vermeiden.

Dies bedurfte zunächst der Genehmigung durch die Bezirksregierung, konnte dann aber mit Erfolg umgesetzt werden. Die SchülerInnen des 11. Jahrgangs absolvierten ebenfalls die Übungen der Tischgruppen und erarbeiteten im Unterricht den notwendigen gruppenpsychologischen Hintergrund sowie gruppenadäquates Verhalten (sozial-integrative Anleitung statt autoritärer Dominanz). Auftretende Probleme und Ängste der OberstufenschülerInnen (antizipierte Disziplinlosigkeit der „Kleinen", Auffangen von Problemen aus dem häuslichen Umfeld, die zutage traten, Schwierigkeiten bei der Erklärung und Umsetzung von Übungen etc.)

wurden im Pädagogikunterricht aufgearbeitet. Die Gruppen waren immer mit mindestens zwei OberstufenschülerInnen besetzt, eine(r) zur Anleitung eine(r) für das auszuwertende Protokoll.

Es versteht sich von selbst, dass der Umfang der Lerninhalte des 11. Jahrgangs hinter einer anderen Qualität von Arbeit zurücktreten musste. Ergebnissicherung und Überprüfung fanden in Form von Protokollen und einer anschließenden die eigene Arbeit und das Tischgruppentraining kritisch-analysierenden Facharbeit statt. Die dort veröffentlichen Ergebnisse flossen als Rückmeldung zurück in das Betreuungsteam.

'Neues Lernen' wird im Rahmen der Profile wie folgt umgesetzt:

11.1 Projektwoche / Themenwoche: Training relevanter formaler und inhaltlicher Aspekte für die Erstellung einer Facharbeit

11.2 Betriebshospitation (eine Woche): Einblick in Berufsfelder, die den Abschluss des Abiturs / der Fachhochschulreife erfordern; Erstellen eines Praktikumsberichts

12.1 Fachpraktikum (zwei Wochen): Betriebserkundung im gewählten Schwerpunkt;
Erstellung einer Facharbeit (Analyse eines selbstgewählten fachwissenschaftlichen Aspektes[1])

12.2 Hochschultage – Einblick in die Arbeitsweise der Hochschulen, Kennenlernen inhaltlicher und struktureller Probleme, Abbau von Schwellenängsten und fachspezifischen Vorbehalten[2].

13.1 Studienfahrt – praktische Erarbeitung profilbezogener Themen in anderer Umgebung, landeskundliche Aufarbeitung spezifischer Themen mit anschließender Dokumentation für die Schulöffentlichkeit

13.2 fachspezifische Abiturvorbereitung

Letzteres macht deutlich, dass auch innerhalb eines Profils Fächer selbstverständlich ihre fachspezifischen Inhalte und Fragestellungen nicht zugunsten einer diffusen rein fächerübergreifenden Perspektive aufgeben müssen. Vielmehr ist darauf geachtet worden, dass sich fachspezifische und profilorientierte Quartalsabschnitte ablösen. Eine skizzenhafte Darstellung der einzelnen Quartale folgt am Ende dieses Aufsatzes[3].

---

[1] Zur Veranschaulichung einige Themenschwerpunkte des Profils „Interkulturelle Erziehung": 'Probleme des Sprachunterrichts in der Grundschule am Beispiel der 3. und 4. Klasse' (Grundschule); 'Sprache als Kulturträger / Leben in zwei Kulturen' (Dolmetscherbüro); Sprachentwicklung bei Kleinkindern und Vorschulkindern' (integrativer Kindergarten).

[2] Eingebunden in diese Arbeit sind das Studienbüro der Ruhr-Universität-Bochum, die Fachhochschule Gelsenkirchen Abteilung Recklinghausen, das Wissenschaftliche Sekretariat für die Studienrefom im Lande NRW, das Arbeitsamt der Stadt Recklinghausen mit dem Berufsinformationszentrum, die Regionalstelle „Frau und Beruf" der Stadt Recklinghausen.

[3] ausführlich in: Burmeister / VdP 1998. Diese Dokumentation enthält noch vier weitere Modelle einer Profilbildung mit Pädagogik.

Alle diese Arbeitsweisen sind für die SchülerInnen der SII nicht ganz neu. An der Käthe-Kollwitz-Schule besteht ein Konzept zum Erlernen selbstständigen Arbeitens. In den einzelnen Jahrgängen der SI werden, aufeinander aufbauend, die Grundlagen für diese Arbeitsweise gelegt, beginnend im 5. Jahrgang mit Wochenplan und Freiarbeit bis hin zu selbstgestalteten Projekten im 10. Jahrgang. Hilfen zur Lebensplanung (z.B. die Hochschultage) sind ebenfalls in ein gesamtschulisches Konzept eingebunden. Projektwochen wurden bislang und werden auch weiterhin im siebten und achten Jahrgang durchgeführt, und zwar zu den Themen „Wer bin ich?“, „Typisch Frau, typisch Mann“, „Berufs- und Lebensplanung“ oder eine alternative Berufserkundung zum Thema „Mädchen in Jungenberufen – Jungen in Frauenberufen“.

Ein Betriebspraktikum im neunten Jahrgang soll Hilfestellungen in der schwierigen Phase der eigenen Lebensgestaltung geben. Nachhaltig unterstützt wird die Schule dabei von der Regionalstelle Frau und Beruf der Stadt Recklinghausen, kurz FATZ (*F*rauen-*A*rbeit – *T*echnik – *Z*ukunft). Deren Arbeit ist inzwischen nicht mehr ausschließlich auf Mädchenförderung ausgerichtet, wie der Titel missverständlich nahelegen könnte, sondern seit 1995 sind auch die Jungen der Schule in dieses Konzept mit einbezogen.

Basierend auf den Erfolgen dieses Konzepts in der SI war es nur folgerichtig, dies auch auf die SII auszuweiten, denn auch im Bereich des Studiums sind immer noch Frauen in geistes- und Männer in naturwissenschaftlichen Studienfeldern überrepräsentiert. Damit stellt sich die Frage nach der Vereinbarkeit von Familie und Karriere auch für Akademikerinnen, denn der Karriereknick kann durch eine „Babypause“ sogar noch stärker als bei dual ausgebildeten Frauen sein. Daher ist auch für zukünftige AbiturientInnen eine Auseinandersetzung mit den realistischen Chancen und Problemen ihrer je individuellen Lebensplanung notwendig.

Ausblick

Insgesamt kann man davon ausgehen, dass die stärker an der beruflichen, individuellen und gesellschaftlichen Realität orientierte Arbeit in einer Profiloberstufe den SchülerInnen größere Kompetenzen in den Bereichen Handlungsorientierung, Teamfähigkeit, Methodenkompetenz und Lebensorientierung bietet. Die anfänglichen Schwierigkeiten und Mehrbelastungen der LehrerInnen durch das Genehmigungsverfahren (Pläne, Analysen, Zwischenberichte, Kooperation mit anderen KollegInnen etc.) hatten uns nicht abgeschreckt, weil wir spezielle, auf die Interessen unserer SchülerInnen abgestimmte Profile erstellen wollten, die ihnen sowohl den Einstieg in eine berufliche, als auch akademische Ausbildung erleichtern sollten. Dafür waren besonders die Aspekte Handlungspropädaeutik und „Lernen lernen“ angedacht. Umfragen bei potentiellen OberstufenschülerInnen im Jahrgang 10 bestätigten uns immer wieder auf dem richtigen Weg zu sein und gaben uns die notwendige Motivation mit der Entwicklungsarbeit fortzufahren.

Die Durchführung hat auch gezeigt, dass das vermittelte Faktenwissen zugunsten methodischer Vielfalt etwas geringer ist muss, die SchülerInnen bisher auch über das für das Abitur notwendige fachspezifische Wissen verfügen. Man hüte sich jedoch ebenfalls davor, in der Profilbildung ein Allheilmittel aller pädagogischen und schulischen Probleme zu sehen. Institutionelle Rahmenbedingungen des Systems Schule kann auch die Profilbildung nicht außer Kraft setzten. Ferner wird es nach wie vor SchülerInnen geben, die in fachbezogenen 'Schubladen' denken und auf die inhaltliche Verknüpfung von Themen 'gestoßen' werden müssen. Es wird auch SchülerInnen geben die die angebotenen Hilfen nicht annehmen und selbstständiges Arbeiten als Druck und Belastung empfinden und daher auf den Weg der Selbständigkeit 'gezogen' werden müssen. Schüleräusserungen belegen aber auch, dass es ihnen oft leichter fällt englische Texte zu verstehen, wenn sie in Pädagogik den theoretischen Hintergrund eines Problemfelds erarbeitet haben. Sie empfinden es als Erleichterung sich dann ganz auf die inhaltliche, sprachliche Erarbeitung eines Fremdsprachentextes zu konzentrieren. Die an den Profilen beteiligten FachlehrerInnen beobachten bei einer großen Zahl von SchülerInnen ein gestiegenes Problembewusstsein, eine größere Bereitschaft selbstständig zu arbeiten und ein gestiegenes Bewusstsein für die Umsetzung theoretischer Grundlagen in der konkreten gesellschaftlichen Praxis. So stattet diese andere Form des Lernens die Mehrheit der SchülerInnen mit gesellschaftlich nachgefragten Kompetenzen aus, die ihnen den Weg in ihre je individuelle berufliche Zukunft erleichtern werden.

Literatur

Adorno, Th. W.: Erziehung nach Auschwitz (1971) [1966]: in: ders., Erziehung zur Mündigkeit. Frankfurt

Bildungskommission NRW: Zukunft der Bildung – Schule der Zukunft. Neuwied, Kriftel, Berlin 1995

Burmeister, Ursula: Pädagogik als Profilfach der gymnasialen Oberstufe. Eine Dokumentation. Reihe „Anstöße für den Pädagogikunterricht (hrsg. v. Verband der Pädagogiklehrer und Pädagogiklehrerinnen (VdP). Wesel 1998

Fink et. al.: Profilbildung in der gymnasialen Oberstufe an der Gesamtschule Hagen-Haspe. In: G.Röken (Hrsg.), Geamtschule in NRW, Essen 1996, S. 389 ff.

Gogolin, Ingrid; Krüger-Potratz, Marianne; Meyer, Meinert E. (Hrsg.): Pluralität und Bildung. Opladen 1998

Hamburger, F.: „Identität" und interkulturelle Erziehung. In: Gogolin u. a., 1998, S. 127 ff.

Huber, L.: Lingua Franca und Gemeinsprache – Gehört zur Allgemeinen Bildung eine gemeinsame Sprache? – In: Gogolin u. a., 1998, S. 193 ff.

Klafki, W.: Schlüsselprobleme der modernen Welt und die Aufgaben der Schule – Grundlinien einer neuen Allgemeinbildungskonzeption in internationaler / interkultureller Perspektive. In: Gogolin u. a., 1998, S. 235 ff.

Landesinstitut für Schule und Weiterbildung (Hrsg.): Gestaltung des Schullebens und Öffnung der Schule „Erziehungswissenschaften: Pädagogisches Praktikum im LK 13.1, Gesamtschule Bergisch Gladbach-Paffrath". Soest 1989

Landesinstitut für Schule und Weiterbildung: Lernen für Europa. Heft 3, Soest 1992

Landesinstitut für Schule und Weiterbildung: Rahmenplan für den Fremdsprachenunterricht an Gesamtschulen, (2. überarbeiteter Entwurf) Soest 1996

Landesinstitut für Schule und Weiterbildung , Lehrplanentwurf „Erziehungswissenschaft" (Stand 1998). Soest 1998

Vollmer H.: Fremdsprachendidaktik im Aufbruch: Zwischen Selbstverständnis und Fremdverstehen. In: Gogolin u. a., 1998, S. 213ff.

Profil 'Interkulturelle Erziehung' (LK Pädagogik / GK Englisch)

Erziehungswissenschaft	Integration im Profil	Englisch
Lernbereich 11. Jgst. **Erziehungswirklichkeit unter den Aspekten von Interaktion und Lernen**		
Kursthema 11,1: **Individuum und Gruppe im Erziehungsprozess**		
1. Quartal: Erziehungssituation und Erziehungsprozesse – Erziehung in verschiedenen historischen und gesellschaftlichen Kontexten z. B.: Erziehungsnormen und Rollenbilder in Märchen, Fabeln, Jugendbüchern – Erzieherrolle und Erzieherverhalten, z. B.: in Familie und Schule	– Englische und deutsche Kinder- und Jugendliteratur im Vergleich, z. B. – Vergleich deutscher und englischer Kinder- und Jugendbuchklassiker unter dem Schwerpunkt der Vermittlung von Erziehungsnormen, Darstellung von Kinder- und Jugendalltag im jeweiligen Kulturkreis – TV-Kinder und Jugendserien (klassische oder aktuelle) – Kinderlieder, nursery rhymes – Spielfilme mit auf Kinder zugeschnittener Problematik, z. B. E. T., Momo . . .	1. Quartal **views of the child in the adult world** – Einführung in fachspezifische Methoden, in textsortenspezifische Strukturen anhand von unterschiedlichen Kurztexten mit dem Schwerpunkt Märchen und Fabeln Analyse und kreative Rezeption – Angleichung von sprachlichen Defiziten, Einübung in den Umgang mit dem einsprachigen Wörterbuch (Angleichungskurs)

2. Quartal – Autorität als pädagogisches Problem (Gebrauch und Missbrauch von Autorität / der Gruppe als pädagogisches Feld) – Methoden und Inhalte des Tischgruppentrainings (TGT) Anm: Projektarbeit ersetzt KA in 11,1; Vorb. zum / Ersatz im TGT auf sog. „Vorpraktikumsschein"		2. Quartal **learning for life: young people in adult world** – stories of initiation: Einführung in Formen der short story, Strukturen narrativer Texte, Erwerb eines Analysevokabulars – Hausarbeit als Ersatz für 2.KA: Creative Writing: Schreiben einer eigenen short story mit thematischer Vorgabe, Veröffentlichung interessanter Texte
Kursthema 11.2: **Lernen unter pädagogischem Aspekt**		
1. Quartal Peter Weirs Film 'Club der Toten Dichter' – Analyse zur wissenschaftlichen Beschreibung von Lerntheorien – Lernen im Erziehungsprozess (zur Bewältigung von Lebenssituationen) – Beeinflussung von Lernprozessen durch Erzieherverhalten – Erziehungstechniken /-praktiken und ihre Legitimation – TGT: Bewertung und Analyse	– Aufgabenbetreuung Englisch bei lernschwachen SchülerInnen der SI	1. Quartal – 'seize the day' – 'Dead Poets' Society', Erziehung zwischen Anpassung, Auflehnung und Emanzipation – meth. Schwerpunkt: Filmtechniken, filmische und literarische Symbolsprache, Vermittlung eines Fachvokabulars – Analyse: novelization und Interpretation ausgewählter poems des Films – creative writing: letter, diary – Fachvokabular 'education'
2. Quartal – Lerntraining: Metastrukturen, rationelles Lernen – Entwicklung individueller Lernstrategien – techniken – Facharbeit: Evaluation TGT (statt 2.KA)	Fächerübergreifende Projektarbeit im Anschluss an das einwöchige Betriebspraktikum (geplant englische primary school Dülmen) Beschreibung und Analyse von Lernvorgängen Bewertung für den Bereich SM/EW	2. Quartal **aspects of the educational system in GB and US (Vgl. D)** – Verwendung expositorischer, argumentativer, graphischer Darstellungen – Textgrundriss, Stellungnahme, Kurzreferate, Kolloquium 'Individuelles Lernen'

Lernbereich 12. Jgst. **Erziehungswirklichkeit unter den Aspekten von Entwicklung und Sozialisation**		
Kursthema 12.1 **Anthropologische, psychologische und gesellschaftliche Aspekte von Entwicklung und Sozialisation** 1. Quartal – pädagogisches Handeln und Denken – Möglichkeiten pädagogischer Beeinflussung – pädagogische Evaluationsmethoden – Sozialisations- und Entwicklungstheorien	Fächerübergreifende Projektarbeit: Fachpraktikum – mgl.: Untersuchung deutscher Einrichtungen zur Integration von Immigranten und Asylbewerbern – (eventuell: Kooperatiom mit Partnerstadt Preston/GB) Filmanalyse 'Migranten in Europa' (Inder in Birmingham)	1. Quartal **aspects of political and social life in post-war Britain** – social stratification(them and us) – political parties, Welfare State, social problems, multiculturalism – Empire and Commonwealth – questionnaire
2. Quartal Kommunikationsstörungen – z. B.: Rogers, Gordon, Schulz v. Thun		2. Quartal **views of disturbed interpersonal relations in the drama; e. g. 'Look Back in Anger'** – Analyse der dramatischen Kommunikation auf dem Hintergrund des soziokulturellen Kontexts
Kursthema 12.2: **Gefährdungen, Störungen, Chancen, Hilfen** 1. Quartal – gesellschaftliche Normen und abweichendes Verhalten – Erscheinungsformen gestörter Entwicklung und Sozialisation – Entfremdung – Identitätskrisen (Autorität, Generationskonflikte)		1. Quartal **Searching for Individual and Cultural Identity** – Roman 'The Graduate', Bsp. für Identitätskrisen / Filmanalyse, songs aus dem Film – Elemente der Romananalyse, Vertiefung filmische und literarische Symbolik

2. Quartal – Devianztheorien – Sub- und Gegenkulturen seit 1945 – schichtenspezifische Sozialisation	**Fächerübergreifende Projektarbeit: Jugendkulturen seit 1945** Darstellung und Analyse eines ausgewählten Beispiels; tw. Englische Versprachlichung	2. Quartal **Searching for individual and cultural identity: American Dream – American Nightmare** – multiculturalism, racism, ghetto-culture – language of the street, oral history – protest songs, Black poetry – Jugendsprache, slang

Lernbereich 13. Jgst.:
Normen und Ziele in der Erziehung

1.Quartal – Normen und Ziele in Erziehungssystemen verschiedenen Gesellschaften (offen / geschlossen etc.) – Institutionalisierung von Erziehung	**Vorbereitung und Durchführung einer profilorientierten Studienfahrt (GB)** – Schwerpunkt: Informationsaustausch mit britischen Jugendlichen Kurzreferate zur Präsentation der eigenen Schule in GB	1. Quartal **views of Utopia: democracy, dictatorship, fascism** – historische und moderne fiktionale Texte in Auszügen, z. B. Morus, Wells, Orwell, Huxley, Bradbury – das Genre ‘SF’ – Vorbereitung der Kursfahrt durch Kurzreferate

2. Quartal – Einfluss moderner Medien auf schulische Wirklichkeit – Entschulungstheorien – Schule – Funktion, Aufbau, Trends – Evaluation der Gesamtschuldiskussion am Bsp. der KKS – Didaktik und Schulpraxis am Bsp. des Faches Englisch	Einsatz von SII-SchülerInnen in einer Englischintensivphase in 1–2 Klassen des 7. JG. unter Betreuung der FLL' Erneutes Zusammentreffen von SchülerInnen aus dem TGT aus dem 5. JG.	2. Quartal **science and technology** – fiktionale und nicht-fiktionale Texte – Satire – Vor- und Nachbereitung der Intensivphase im 7. Jg.
Kursthema 13.2: **Personalisation**		
– Menschenbilder und ihre Implikation – 'Erziehung nach Auschwitz'	keine Parallelisierung, fachspezifische Abiturvorbereitung	**mass media** – the press – handlungsorientierte Kommunikation in der Zielsprache (letter to the editor)

ALFRED HOLZBRECHER

Forschendes Lehren und zivilgesellschaftliches Lernen als Suchprozess

„Schränkte sich das Lernen auf bloßes Empfangen ein, so wäre die Wirkung nicht viel besser, als wenn wir Sätze auf das Wasser schrieben.“ (Hegel)

Interkulturelles Lernen ist ein entwicklungsoffener Verstehensprozess: Fremdes ist und bleibt mit seiner Ambivalenz ständige Herausforderung. Sich ihm anzunähern und einfühlend mit ihm auseinanderzusetzen ermöglicht auch, das eigene Profil, das persönlich Unverwechselbare zu erkennen. Fremdverstehen und Subjektentwicklung werden damit zu sich einander wechselseitig bedingenden Suchprozessen, die durch interkulturelles Lernen ermöglicht werden sollen. Diese Erkenntnis zwingt nicht nur zum Nachdenken über curriculare Elemente, sondern in besonderer Weise auch über Lehr-Lern-Methoden.

In einer ersten Annäherung möchte ich die Tätigkeit eines Lehrers mit der eines Regisseurs vergleichen, der mit angehenden Schauspielern an einem Stück arbeitet, dessen Ende offen ist. Dieses Stück entsteht, indem die Spieler die vom Regisseur gesetzte Herausforderung nutzen, um eigene Kompetenzen zu entdecken und gemeinsam weiterzuentwickeln. Das Handwerkszeug oder Instrumentarium, das sie brauchen, um sich angemessen ausdrücken zu können, kann er nicht direkt „vermitteln“. Er kann aber Methoden wählen, die es den Spielern ermöglichen, *sich selbst* bestimmte Ausdrucksmöglichkeiten und Formen der Erfahrungsbildung anzueignen und dabei die Verantwortung für das Handeln auf der Bühne zu übernehmen. Diese Verantwortung bezieht sich in gleicher Weise auf die Mitspieler bzw. die ihnen ermöglichten Handlungsspielräume, auf die dialogisch hergestellte Entwicklung des gemeinsamen Stücks sowie auf die eigene (Subjekt-)Entwicklung.

Mit dieser Metapher wird deutlich, dass Lernen und Lehren entwicklungsoffene Prozesse sind, die aus der Wechselwirkung zwischen Verstehensversuchen und eigenem Handeln ihre Dynamik gewinnen. Die Neugier auf das Andere, das forschende Sich-Annähern, die Wahrnehmung seiner faszinierenden und befremdlichen Differenz und die eigene (Re-)Aktion sind die wesentlichen Elemente dieser Suchbewegung.

Wenn wir von „Methoden“ sprechen, sind wir es gewohnt, darunter „Wege“ oder „Mittel“ zu verstehen, die zu einem bestimmten Ziel führen. So ist es üblich, von einem wünschenswerten (Lern-)Ziel auszugehen und sodann zu fragen, welcher Weg am effektivsten dorthin führt. Mit „Effektivität“ ist, ganz im Sinne eines solchen technologischen Verständnisses, gemeint, dass der Lernende auf schnellstem Weg das vom Lehrenden favorisierte Ziel erreicht. Da das Zweck-Mittel-Denken, das diesem Methodenkonzept zugrundeliegt, aufgrund seines Erfolgs im ökonomischen Bereich zum Paradigma der Moderne geworden ist, erscheint es uns so „normal“, dass Alternativen dazu schwer vorstellbar erscheinen.

Lernen als Resultat von didaktisch-methodisch geschickt inszenierter Belehrung zu verstehen, gründet auf einer Handlungstheorie, nach der menschliches Tun primär zweckrational ausgerichtet ist, – während gleichzeitig alles, was sich diesem linearen Denkmodus nicht fügt bzw. *andere Wege geht*, als „irrational“ abqualifiziert wird (Joas 1992: 56ff.). Betrachten wir jedoch Lernen und Lehren als Aktivität sich entwickelnder Subjekte, wird ein solches Konzept aus mehreren Gründen fragwürdig. Die Realität (und die Erfahrung an uns selbst) lehrt uns, dass Lernen kein gradliniger Prozess ist, der monokausal zu erklären, geschweige denn zu planen ist. Verstehens- und Handlungsprozesse sind eher dadurch zu kennzeichnen, dass jeder Schritt – rück- und vorausblickend – auf seine Gangbarkeit hin überprüft werden muss. Ein solches Verständnis gründet auf einem „pragmatischen Handlungsmodell“, wie es Hans Joas im Anschluß an Peirce und Dewey skizziert (1992: 190): Immer wieder erweisen sich unsere Handlungsgewohnheiten und Vorstellungen von der Realität als falsch, und wir sind gezwungen, kreative Lösungen zu entwickeln, damit die Welt uns wieder als stimmig erscheint. Dabei spielt die „Einbildungskraft“ eine entscheidende Rolle, „weil sie in der Welt enthaltene Möglichkeiten erkennt und zu deren Verwirklichung beiträgt“ (ebd.: 211). Das Handeln selbst führt zu kreativen Problemlösungen, weil es ständig dazu zwingt, aus einer Fülle von Möglichkeiten auszuwählen und neue Anforderungen zu bewältigen (ebd.: 193). Die Logik des Forschens und Entdeckens lässt sich also als ständige Konstruktion und Umorientierung der Wahrnehmung beschreiben.

Forschendes Lehren

Es ist naheliegend, vor dem Hintergrund eines solchen handlungstheoretischen Konzepts v. a. interkulturelles Lernen als entwicklungsoffenen Suchprozess zu ermöglichen und gleichzeitig Lehren als Tätigkeit eines „Regisseurs“, der verstehen möchte, wie seine Schauspieler das Bühnengeschehen wahrnehmen und sich ihre Welt aneignen, der neugierig darauf ist, wie sie auf seine Anforderungen und Impulse reagieren, und der bestrebt ist, diese Erkenntnisse in Form eines „professionelleren“ didaktisch-methodischen Handelns umzusetzen.

Lehrer/innen mit einem „forschenden Habitus“ zeichnen sich dadurch aus, dass sie von der „Fremdheit der Anderen“ ausgehen, um den Blick dafür zu schärfen, wie *sie* die Welt sehen. Dafür scheint eine „freischwebende breite Aufmerksamkeitshaltung“ notwendig zu sein, um ein „elastisches Gleiten der Perspektiven“ zu ermöglichen und für neu sichtbar werdende Aspekte des Forschungs- bzw. Lehr-Lern-Prozesses offen zu bleiben (vgl. Prengel 1997: 612f.). Professionell wird

Lehrerhandeln durch Selbstreflexion, d.h. dadurch, dass die Dialektik zwischen Selbst- und Fremdverstehen durchschaubar und damit gestaltbar wird: Was sagt mir meine Wahrnehmung der schulischen Realität über mich selbst aus? Welche Methoden erscheinen geeignet, Lehren und Fremdverstehen als Herausforderung für die eigene Professionalitäts- und Subjektentwicklung zu nutzen[1]? „Der erste Schritt zur Schulreform ist die Erneuerung der Unterrichts- und Methodenkultur", schreibt Hilbert Meyer (1997:159). Seine These vom „Primat der Methodik" begründet er vor allem mit dem Argument, heute gelte es zunächst die verlorene Lernbereitschaft der Schüler/innen wiederherzustellen und als „Generalschlüssel" zur Entwicklung von Schlüsselqualifikationen „Methodenkompetenz" aufzubauen. Um ein solches Lernen ermöglichen zu können, ist Methodenkompetenz auf Seiten des Lehrers notwendig. Seine Methodenphantasie und -kompetenz ist gefragt, aus dem Repertoire der Möglichkeiten intuitiv *und* reflektiert adäquate Lernwege vorzuschlagen, dadurch die Lernenden herauszufordern und sie zu unterstützen. In der Handhabung seines (sich entwickelnden) Methodenrepertoires zeigt sich seine Fähigkeit, Methoden als „Medien" zu verstehen, um über die Ausdrucksformen der Lernenden auf ihre Denk- und Handlungsweisen schließen zu können: Je breiter das Methodenspektrum, desto feiner sind seine Erkenntnis-„Instrumente".

Eine besondere Bedeutung kommt in diesem Zusammenhang kreativitätsorientiertes Methoden zu, denn

- gerade deren Offenheit ermöglicht wahrzunehmen, in welcher Weise sich die Lernenden ein Thema aneignen. Ein Text, der etwa zu einem Bild geschrieben wird, sagt auch (vielleicht sogar in erster Linie) etwas über den Verfasser aus.
- Kreativitätsorientierte Methoden nutzen Fantasie als Produktivkraft des Erfahrungsprozesses: Die freigesetzten Energien und der Spaß, der damit verbunden ist, ermöglicht Grenzen zu überschreiten, überkommene Identitätskonstruktionen in Frage zu stellen und nach neuen Deutungsmustern zu suchen.
- Kreativer Ausdruck *vor* einer reflexiven Bearbeitung ermöglicht eine „Bearbeitung" der inneren Bilder, der Wünsche und Ängste, die mit einem Thema verbunden sind (vgl. Holzbrecher 1997: 241ff.; 1999b).

Als Anregung für interkulturelles Lernen mit solchen Methoden könnten die folgenden Hinweise dienen: Von zentraler Bedeutung ist die Klärung der Frage, welchen Stellenwert eine Methode im didaktischen Prozess hat bzw. haben könnte.

---

[1] An dieser Stelle kann nur auf einige richtungweisende Ansätze des „Forschenden Lehrens" und auf Methoden der Selbstevaluation bzw. der qualitativen Sozialforschung verwiesen werden: Vgl. Altrichter / Posch 1998, Bauer 1998, Friebertshäuser / Prengel 1997, Eberwein / Mand 1995, Klement / Teml 1996, Kroath 1991, Rumpf 1992, Schönknecht 1997.

Das Spektrum der möglichen Formen kreativer Methoden ist naturgemäß sehr groß[2]. Folgende Unterscheidung mag hilfreich sein sich zurechtzufinden – und vielleicht selbst neue Ideen zu produzieren:

- *körper-/ interaktionsorientierte Methoden:* z. B. szenische Improvisation, interaktionspädagogische Übungen, Pantomime / Statuentheater (vgl. Paris / Bunze 1994; Gudjons 1995)
- *Methoden des kreativen Schreibens:* z. B. Schreiben zu einem Symbol / einem Bild / einer Grafik; Schreibgespräch ... (vgl. Werder 1993)
- *Methoden bildnerischen Gestaltens:* z. B. Collagen; Visualisierungstechniken (vgl. Holzbrecher 1997; 1999 b)
- *Imaginationsmethoden:* z. B. Fantasiereise
- *Gestalten mit Klängen / Musik:* z. B. thematische Klangbilder mit Percussionsinstrumenten
- *Technische Medien:* z. B. Foto, Video, Printmedien ...

[2] Vgl. Amt für ... 1993; Gudjons 1995; Gugel 1997; Hölscher 1994; Holzbrecher 1997; Institut ... o. J.; Koumides 1993; Losche 1995; Rademacher / Wilhelm 1991; Walker 1995; Werder 1993.

Übung: **Symbolisierung von (Schlüssel-)Begriffen**

Ziele:

Eine Symbolisierung *vor* einer reflexiven Bearbeitung ermöglicht, die mit dem Thema verknüpften und mit Wünschen und Ängsten aufgeladenen Vorstellungsbilder zum Ausdruck zu bringen, bevor diese rationalisierend „nachbearbeitet" werden.

Durchführung:

Aus einem Text (oder Vortrag) werden zentrale Begriffe entnommen und per Kartenabfrage gesammelt. Alternativ können zum Einstieg in eine Thematik in Form eines „Brainstormings" solche Begriffe gesammelt, u. U. auch vorgegeben werden, z. B. „Kontakt", „Begegnung", „Konflikt", „Aufbruch", „Entwicklung" ...

Die Schüler/innen werden nun gebeten, sich aus der Vielzahl der Begriffe denjenigen herauszugreifen, den sie in Kleingruppen kreativ bearbeiten möchten. Dort soll auch geklärt werden, welche Form dafür gewählt werden soll, z. B. als

- „freier Text" (Kurzgeschichte, Essay, Gedicht, Dialog, innerer Monolog ...)
- „Schreibgespräch", d. h. ein in schriftlicher Form geführter „Dialog" zwischen zwei oder mehreren Personen über Assoziationen etc. zum gewählten Begriff
- Collage aus Alltagsgegenständen
- szenisch-pantomimische Darstellung
- Klangbild mit Percussionsinstrumenten
- abstraktes Bild ...

Die Präsentation der Produkte wird verbunden mit einer Diskussion bzw. reflektierenden Vertiefung der ästhetisch zum Ausdruck gebrachten Vorstellungsbilder. Dabei könnte deutlich werden, wie sehr diese Bilder – und damit unsere WahrNehmung – von Wünschen, Ängsten bzw. emotional aufgeladenen Erlebnisse geprägt sind[3].

Solidarität lernen – Kompetenz erfahren

Mit dem Prinzip der Projektorientierung wird über den Unterrichtsalltag hinausgegriffen, die Grenzen der Schule werden überschritten, um eigenverantwortliches Lernen zu ermöglichen. Für den Pädagogikunterricht bedeutet eine solche Öffnung von Schule eine Veränderung der Lehr-Lern-Methoden, vor allem aber die Möglichkeit, pädagogisches und sozialpolitisches Handeln miteinander zu verknüpfen und damit eine zentrale „zivilgesellschaftliche" Kompetenz zu ent-

[3] Mehrere derartiger Übungen habe ich in meiner Habilitationsschrift (1997) verarbeitet bzw. die Notwendigkeit zu begründen versucht, Interkulturelles Lernen als Arbeit an und mit solchen Vorstellungsbildern zu konzipieren.

wickeln: Beziehungsfähigkeit. Mit der (individual-)psychologischen Dimension des Begriffs ist die gesellschaftspolitische eng verbunden: Inwieweit lasse ich mich berühren vom Schicksal der an den Rand der (Welt-) Gesellschaft Gedrängten? Welche Formen des Umgangs mit ihrer Andersheit kann ich entwickeln? „Offenheit für fremdes Leid“ (Meueler 1993: 8) wird zur Voraussetzung der Entwicklung von Subjekthaftigkeit.

Eine gerade für den interkulturellen Pädagogikunterricht wichtige Lerngelegenheit ist dabei die Praxis von Basisinitiativen (vgl. Holzbrecher 1997a). Deren Aktion und Reflexion sind darauf gerichtet,

- als Gruppe mehr Einfluss auf politische Entscheidungen zu bekommen;
- denjenigen eine Stimme zu geben und zu ihrem Recht zu verhelfen, die dies nicht – oder noch nicht – selbst können;
- für die Durchsetzung der Ziele Öffentlichkeit herzustellen; und
- den Prozess des Lernens in der Gruppe selbst zu organisieren bzw. als Teil des politischen Projekts zu begreifen.

Beobachten wir Jugendliche oder Erwachsene, wenn sie *selbstorganisiert*, d. h. ohne Anleitung von außen, lernen, stellen wir fest, dass sie v. a. den Wunsch haben, die Grenzen ihrer Fähigkeiten und Einsichten zu erweitern. D. h. *indem* sie sich mit Widerständigkeiten „von außen“, mit Anforderungen und äußeren Ansprüchen auseinandersetzen, erfahren sie Grenzen als Herausforderung, um Ängste oder Ohnmachtsgefühle zu überwinden[4].

- Häufig anzutreffen ist der Wunsch, mehr an *Sachkompetenz* zu erwerben, um die (politische) Realität besser verstehen zu können: In reflexiver Weise kann *Sach*wissen erarbeitet und *Aktions*wissen erworben werden. Mit dem Kompetenzgewinn erwartet man eine größere Handlungssicherheit.
- Das Bedürfnis, „etwas zu tun“ bzw. die eigene Lebenswelt mitzugestalten, ist nicht nur für Neumitglieder handlungsmotivierend. Bei dieser Dimension des Ausdrucks und des Gestaltens dürfte zunächst der diffuse Wunsch dominieren, sich „irgendwie“ praktisch zu betätigen – anstatt nur verbal über die Verhältnisse zu klagen. Es ist anzunehmen, dass dieser diffuse Handlungsantrieb in der gemeinsamen Auseinandersetzung mit der Sache konkretere und reflexiv gestützte Gestalt gewinnt. Dieser Dimension ist auch das Bedürfnis nach kreativen Darstellungsformen oder der Gestaltung öffentlichkeitswirksamer Aktionen zuzuordnen.
- Mit der dritten Dimension, der der sinnlichen Wahrnehmung, werden die Bedürfnisse erfasst, die der sozialen Orientierung, der Pflege zwischenmenschlicher Kontakte und dem emotionalen Gemeinschaftserleben zuzuordnen sind: Man möchte in der Gruppe akzeptiert werden, das Gefühl haben, gebraucht zu werden und in der gemeinsamen Arbeit neue soziale Fähigkeiten entdecken.

[4] Zum folgenden Drei-Dimensionen-Modell vgl. meine Ausführungen im einführenden Beitrag dieses Buches bes. S. 21.

Für interkulturelles Lernen im Pädagogikunterricht bzw. als (selbstorganisierte) Schüler-Initiativgruppe bietet sich ein breites Spektrum an Tätigkeitsfeldern an:

- In nahezu jeder größeren Stadt gibt es *Kinder von Arbeitsmigranten, Asylbewerbern und Aussiedlern*, für die etwa eine Hausaufgabenhilfe organisiert werden kann[5].
- Breit ist das Spektrum der lokal, bundesweit und international arbeitenden Aktionsgruppen bzw. „Nichtregierungsorganisationen" (NGO's), die sich etwa der *Kinderrechtsbewegung* (vgl. „terre des hommes"[6] oder UNICEF), der *Menschenrechtsbewegung* (vgl. „amnesty international"), den „Eine-Welt-Läden" zuordnen lassen[7], oder Gruppen, die im Rahmen der „Lokalen Agenda 21"[8] arbeiten.
- Zum interkulturellen Lernen gehören auch die *„Schulen ohne Rassismus"* mit einem breiten Angebot an Materialien, Projektideen und Aktionsmöglichkeiten[9].

Lehren und Lernen als Suchprozess zu konzipieren, hat entscheidend zu Folge, ein neues Verständnis von „Effektivität" zu entwickeln. Bei öffentlichkeitswirksamen Aktivitäten wird häufig ein technologisches Konzept zugrundegelegt, bei dem allein der (Sach-)Erfolg zählt. Bei Lernvorgängen, die sich sowohl im Binnenraum einer Gruppe als auch im Außenraum bzw. im Kontakt mit politischen Entscheidungsträgern abspielen, erscheint ein solches Verständnis zu oberflächlich. Ein Ausweg aus der Sackgasse dieses Effektivitätsbegriffs könnte sich zeigen, wenn danach gefragt wird, auf welchen der folgenden drei Ebenen *Kompetenzen entwikkelt* und in diesem Sinn „effizient" gearbeitet wurde:

---

5 hilfreich für diese Arbeit sind Becker u. a. 1997, Kosubek 1998, Carstensen u. a. 1998 (vgl. Rezension in PÄDAGOGIK H. 2/1999: 53ff.) sowie das praxisorientierte Buch von Nestvogel (1996). Hingewiesen sei auch auf die Flüchtlingshilfsorganisation „ProAsyl" (http://www.proasyl.de) sowie die Organisationen, die sich zu einem „Anti-Rassismus Network" zusammengeschlossen haben und Informations-, Dokumentations und Aktionsarbeit leisten. Sie sind über folgende Internet-Adresse erreichbar:
http://www.aktioncourage.org/ak3/anti/index-anti.html.
Zur Arbeit auf kommunaler Ebene kann auch auf die Materialen und Erfahrungen der „Regionalen Arbeitsstellen zur Förderung ausländischer Kinder und Jugendlicher" (RAA) zurückgegriffen werden: Hauptstelle in 45141 Essen (Tiegelstr. 27).

6 terre des hommes Deutschland (Rüppenkampstr. 11a, 49031 Osnabrück) stellt die „tdh-Kinderseiten" regelmäßig ins Internet: http://www.oneworldweb.de/tdh/kinderseiten).

7 Eine zentrale Internet-Adresse mit weit über 100 Links zu Aktionsgruppen bzw. „NGO's" ist „entwicklungspolitik online" vom Evangelischen Pressedienst Frankfurt: http://www.epd.de oder direkt: http://www.epo.de/register/organisationen.htmlNichtregierungsorganisationen.

8 vgl. Allgemeine Informationen zur Lokalen Agenda 21 in: http://schwerin.netsurf.de; hilfreiche Hinweise zu allen entwicklungspolitisch relevanten Themenbereichen auch über http://www.epd.de (Evang. Pressedienst).

9 „Schule ohne Rassismus" / Aktion Courage-SOS Rassismus: Postfach 2644, 53016 Bonn (Tel. 0228/213061; Fax: 0228/262978).

1. in Bezug auf die Gruppe: Welche Erfahrungen wurden gewonnen? Welche Fähigkeiten und Erkenntnisprozesse haben sich entwickelt? Wie haben sich subjektive / gruppenbezogene Motivationen und politisches Bewusstsein verändert? etc.

2. in Bezug auf das öffentliche Bewusstsein: Welche Erkenntnisse konnten „vermittelt“ werden? (ermittelt durch Gespräche bzw. gespiegelt in den Massenmedien) und

3. in Bezug auf die beobachtbaren Veränderungen in (sozial-)politischen oder pädagogischen Handlungsfeldern.

Diese drei Ebenen gilt es zum einen in ihrer Eigenständigkeit, zum anderen in ihrer Wechselbeziehung zu erkennen und zu gestalten. Bei einer vorzeitige Vermischung wird man zum einen der Komplexität der Lernprozesse nicht gerecht, zum anderen produziert man Frustration bei den Beteiligten. Gerade in selbstorganisierten Aktionsgruppen gelingt die Entwicklung einer biografisch „nachhaltig“ wirksamen Lernkultur, wenn „selbstverstärkende“ Formen der Arbeit im Spannungsfeld zwischen Binnen- und Außenaktivitäten gefunden werden. Um dies leisten zu können, gilt es folgende Kommunikationsebenen in der Gruppe zu unterschieden und in ihrer Beziehung zueinander zu gestalten:

Ebene der Sachanalyse — Motivationsebene

O ⇔ O

⇕ ⬀⬃ ⇕
⬉⬊

O ⇔ O

Ebene der Beziehungskultur — Ebene der realisierbaren Handlungsziele und -mittel

⇩⇧

Öffentlichkeitsarbeit / Außenkontakte

Wenn sich Schüler/innen entschließen, sich z. B. Flüchtlings-, Kinder- oder Menschenrechtsgruppen anzuschließen oder sie zu gründen, dürfte es zunächst die Sachebene sein, über die sich eine Gruppe konstituiert. D. h. man verständigt sich über politisch bzw. humanitär begründete Handlungsziele. Eine weitgehend gemeinsame Einschätzung der politischen Situation führt zur Entwicklung von Zielperspektiven, bei der von den Gruppenmitgliedern u. a. folgende Fragen zu klären sind: Welche Interventionen werden als notwendig eingeschätzt? Welche rechtlichen Prinzipien bzw. gesellschaftlich akzeptierten Leitideen können die eigene Praxis begründen? Und: Gegen welche gesellschaftlichen Kräfte gilt es die Ziele durchzusetzen?

Nur kurz dürfte allerdings die Lebensdauer einer Gruppe sein, wenn sie sich allein über die Zieldimension definieren würde. Von großer Bedeutung ist daher eine 2. Ebene, die der Motivation: Jedes Gruppenmitglied bringt sein Selbstverständnis, seine Handlungsmotive und damit eine spezifische Mischung aus emotionalen und sachlich-politischen Beweggründen in das dynamische System Gruppe ein. Jedes Mitglied mehr und jedes weniger verändert dieses soziale System. Jedes gemeinsame Erlebnis und jede Erfahrung stellt einen Entwicklungsschritt dar und verändert tendenziell das gefühlsmäßige Fundament der Gruppenidentität. Dabei dürfte eine entscheidende Rolle spielen, wie offen die persönlich bedeutsamen Motivationen in der Gruppe artikuliert werden können bzw. wie weit man in der Lage ist, ihre Entwicklung und Veränderung als zielorientierten, aber ergebnisoffenen *Suchprozess* zu begreifen: Gesucht wird nach Formen gemeinsamen Lebens und Erlebens, die als sozial erstrebenswert und als emotional befriedigend bewertet werden können.

Damit kommt eine 3. Ebene ins Blickfeld, die der Beziehungskultur. Sie ist zugleich Ergebnis und Voraussetzung erfolgreicher politischer Arbeit. Sie kann als kreative Synthese je individueller Verhaltensmuster und Formen der Konfliktlösung beschrieben werden. Von der Qualität persönlicher Beziehungen hängt es ab, auf welche Weise die mit der Arbeit verbundenen Lernprozesse – und damit auch die Frustrationen – verarbeitet werden und in welcher Weise sie in die weitere Arbeit einfließen. Die Umgangsformen beeinflussen die subjektive Bereitschaft jedes einzelnen, engagiert weiterzuarbeiten – oder sich zurückzuziehen. Eine hohe Teilnehmerfluktuation dürfte Ausdruck der Schwierigkeit sein, die Pflege der Beziehungskultur als wesentliche Bedingung für erfolgreiche politische Arbeit mitzuberücksichtigen.

Als 4. Ebene kann die Reflexion über realisierbare Handlungsziele und -mittel unterschieden werden. Galt es auf der ersten Ebene zu erörtern, welche Ziele als notwendig erachtet werden, gilt es hier einzuschätzen, was *politisch sinnvoll und möglich* ist: Was erscheint realisierbar angesichts der personellen Situation der Gruppe und der Analyse-, Organisations- und Handlungskompetenzen der einzelnen Mitglieder? Bezogen auf öffentlichkeitswirksame Aktionen muss einerseits das kommunikative Umfeld eingeschätzt werden, das vor allem durch mediale Berichterstattung erzeugt wird. Andererseits gilt es die möglichen Lerneffekte zu antizipieren, die durch bestimmte Aktionsformen bewirkt werden.

Der Politologe Thomas Meyer fordert, dass in unserer Gesellschaft „das Politische“ als regulative Idee wirksam werden soll. Gemeint ist vor allem die Fähigkeit, mit Differenz, mit Konflikten und sich verändernden Strukturen umgehen zu können. Dafür müsse das Politische „in der Gesellschaft in molekularen Formen konstitutives Prinzip sein“ (Meyer 1994: 265). Die Praxis einer Vielzahl von Basisinitiativen kann in diesem Sinn als Laboratorium zur Entwicklung einer neuen politischen Lernkultur gesehen werden. Pädagogikunterricht könnte und sollte zu einem solchen „Lernen für eine Zivilgesellschaft“ beitragen, indem „Beziehungsfähigkeit“ als psychologisches *und* politisches Konzept erarbeitet und praktiziert wird. Der Kompetenzgewinn und die psychische Stärke, die aus der Arbeit an inneren und äußeren Widerständen gewonnen wird, befähigt dazu, sich in einer immer unübersichtlicher werdenden Gesellschaft nicht nur zurechtzufinden, sondern sie zu gestalten, indem man global tätig und lokal engagiert ist.

Literatur

Altrichter, Herbert; Posch, Peter: Lehrer erforschen ihren Unterricht. Eine Einführung in die Methoden der Aktionsforschung. Bad Heilbrunn ³1998

Amt für multikulturelle Angelegenheiten der Stadt Frankfurt (Hrsg): Begegnen – Verstehen – Handeln. Handbuch für interkulturelles Kommunikationstraining. Frankfurt 1993

Bauer: Neue Lehrer braucht die Schule. Notwendige Veränderung der Lehrerprofessionalität. In: E. Risse (Hrsg.) Schulprogramm Entwicklung und Evaluation. Neuwied 1998, S. 209–224

Becker, Georg E. u. a.: Schule für alle. Die Asylpolitik und ihre Auswirkungen auf Kinder von Ayslbewerbern. Weinheim, Basel 1997

Dauber, Heinrich u. a.: Das Projekt war doch ein Erfolg: Schulen im Interkulturellen Dialog. Ein medienpädagogisches Forschungs- und Kooperationsprojekt zwischen Deutschland und Zimbabwe. Die Geschichte einer Begegnung 1991-1996. Frankfurt 1998

Eberwein, Hans; Mand, Johannes (Hrsg.): Forschen für die Schulpraxis. Was Lehrer über Erkenntnisse qualitativer Sozialforschung wissen sollten. Weinheim 1995

Friebertshäuser, Barbara; Prengel, Annedore (Hrsg.): Handbuch Qualitative Forschungsmethoden in der Erziehungswissenschaft. Weinheim, München 1997

Gudjons, Herbert: Handbuch Interaktionserziehung. 185 Spiele und Übungen zum Gruppentraining in Schule, Jugendarbeit und Erwachsenenbildung. Bad Heilbrunn ⁶1995

Gugel, Günter: Methoden-Manual I: „Neues Lernen“. Tausend Praxisvorschläge für Schule und Lehrerbildung. Weinheim 1997

Hölscher, Petra (Hrsg.): Interkulturelles Lernen. Projekte und Materialien für die Sekundarstufe I. Frankfurt 1994

Holzbrecher, Alfred: Wahrnehmung des Anderen. Zur Didaktik Interkulturellen Lernens. Opladen 1997

Holzbrecher, Alfred: Lernen für eine Zivilgesellschaft. Umrisse eines Handlungsmodells. In: Kaï F. Schade (Hrsg) Wie global sollte entwicklungspolitische Bildung sein? epd Entwicklungspolitik Materialien IV/1997, 1997a, S. 33–44

Holzbrecher, Alfred: Aneignung und Methode. Lernen als konstruktive Tätigkeit. In: Edwin Stiller (Hrsg.), Dialogische Fachdidaktik Pädagogik. Bd. 2: Impulse aus der Praxis für die Praxis. Paderborn 1999 (a), S. 29–37

Holzbrecher, Alfred: Nachhaltiges Lernen durch Symbolisierungstechniken. In: Eckehard Knöpfel / Jürgen Langefeld / Birgit Rauch (Hrsg.), Pädagogikunterricht – ein notwendiger Beitrag zur Schulentwicklung, Reihe „Didactica Nova" Bd. 6. Baltmannsweiler 1999 (b)

Institut für Bildung und Kultur (Hrsg.): Gemeinsam erleben. Handreichungen zur Interkulturellen Bildungsarbeit, Remscheid o. J. (1996?) (Robin Hood Versand Tel. 02191/794242)

Joas, Hans: Die Kreativität des Handelns. Frankfurt 1992

Klement, Karl; Teml, Herbert (Hrsg.): Schulpraxis reflektieren. Wege zum forschenden Lehren in der Lehrerbildung. Innsbruck 1996

Kosubek, Siegfried: Asylbewerber und Aussiedler. Rechte, Leistungen, Hilfen. Handbuch für Helfer. Weinheim, Basel 1998

Kroath, Franz: Lehrer als Forscher. Fallstudien zur Evaluation forschungsorientierter Lehrerfortbildung unter beruflichen Alltagsbedingungen. Wien 1991

Koumides, Gerlinde: Handlungsspielräume zur Förderung von Kreativität. Konzeption für das Unterrichtsfach Erziehungswissenschaft in der Sekundarstufe II. Frankfurt 1993

Losche, Helga: Interkulturelle Kommunikation. Sammlung praktischer Spiele und Übungen. Alling 1995

Meueler, Erhard: Die Türen des Käfigs. Wege zum Subjekt in der Erwachsenenbildung. Stuttgart 1993

Meyer, Hilbert: Schulpädagogik Bd. II: Für Fortgeschrittene. Berlin 1997

Meyer, Thomas: Die Transformation des Politischen. Frankfurt 1994

Nestvogel, Renate: Konfliktregelungen in der Flüchtlingsarbeit. Übungen zum Interkulturellen Lernen. Frankfurt 1996

Paris, Volkhard; Bunse, Monika: Improvisationstheater mit Kindern und Jugendlichen. Organisation, Spielgeschichten, Spielanleitung. Reinbek 1994

Prengel, Annedore: Perspektivität anerkennen. Zur Bedeutung von Praxisforschung in Erziehung und Erziehungswissenschaft. In: Friebertshäuser / Prengel. 1997, S. 599–627

Rademacher, Helmolt; Wilhelm, Maria: Spiele und Übungen zum Interkulturellen Lernen. Berlin 1991

Rumpf, Horst: Anfängliche Aufmerksamkeiten. Was sollen Lehrer können? Wie sollen Lehrer lernen? In: PÄDAGOGIK 45 (1992) H. 9, S. 27–30

Schönknecht, Gudrun: Innovative Lehrerinnen und Lehrer. Berufliche Entwicklung und Berufsalltag. Weinheim 1997

Solidarisch leben lernen e. V. / epd Entwicklungspolitik (Hrsg): Nord-Süd-Schulpartnerschaften. Eine Handreichung, Frankfurt (o. J.) (GEP, Tel. 069/58098-0 Fax: 58098-122)

Walker, Jamie: Gewaltfreier Umgang mit Konflikten in der Sekundarstufe I. Frankfurt 1995

Werder, Lutz von: Lehrbuch des kreativen Schreibens. Berlin 1993

Autorinnen und Autoren

Christel Adick: Professorin für Vergleichende Erziehungswissenschaft am Institut für Pädagogik der Ruhr-Universität Bochum; Arbeitsschwerpunkte: International und interkulturell vergleichende Erziehungswissenschaft, Curriculumforschung, Bildung und Erziehung in der sog. Dritten Welt, Interkulturelle Pädagogik

Serpil Aydin: Studentin an der Universität GH Essen für das Lehramt der Sekundarstufe I/II (Deutsch, Pädagogik, Türkisch)

Natalie Hübener: Studentin an der Universität GH Essen Lehramt Primarstufe (Mathematik, Deutsch, Kunst, Zusatzstudiengang Interkulturelle Pädagogik)

Alfred Holzbrecher: Dr. phil. habil., bis 1995 Lehrer am Heinrich-Böll-Gymnasium Troisdorf, 1995–99 Studienrat im Hochschuldienst am Fachbereich Pädagogik (Schwerpunkt Interkulturelle Pädagogik) der Universität GH Essen, seit 1999 Professor an der Pädagogischen Hochschule in Freiburg für Allg. Didaktik / Schulpädagogik

Sabine Hornberg: Dr. phil., Dipl. Päd., Wissenschaftliche Assistentin am Lehrstuhl für Vergleichende Erziehungswissenschaft im Institut für Pädagogik an der Ruhr-Universität Bochum. Arbeitsschwerpunkte: Bildungspolitik und -praxis in Europa, interkulturelle Pädagogik, vergleichende Bildungsforschung

Eckehardt Knöpfel: Mag.theol. Lehrer am Gymnasium der Stadt Voerde/Ndrh. (Erziehungswissenschaft / Evang.Religionslehre), Fachleiter für Erziehungswissenschaft am Studien- seminar für die Sekundarstufe II Oberhausen, Lehrbeauftragter an der Universität-Gesamthochschule-Essen, Vorsitzender des Verbandes der Pädagogiklehrer und Pädagogiklehrer-innen (VdP), Schulbuch- und fachdidaktische Veröffentlichungen

Hans-Josef Löhnenbach: Lehrer am Konrad-Adenauer-Gymnasium Bonn-Bad Godesberg (Pädagogik, Sport), Fachberater für Pädagogik beim RP Köln, Co-Autor von „Menschenskinder ...“

Renate Nestvogel: Professorin an der Universität GH Essen für Sozialisationsforschung (mit den Schwerpunkten geschlechtsspezifische Sozialisation und Sozialisation ausländischer Mädchen und Frauen); vergleichende Erziehungswissenschaft; Gestalttherapeutin; Arbeitsschwerpunkte: Interkulturelle Pädagogik; Rassismus; Situation von Mädchen und Frauen in afrikanischen und asiatischen Ländern

Christine Präkelt: Studentin an der Universität GH Essen, Lehramt Sek. I/II (Deutsch, Englisch)

Udo Schickedanz: Lehrer an der Käthe-Kollwitz-Schule in Recklinghausen-Süd, Planung und Organisation des Profils „Interkulturelle Erziehung“, Ausbildungskoordinator

Edwin Stiller: Lehrer am Freiherr-vom-Stein-Gymnasium in Recklinghausen (Pädagogik, Sozialwissenschaften), Fachleiter für Pädagogik und Hauptseminarleiter am Studienseminar für die Sekundarstufe II in Recklinghausen, Autor des Schulbuchs „Phoenix“ und der „Dialogischen Fachdidaktik“

Nesrin Taskiran: Studentin an den Universitäten Essen und Duisburg, Lehramt Sek. I/II (Deutsch, Türkisch, Psychologie)

Nicole Zastrow: Lehramtsstudium Primarstufe (Deutsch, Mathematik, Sachunterricht), Zusatzstudiengang Interkulturelle Pädagogik an der Universität GH Essen, z. Zt. Referendarin